河南博物院院刊

Henan Museum Journal

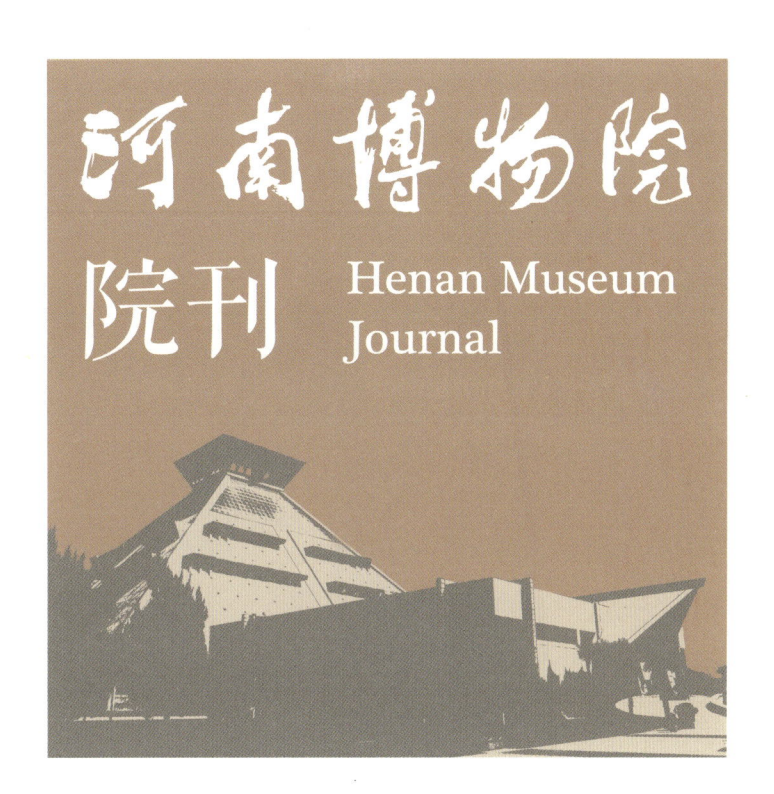

第七辑

河南博物院 编

中原出版传媒集团
中原传媒股份公司

大象出版社
·郑州·

图书在版编目(CIP)数据

河南博物院院刊. 第七辑 / 河南博物院编. — 郑州：大象出版社, 2023.1
ISBN 978-7-5711-1649-1

Ⅰ.①河… Ⅱ.①河… Ⅲ.①博物馆-河南-丛刊 Ⅳ.①G269.276.1-55

中国版本图书馆 CIP 数据核字(2022)第 220990 号

河南博物院院刊（第七辑）
HENAN BOWUYUAN YUANKAN(DIQIJI)

河南博物院　编

出 版 人	汪林中
责任编辑	郑强胜
责任校对	牛志远　赵　芝
装帧设计	王　敏

出版发行　大象出版社（郑州市郑东新区祥盛街 27 号　邮政编码 450016）
　　　　　发行科　0371-63863551　总编室　0371-65597936
网　　址　www.daxiang.cn
印　　刷　河南瑞之光印刷股份有限公司
经　　销　各地新华书店经销
开　　本　890 mm×1240 mm　1/16
印　　张　10
字　　数　223 千字
版　　次　2023 年 1 月第 1 版　2023 年 1 月第 1 次印刷
定　　价　125.00 元
若发现印、装质量问题，影响阅读，请与承印厂联系调换。
印厂地址　武陟县产业集聚区东区(詹店镇)泰安路与昌平路交叉口
邮政编码　454950　　电话　0371-63956290

《河南博物院院刊》编委会

主　任：万　捷　马萧林
委　员：（按姓氏笔画排序）
　　　　丁福利　王海锋　左俊涛　史自强　冯　威
　　　　司秀琳　刘　康　刘振江　李　琴　李政育
　　　　张建民　张得水　武　玮　林晓平　单晓明
　　　　荆书剑　信木祥　徐　雷　龚大为　葛聚朋
　　　　翟红志

主　编：马萧林
副主编：张得水　武　玮
编　辑：向　祎　王莉娜　贺传凯

青玉龙形佩
战国
长 11.2 厘米,宽 5.8 厘米
1980 年河南淮阳平粮台 M42 出土
河南博物院藏

目录 | CONTENTS

策展手记专题

001　"生命·超越——中原文化中的动物映像"展策展手记　严洪明

005　"黄河珍宝——沿黄九省（区）文物精品展"的策划与设计　郭春媛

011　开放、包容、创新
　　　　——对洛阳博物馆"新·乡土志"系列展之一"上洛"策展的思考
　　　　　　　　　　　　　　　　　　　　　　　　李文初　黄　超

考古探索

015　通论、概论与导论
　　　　——历史学专业本科考古学课程内容设置的思考　郭荣臻

文物品鉴

025　豫南地区楚墓出土玉器研究　　　　　　　　　　　　朱芃宇

036　浅析河南南阳地区汉代神话画像石　　　　　　　　　郝飞雪

041　河南现存北朝造像碑中菩萨造型研究　刘世元　谷东方　戚　月

061　明代吴阿衡墓志考　　　　　　　　　　　　张庆华　唐　新

068　河南博物院藏陈嘉庚公司广告　　袁鹏博　董源格　李　悦

072　巾帼豪杰："红赵保"里的宣传队
　　　　——记河南博物院藏"老婆宣传队的特约讲演"布条　丁迎果

博物馆实践

076　元宇宙视域下博物馆业务活动开展模式初探　　　　　王　开

085　数字技术在博物馆展览中的应用　　　　　　　　　　杨　扬

090　基于Web3.0时代公众考古活动的数字化探索　　　　　　　谢娅明

096　我国中小型博物馆发展困境与未来探微　　　　　娄森浩　梁昕月

105　河南红色文化遗产保护与传承研究　　　　　　　　　　　韩佳佳

116　浅析博物馆IP塑造与文化创意新思维　　　　　　　　　　赵　乐

120　论博物馆讲解员弘扬红色文化的途径和技能　　　王文博　曲　乐

史学发微

124　万里茶道沁阳段：太行山仙神口古道的考察与研究　　　　牛永利

133　浅谈历代治河机构与河官制度的演变　　　　　　　　　　薛　华

文化遗产与保护

138　清涧辛庄遗址出土陶器的红外光谱分析

　　　　　　　　　　　　　　　　　宫　鑫　孙战伟　刘思然　陈坤龙

146　昆明太和宫金殿材质原位检测及相关问题

　　　　　　　　　　　　　　　樊　伟　田　凡　李峻红　汤文燕　张　遥

"生命·超越——中原文化中的动物映像"展策展手记

严洪明
浙江自然博物院

> **摘要**："生命·超越——中原文化中的动物映像"展览由浙江自然博物院和河南博物院利用两院藏品特色和品牌优势，开展跨学科研究和展示，是跨界办展的探索创新，其有三个特色：一是接地气；二是有新意；三是注重推广。
>
> **关键词**：浙江自然博物院；策展；跨界

2016年5月，浙江自然博物院的"生命·超越——中原文化中的动物映像"特展荣膺第十三届（2015年度）全国博物馆十大陈列展览精品奖。（图1）这一殊荣的获得，从业界角度充分肯定了这个特展的成功，并展现出"跨界合作"的魅力。众所周知，展览策划是一项文化创意活动，不仅要揣摩观众喜好，善于从常见或普通的素材中发掘出令观众感兴趣的内容，还要有先进的理念、宽广的视野和丰富的文化想象力。作为该特展的策展人，回首展览筹办过程，浙江自然博物院和河南博物院筹展团队的殚精竭虑和辛勤付出，令人难以忘怀。

图1 展厅实景一

一、展览缘起与选题

2013年10月，时任河南博物院院长的田凯应邀来浙江做讲座，在龙井景区喝茶时，谈起两馆合作办展事宜，双方一时语塞。两个不同性质的博物馆如何合作？我建议他把藏品中有动物造型或纹饰的文物遴选出来，营建一个"文物动物园"的概念，动物园与自然馆就挂上钩了。我们从自然视角来解读人文，运用科学和历史的思维，用讲故事的方式去探索文物背后的科学，并与现生动物标本对比展示。也即在不同领域的展品中，找出共同的元素，从不同的角度看同样的东西，带给观众新的视野和思想冲击！这应是一个很有新意的创新尝试。于是我们一拍即合，准备来年签订协议，以举办跨界合作展作为两院战略合作的开端。

经过半年多的酝酿谋划，2014年6月两院签订了2015年9月举办大型原创展览"生命·超越——中原文化中的动物映像"的协议。展览整合两院资源和专业优势，遴选出从仰韶文化至明清时期有"十二生肖""五畜"等动物造型的文物和自然标本共150余件，首次以跨界合作的策展理念，将自然与人文结合，科学与艺术融合，探索两个不同性质的博物馆跨界办展的新途径。（图2、图3、图4）

有一天我在浙江省文物局开会，碰到时任浙江省博物馆馆长的陈浩，他半开玩

图2 签约现场

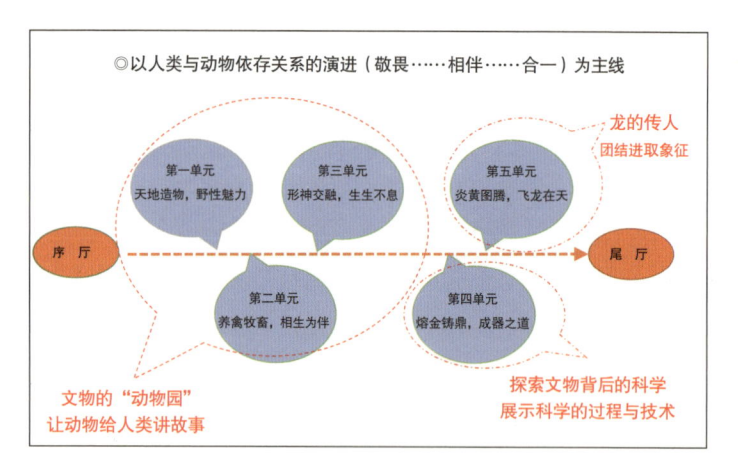

图3 展览主线

图4 展厅实景二

笑地对我说："严馆,你'越轨'了,想抢饭碗了,自然馆怎么办起文物展了?"我说："你不了解情况啊,这个跨界展以动物为主题,而动物的研究与展示是自然博物馆的主业,且我们从自然视角来解读人文,营建文物的动物园,探索文物背后的科学,在传播知识的同时宣传生态道德,可以说是跨界办展的先河,需要各位大力支持。"

二、展览策划与设计

"跨界合作"在当时是一个很新的概念。我曾在浙江省博物馆工作17年,又在浙江自然博物院工作了10多年,刚好跨在人文历史与自然科学之间,对历史和自然类展览及藏品都有所了解,有一定的跨界筹展基础。但跨界展选题确定后,如何进行内容策划和呈现展示,感觉难度很大,创新不易。两院组织研究"动物"和"文物"的专家团队,展开了为期半年的交流探讨,编写出展览大纲和脚本,并在不断切磋、磨合与沟通中,相互学习筹展经验,不断完善展览方案。

2014年年底,两院又在杭州举行内容策划和形式设计研讨会,我作了《探求自然与人文跨界合作办展的新途径》的报告,简述了跨界办展的理论依据和发展趋势。从我们先人为什么要把动物做到文物上、有什么寓意、这是什么动物、与现生动物有什么异同等观众感兴趣的问题切入,以人与动物关系的演进为主线,将展览设置为"天地造物,野性魅力""养禽牧畜,相生为伴""形神交融,生生不息""熔金铸鼎,成器之道""炎黄图腾,飞龙在天"五个单元,让有动物造型的文物给人类讲故事,人们从对动物的仰望、对视、拥抱中感知生命不息、精神永续。(图5)

展览采取动物分类(43种动物)组合展示方式,从野生动物到家养动物再到十二生肖动物文化递进展开,把文物和动物标本联袂展示,对中华图腾"龙"进行特别解读,把动物的自然习性与文物的历史文化进行交融式诠释,让人耳目一新。(图6、图7)比如老虎展项,既展示商代陶虎、春秋青玉虎形佩及青铜画像壶等7件(组)文物,把这些跨度几千年的文物组合、信息组团,又与虎标本并置进行对比展示,中间辅以"虎"的字形演变,又把自然与人文融合起来,再配以虎的微电影和互动装置,并从材料科学及范铸法、失蜡法等制作工艺及流程方面解读,使虎展项信息更容易为观众理解和接受,展览内容更具时尚性和观赏性。

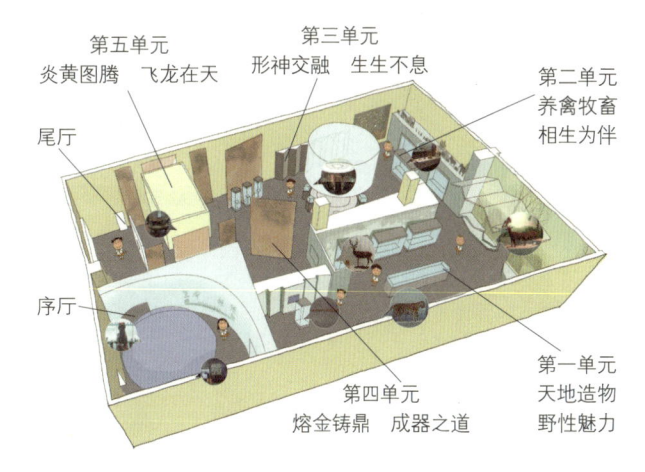

图5 展览构成

图6 展厅实景三

图7 展厅实景四

三、展览的特色亮点

"生命·超越——中原文化中的动物映像"展览，充分利用浙江自然博物院和河南博物院藏品特色和品牌优势，开展跨学科研究和展示，别开生面，是跨界办展的探索创新，呼应创新发展的时代主题，有三个特色亮点：一是接地气，展览主题和内容与老百姓的生活息息相关。大家知道，动物是人类的朋友，华夏民族人人身上都有动物（十二生肖）的符号，都十分关注动物生态，展览开幕即受到了民众的热情追捧，成为浙江文博界的一件文化盛事。二是有新意，展览从自然视角解读人文，是一种新体验、新思考。把一种动物的自然状况和文化含义通过字形演变（象形文字至符号化）联结起来，把不同时期、不同材质但表现同一动物的文物组合，与现生动物标本对比展示，把一堆文物、标本通过创意策划和逻辑梳理，变成一个好看、好玩、好奇的展览，丰富了展览内容，激发了观众好奇心，也拓展了办展途径。三是热推广，展览精心策划"5+1"宣传推广模式，即一个展览，配套一套科普图书、一系列延伸教育项目、一系列专家讲座、一系列文创开发、一个展览前中后的宣传方案，深入挖掘与诠释展览内涵。展览期间，出版了一套展览图书，研发了"中原大象到哪儿去了""舞动中原之徽章、剪纸、泥塑"等5个教育项目，组织5场专家讲座，推出文化产品设计大赛，开发6个系列38种文创，媒体报道520多篇次，成为网红展览。展期三个半月，虚拟展览点击量103万余次，观众达51万余人次，浙江省财政厅绩效考核97.5分，观众满意度98%，实现了社会效益和经济效益双丰收。

"黄河珍宝——沿黄九省（区）文物精品展"的策划与设计

| 郭春媛
| 郑州博物馆

> **摘要**："黄河珍宝——沿黄九省（区）文物精品展"紧扣黄河流域生态保护和高质量发展重大国家战略。内容设计以沿黄九省（区）代表性馆藏珍贵文物为主，以考古发掘和文物保护重要成果为辅，以沿黄不同区域传统文化符号、生态景观为补充；形式设计打破传统展示手法，使用新型材料、新技术，打造沉浸式体验，集中展示出黄河流域历史文物精华和自然生态风貌，展现了中华文明由多元到一体的历史进程。配套文创展示、馆长论坛、教育活动、联动宣传等策划设计，使展览深化了主题，拓展了内涵，突出了特色。
>
> **关键词**：黄河；珍宝；展览；策划；设计

为贯彻落实习近平总书记关于黄河流域生态保护和高质量发展的重要讲话精神，讲好黄河故事，推进黄河流域文物保护工作，透过文物讲述悠久历史，坚定文化自信，为实现中华民族伟大复兴的中国梦凝聚精神力量，彰显郑州打造"华夏之根、黄河之魂、天地之中、文明之源"的黄河历史文化主地标城市的信心和决心，"黄河珍宝——沿黄九省（区）文物精品展"（简称"黄河珍宝展"）作为郑州博物馆（文翰街馆）开馆暨开幕活动和"中国（郑州）黄河文化月"的一项重要内容隆重举行，产生了良好社会反响，展览被评为2021年度河南省优秀陈列展览。

一、"黄河珍宝展"概况

"黄河珍宝展"由郑州市人民政府和河南省文物局主办，黄河流域博物馆联盟和郑州市文物局协办，郑州博物馆承办，河南博物院、青海省博物馆、四川博物院、甘肃省博物馆、宁夏博物馆、内蒙古博物院、山西博物院、陕西历史博物馆、山东博物馆等沿黄九省（区）16家文博单位共同参展，展厅面积580平方米，展线总长度260米，共展出文物珍品42件（套）。

"黄河珍宝展"紧扣黄河流域生态保护和高质

量发展重大国家战略，内容设计以沿黄九省（区）代表性馆藏珍贵文物为主，以考古发掘和文物保护重要成果为辅，以沿黄不同区域传统文化符号、生态景观为补充；形式设计打破传统展示手法，使用新型材料、新技术，打造沉浸式体验，突出黄河主题和展览特色；展览涉及区域广，展出文物多数为各馆镇馆之宝，时间涵盖黄河流域约7000年历史，展出内容涉及沿黄九省（区）历史文化和自然生态等诸多领域；展览突出展示中华文明由多元到一体的历史演变进程；馆长论坛和主题讲座深刻阐释展览主题；讲解和教育活动注重参与性、互动性和趣味性；沿黄九省（区）联动，全媒体立体化宣传推广，在疫情防控背景下接待观众达到极限，社会关注度高，进入当月全国博物馆展览热搜榜；观众深受黄河文化魅力感染，纷纷要求延长展览时间或进行巡回展出。

二、展出文物精品荟萃

黄河流域省份众多，馆藏文物丰富多样，主题确定和展品选择是展览策划中的一个难题。面对浩瀚的文物珍品，策展团队根据展览主题起草多套借展方案，进行反复讨论修改；短时间内，组织人员先后到沿黄九省（区）博物馆现场考察，行程万余公里，积极协调展出文物，修改展览大纲；大纲初步确定后，又邀请沿黄九省（区）相关专家赶赴郑州进行论证和修改完善。"黄河珍宝展"展品主要遴选与黄河文化关系密切，又能代表某个区域或时代的典型器物，多数为各参展博物馆的"镇馆之宝"，部分为文物考古单位的重要发现，相当一部分为《国家宝藏》和《如果国宝会说话》出镜文物，其中包括青海省博物馆的马家窑文化舞蹈纹彩陶盆和宗日文化鸟纹彩陶壶，四川博物院的商代三星堆青玉大牙璋、战国嵌错宴乐攻战纹铜壶、东汉执镜（扇）俑和五代后蜀残石经，甘肃省博物馆的仰韶文化人头形器口彩陶瓶、雷台汉墓东汉铜骑士俑和铜轺车，宁夏博物馆的贺兰山岩画、唐代胡旋舞石刻墓门和西夏彩绘泥塑佛头像，内蒙古自治区的战国鄂尔多斯式青铜器、辽代陈国公主与驸马合葬墓公主金面具和辽代白釉人首摩羯形提梁注壶，山西博物院的新石器时代晚期陶寺土鼓、西周晋侯鸟尊、春秋镬鼎和商代鸮卣，陕西历史博物馆的秦始皇兵马俑陶铠甲军吏俑、西汉鎏金铜沐缶和何家村出土唐代舞马衔杯纹银壶，山东省的大汶口文化红陶兽形壶、龙山文化蛋壳黑陶杯和鲁国大玉璧，河南省的夏代网格纹铜鼎、商代青釉瓷尊、商代杜岭方鼎、唐代武曌金简、北宋"大晟夷则"铜编钟等。这批珍贵文物中，省外的多数展品均是首次来河南进行展出。

青海省博物馆的舞蹈纹彩陶盆，将5000多年前先民们庆祝丰收的喜悦场景跃然盆上，彰显农耕文化特色；四川博物院的蜀石经，诞生于五代离乱之际，直至宋代历经200多年刻成，是字数最多、刊时最长、规模最大的一部石经，展现了独具特色的蜀地文化；甘肃省博物馆的人头形器口彩陶瓶，运用堆塑、雕刻等技法在陶壶顶部塑造写实的人物人头形象，体现精湛的艺术技艺；宁夏博物馆的胡旋舞石刻墓门，记录下盛世大唐充满西域风情的时尚舞姿，见证东西方文化交流的盛况；陕西历史博物馆的秦陶铠甲军吏俑，在秦俑坑中数量极少，弥足珍贵……

展览更是通过辅助展品，多元而立体地营造沉浸式黄河氛围，多角度呈现自然黄河、人文黄河及黄河国家战略背景，多层面展示黄河文化丰富内涵，形象、直观而有效地提升观展效果，吸引观众参与，增强展览与观众的互动体验。在平面设计中，黄河万里图为背景主旋律，定位各省份展出内容。大纲内容与空间设计、平面展板、展品设计能很好地结合深化。分别在序厅、展线、天花板下垂、中厅和尾厅布置相关辅助展品，如黄河流域图、主题展板、单元说明、万里黄河图、沙盘景观、诗意黄河悬垂纱帘、多媒体触摸屏系统、投屏视频等。《诗经》中与黄河相关的诗词，采用半透纱幔效果处理，排版进行艺术化的处理，为整个展览平添了浪漫的艺术气息。

三、内容设计突出诗情画意

展览内容设计以习近平总书记在黄河流域生态保护和高质量发展座谈会上的讲话精神为指导，以黄河流域沿线自源头到入海口九省（区）黄河文化为主线，以沿黄九省（区）代表性馆藏文物为主要展示内容，以考古发掘和文物保护重要成果为辅助内容，以沿黄不同区域、重要节点城市、历史典故、文化名人、重大事件、生态景观为补充内容，以线穿点，以点带面，以小见大，集中展示黄河文化的博大精深和源远流长，生动讲好黄河故事，为推动黄河流域生态保护和高质量发展凝聚精神力量。

单元安排方面，以黄河流域九省（区）自上而下按省（区）展开。各省（区）展览主体为馆藏文物珍品，背景为各区域内考古、文物重大发现、文化遗产保护重要成果，以及重要的人文和自然景观，特别是与黄河相关的重要景观。突出展示黄河流经地各主要区域的自然和人文特点，以及黄河文化的整体特质。

展览文字由标题（主标题和副标题）、前言、单元题目、单元说明、辅助展板、文物标签、文物说明以及图表、图版、多媒体查询系统脚本、主体视频投影脚本、结语等，共同组成了层次清晰的展览文字系统。展览题目"黄河珍宝——沿黄九省（区）文物精品展"，既突出了展览主题，也便于媒体传播，易于为大众理解接受。

各单元题目统一使用一句著名的七言古诗（或改造组合的诗句）引入，如：黄河之水天上来——青海，黄河九曲第一湾——四川，黄河远上白云间——甘肃，天下黄河富宁夏，风吹草低见牛羊——内蒙古，欲穷千里更上楼——山西，秦中自古帝王州——陕西，万里写入胸怀间——河南，黄河落天东入海——山东等，形象活泼且句式工整，既高度概括了沿黄各省（区）的区域特色，也丰富了展览内涵，深化了单元主题，又便于观众理解和接受。单元说明文字打破传统形式，采用诗化语言，概述各省（区）自然历史人文特点，起到了很好的解题和引题效果。如"万里写入胸怀间——河南"的单元说明为：

河南省地处黄河中下游
是华夏民族和中原文明形成的核心区域
从数十万年前的南召猿人
到十万年左右的"许昌人"
从万年左右的李家沟文化、裴李岗文化
到7000年左右的仰韶文化

直至夏商时期的二里头、二里岗和殷墟文化

　　这里是诸多考古学文化的最早发现地和命名地

　　历史悠久而又绵延不断的中华文明

　　早期群星璀璨

　　最终汇聚中原

　　呈现多元一体的发展格局

　　河南不仅是华夏民族早期主要居住地

　　也是黄河文化的根脉和沃土

　　土地革命时期和新中国成立后

　　诞生大别山精神、焦裕禄精神和红旗渠精神

　　为我们留下了宝贵财富

文物说明采用大标签的形式，基本说明使观众对展出文物出土、来源、收藏等情况一目了然，百字左右的文物介绍便于观众加深对展品内涵的理解。展览背景板面、多媒体查询系统、主体视频投影等内容，对自然黄河与人文黄河内涵进一步拓展、解读和深化，重点宣传厚重的黄河文化和美丽的黄河景观，集中展示中华文明由多元到一体的历史演变进程，最终达到增强文化自信、凝聚发展力量的目的。

四、形式设计注重沉浸式体验

展厅形式设计打破了传统展示手段，采用简洁现代造型，突出黄河主题，既有代表性文物的惊艳展示，又具有人文环境的浪漫色彩，文物和展品内容通过关键节点精心设计来营造展览氛围。使用新型材料，突出重点部分的设计，更加凸显展览特色。在色彩运用方面，采用优雅温暖的棕色为基调，突出材质的质感，局部融入景观，透视出丰富层次。照明设计方面，展览照明以大面积顶棚面扩散光作为一般照明，部分展柜底部设置漫射光，在展品侧前方以定向型聚光灯做重点照明，并安装能吸收红外辐射的滤光器，使重点部位的照度为一般照明的 2～5 倍，合理地控制展柜中照度与展柜外周围环境照度的关系。展览路线设计为单向有顺序性的水平观展路线，具备一定的灵活性和可选择性，避免人流交叉及路线重复，局部有地面抬升平台，丰富观展视角。

在具体展项设计方面，展厅入口处设置沉浸式黄河体验，采用投影、多媒体交互手法将观众带入波澜壮阔的黄河主题展览中。不同展示单元采用多种材质质感的对比表现，使得展览在统一性中又体现了每个省份的各自特色，以此丰富了展览层次，强化了展览特色。中心位置以黄河景观为背景，将体形较大的展出文物做对称矩阵式展示，自然黄河和文化黄河结合，突出展览主题，使之具有更好的观赏性；九层纱幔矩形造型从展厅顶部垂下，彰显出对黄河文化的至高敬意。黄河诗词采用半透纱幔效果处理，对词句排列进行艺术化处理，为整个展览增添了浪漫艺术气息。多媒体触摸屏查询系统以文物珍品为主线讲解黄河文化的深厚底蕴，专题小视频以习近平总书记与黄河流域生态保护和高质量发展国家战略为线索，对生态发展和黄河文化进行解读，较好拓展了"黄河珍宝展"的精神内涵，有效深化了展览主题。

五、工作强强联动，活动异彩纷呈

为了达到较好的展示和教育效果，围绕"黄河珍宝展"，郑州博物馆协调各参展单位、设计制作公司、相关方面专家学者等强强联合，线上线下互动，除大规模举办文翰街馆开馆暨"黄河珍宝——沿黄九省（区）文物精品展"开幕式，还精心策划并组织开展了九省（区）馆长讲国宝、文创产品展示、唐宫小姐姐带你看黄河珍宝等系列配套活动，吸引更多社会公众参与。

一是举办"馆长讲国宝"论坛。配合"黄河珍宝展"，举办"馆长讲国宝"论坛，特别邀请沿黄九省（区）博物院院长／馆长，结合各自参展文物，分别讲述精彩的"黄河故事"，以精美文物诠释黄河文化与黄河精神。

二是集中展示相关文创产品。围绕"黄河珍宝展"及参展各馆精美文物藏品，还组织参展博物馆文创产品进行集中展示。各单位所展示的文创产品可谓种类齐全，琳琅满目。不仅有精雕细琢的艺术品摆件，有引人深思、回味无穷的文博类图书，还有各类精致且贴近生活的文创生活用品。这些展品均以当地代表性文物为原型，彰显出不同区域历史文化特色，如河南博物院的杜岭方鼎玻璃方杯、考古盲盒，陕西历史博物馆的唐舞马衔杯摆件、唐葡萄花鸟纹香囊球镂空家居摆件，山西博物院的晋侯鸟尊摆件等。部分衍生类文创产品实用性和艺术性相结合，如丝巾、雨伞、背包、U盘、手串、笔记本套装等。观众在参观展览的同时，也可以把喜欢的文创产品带回家。

三是精心设计线上虚拟展览。虚拟展览采用展厅实景图像三维拼接、计算机仿真、三维空间建模等多种虚拟现实技术，实现了将此次专题展览在线上完整地重构复原。通过博物馆官网或官方微信公众号，便可参观浏览线上虚拟展览，观众在线上即可获得可交互的沉浸式观展体验。在"黄河珍宝展"线上虚拟展览中，观众可以对虚拟展览中的场景进行交互式操作，自由地选择交互内容和方式去了解自己感兴趣的文物和展览内容。同时，该虚拟展览摒弃了传统的固定视角化的场景跳转方式，采用了真实感更强的三维场景跳转方式，实现了在展厅三维场景中的自由探索和移步换景的沉浸式浏览。线上虚拟展览中的展厅三维鸟瞰可以让观众更直观地了解到展览的陈列布局、单元结构，为观众提供了沉浸式、互动式的参观引导，更为无法到现场的观众提供了随时随地参观展览的机会，使博物馆公共文化服务延伸到更广阔的空间，覆盖至更广泛的群体。同时，也为博物馆工作者留下了展览的三维空间档案，为以后的陈列展览工作提供了学习参考资料。

四是开展丰富多彩的教育活动。为满足观众多层面的求知欲望和探索兴趣，郑州博物馆每天在固定时间安排4场义务讲解。4月30日至5月5日共安排义务讲解23场，进行政务接待56场。在教育活动方面，郑州博物馆在5月3日配合展览开展了"黄河珍宝——斗国宝"活动。活动现场，博物馆社会教育专员从九省（区）文物中各选出一件作为代表性文物，为观众讲解9件国宝特色风采，并以"九九寻宝图"作为寻宝线索，大家前往展厅寻找各个珍宝所对应的位置，以便加深对文物的认知。最后，少年儿童使用超轻黏土制作珍宝并票选"最美珍宝"。此次活动以沉浸式教育为体验方式，令观众深刻感受黄河文化的魅力，领悟华夏文化传承创新的底蕴。

五是推出系列公益讲座。为贯彻落实新发展理念，进一步提升郑州博物馆公共服务能力，满足人民群众的文化需求，郑州博物馆开设了致力于弘扬中华优秀传统文化的"郑博讲坛"。"郑博讲坛"以社会公众为服务对象，将专业性、思想性、学术性与通俗性、趣味性相结合，面向全社会持续性地开展公益性、普及性的文化知识讲座，力求向公众普及文博、考古、历史等相关知识。配合"黄河珍宝展"，策划推出了郑博讲坛"黄河珍宝"系列讲座，先后邀请甘肃省博物馆馆长贾建威、宁夏博物馆馆长李进增、河南博物院院长马萧林、陕西历史博物馆馆长侯宁彬等专家学者，围绕黄河文化和馆藏文物，面向公众进行专题讲述。讲座深化了展览主题，拓宽了展览视野，受到了广大群众的热情关注与深切喜爱，满足了群众对"黄河珍宝展"及黄河文化等相关知识的渴求与期待。

六、社会反响彰显展览效果

数据显示，仅在当年的"五一"假期，郑州博物馆（文翰街馆）成为热门打卡地，吸引成千上万喜欢文物和历史文化的游客前来参观。文翰街馆假日期间预约总量高达69823人次，其中线上预约65250人次，占总预约的93.45%。从参观人群性别来看，女性观众相比男性观众更多，占总人数的51.76%。从观众年龄段来看，19岁至49岁人群为主要观众，参观人数为56787人，占比81.33%。从观众来源地来看，河南省内游客量最大，占参观总人数的87.48%，其次是山西、山东、河北、湖北、安徽等省。五月份整整一个月的展览期间，"黄河珍宝展"售票观展总人数高达135276人次，并进入中博热搜和头条推介之全国博物馆十大热搜展览推介2021年4-5月博物馆展览排行榜。

"黄河珍宝展"的成功举办，在社会上引起了广泛关注。国家、省、市媒体进行了广泛宣传报道，各类自媒体和社交媒体进行了多层面的立体传播，九省（区）参展单位进行了有效互动。"明天开始，我要出趟远门了……鸟尊留言！"山西博物院微博以镇馆之宝晋侯鸟尊的口吻刊登消息一则。"小尊尊出差啦""出门要照顾好自己"……网友留言尽显好奇和关心。据统计，仅中央级官方媒体就有中央电视台（央视网）、新华网、人民网、中新网、《中国文物报》、学习强国平台等多次进行专题报道。

谈起"黄河珍宝展"，国家文物局副局长关强指出，近年来郑州市文物事业发展呈现出良好态势，多项创新举措在全国产生重要影响。在落实习近平总书记关于黄河文明保护传承的重要指示精神方面，郑州市高度重视、率先行动，积极参与国家文物局指导的黄河流域博物馆联盟，通过联合开展展览、教育、传播活动，充分发挥了博物馆在推动黄河文化创造性转化和创新性发展中的作用。他强调，在首届中国（郑州）黄河文化月期间举办的"黄河珍宝展"，汇集了沿黄九省（区）博物馆资源，协同推进了黄河流域馆藏文物资源的价值挖掘阐释，成为讲好黄河文明故事的又一创新实践。

开放、包容、创新
——对洛阳博物馆"新·乡土志"系列展之一"上洛"策展的思考

| 李文初　黄　超
| 洛阳博物馆

摘要：随着国内博物馆策展人及策展机制的进一步探索与具体实践，洛阳博物馆坚持树立"开放博物馆"的理念，通过独立引进策展人，与不同领域当代艺术家"共创"，成功策划了"新·乡土志"系列展之一"上洛"展览。该展览从独立策展人与策展机制、跨领域展览叙事表达、艺术装置与传统文物的结合与共融、多感官体验等方面进行了大胆的尝试和探索，为观众提供了更好的文化产品。

关键词：博物馆；新·乡土志；上洛；开放

洛阳，立于河洛之间，北依邙山，南望伊阙，东据虎牢，西控函谷，洛水贯穿其中。洛阳独特的地理区位优势造就和滋养了中华文明的肇兴与成长，开放包容、吸纳融合的特质，不仅成为中华儿女的精神故乡，更吸引着来自更为遥远的异乡人。无论是西来商旅，还是东来渡者，甚至沿南海循序而入的海上来客，都将洛阳视为终极目的地。洛阳博物馆与上海大学教授徐坚团队合作策划的"新·乡土志"系列展之一"上洛"展览，正是从这一视角出发。

一、策展人与策展机制

近些年国内文博界对展览"策展人""策展人制度""策展人负责制"以及"策展人的本土化"等课题不断进行探索和实践。洛阳博物馆自建馆之初就秉持"开放、包容、创新"的理念，这与上海大学教授徐坚的"开放性博物馆"理念不谋而合，为联合策展奠定了基础。于是"新·乡土志"系列展之一"上洛"便成为洛阳博物馆独立引进策展人,与不同领域当代艺术家"对话""共创"的一次策展实践。

(一)开放是博物馆策展的生命力

目前,国内博物馆展览策划逐渐由单一项目负责人向"策展人"或"策展团队"过渡,以广东省博物馆为代表较早地实行了策展人制度,"从根本上改变了既有展览生成机制,以策展人为核心,探索和构建的临时展览相关制度和做法,有效提升了展览的策划水平和呈现效果。"[1] 这为国内博物馆展览策划开辟了新机制,但策展人仅限于本馆中级以上职称的专业人员。博物馆策展的开放性将成为未来的走向,"上洛"展览在前期筹备的过程中秉持"策展人"或"策展团队"的开放,逐渐形成了以徐坚为策展人、陈彧君为艺术共创、刘宇扬为建筑共创、苏芒为时尚共创、蔡东铧为音乐共创的策展团队,为展览注入了新的生命力。

(二)包容是博物馆策展的有效途径

2020年"国际博物馆日"的主题为"致力于平等的博物馆:多元和包容"。"包容性"的讨论在中西方博物馆界已成为热门的话题之一,其涵盖的内容较广泛,包含展览、社教、藏品、公众等。对于博物馆临时展览策划的包容性涵盖了历史、艺术、信仰等主题内容,应"以包容的心态,多元的方式,在文化平等的基础上建立跨文化交流对话合作机制"[2]。为保持临时展览的鲜活源泉,"上洛"展秉持着"包容"的思想理念,不断尝试打破在展陈内容、形式和活动上的禁锢,实现古代艺术和现当代艺术、造型艺术和表演艺术、精致艺术和草根艺术、艺术与创意和生活等的并置、交流和融合。通过拆卸隐形的知识围墙,将主导权归还给社会公众,融入更为广泛而多元的社会之中。

二、展览叙事与空间规划

近些年博物馆临展策划越来越重视展览的叙事性和空间的规划,"叙事展除了可以更好地讲故事,在文物选择上也有着更强的灵活性,对'叙事'而非只对'文物'的关注,使它可以更多地纳入'草根'文物"[3];同时,展览空间的合理规划使得观众观展更流畅。

(一)跨领域的展览叙事

"新·乡土志"系列之一"上洛"展围绕文学与艺术的核心议题"乡土",选取洛阳出土文物与当代艺术作品并置,主要通过"伊洛之间""华夏聚汇""世界同在"三个部分,从"本土洛阳""中国洛阳"与"世界洛阳"三个层面对洛阳厚重的历史进行了诠释,阐明了洛阳是河洛人的故乡,是华夏文明的精神故土,是异域人竞相而来的梦想家园;同时展览在尾声将视线延伸至今天洛阳老城区、西工区、涧西区的市井风貌,展现了"生活在历史中"的当下生活。展览以与衣食住行、社会结构、艺术与信仰相关的历史文物为线索的叙事方式,在此基础上,当代艺术、音乐、舞蹈、建筑以及时尚等多领域的全新创作交相呼应,形成跨时空的碰撞与对话。通过包括书写在内的多种介质,从历史的到现实的,从可视的到可多元感知的,从精英的到普罗大众的,从恒久的到转瞬即逝的,提供公允而包容的审视传统和展望未来的方式,希望以一种开放的姿态思考历史与现实、艺术与生活、继承与创新的种种关系。

（二）艺术装置打破空间壁垒

"上洛"展览共有7组艺术装置与文物共置，这也成为展览中最引人注目的展品，不仅给观众以新的视觉冲击，也成为打破和延伸博物馆展陈空间的重要媒介，文物在这种全新的场域中呈现给观众多元的面向。例如：当代艺术家陈彧君创作高2.8米、长13.6米的《四季》，以大型的屏风为形式载体，多人取景框引导观众，通过框取汉唐国家象征的光阴与物件"含嘉仓粮食与刻铭砖""铁权""古尺""熹平石经"等展品，将"生民所系""规矩之间"自然过渡至"茫茫众生的洛阳"；陈野槐与陈彧君共创的《丝路余音》以多种颜色的布料细细装点，表现伊洛曲折、丝路蜿蜒，悬浮于"华夏聚汇"和"世界同在"两大部分展柜之间，与对面展示的两件胡人牵驼壁画遥相呼应，沟通了一个完整的空间，展示了洛阳作为丝路东方起点之一，向第三部分"世界同在"的空间过渡。

该展览不仅限于展厅大空间的艺术装置，在展柜内部的小空间也做到了文物与艺术装置的共融，例如：陈彧君与刘宇扬共创的《临时建筑——石笼》与汉代滑稽俑、西晋武士俑、唐代乐舞俑等并置，将日常生活的喜怒哀乐都融入现代建筑展示的情境之中，在展柜内作为延续性空间的表现。因此，"上洛"展厅空间中和展柜内部，通过这种艺术装置，打破部分与部分、单元与单元、柜内空间与外部空间的壁垒，对历史文物的展示与阐释起到了一定的推动的作用。

三、展览的多感官体验

以往博物馆展览过程中往往以视觉为主，注重展览的空间氛围营造，人体感官体验较少。随着博物馆展览的发展，"感官的更多元运用既是时代趋势下具有指标性的现象与成果，也是推展与创造博物馆展示另一波趋势的重要因素"。[4]"上洛"展览的艺术装置在展出的过程中不仅不设栏，同时融入舞蹈、音乐、即兴表演等艺术形式，增加感官的丰富性，使观众参与感更强，自觉融入展览当中。

（一）视觉

"上洛"展览展厅以深灰色为主视觉色彩，凸显古代文物艺术与当代艺术的融合，艺术装置视觉冲击贯穿整个展览。例如：序厅设置了长14.4米、高2.4～3.4米、宽4.8～6.8米的《洞天》艺术装置，在四个龛柜内选取了"模制人手持刮削石器""何尊铭文""东方红拖拉机模型""牡丹绘画作品"，代表四种不同时期洛阳文明的表现展品，观众在时空隧道中参观时获得强烈的转瞬即逝的视觉感官体验。第二部分"华夏聚汇"设置象征世界结构的木建筑艺术装置《三千》，通过五组一系列穿墙对称而不规则的单杆支撑木构，高低错落，虚实相生，引人仰观俯察，呈现一种丰富多元、参差共生的视觉状态。

（二）听觉

声音是人类传达信息的重要途径之一，不仅能加深观众视觉空间的感受，而且具有强烈的氛围营造。蔡东铧先生创作的"上洛"音乐置于《洞天》空间播放，给观众一种强烈的时代背景渲染，同时展览开幕之时将即兴音乐演奏也作为展览策划的重要组成部分；《三千》艺术装置上悬挂了洛阳本土乐器编镲编锣，让观众随性打击，希望这里成为音乐"响趣"的地方。展览在最后部分通过播放"上洛"从前期研讨、策划、艺术创作到实施的全部过程，以及策展人、艺术家对"上洛"展览解读的视频，加深观众对展览的欣赏和理解。

（三）触觉

为保证文物的安全，博物馆参观传统伦理规范常常是禁止触摸，观众通过触觉参与接触展览的机会较少。美国学者妮娜·西蒙认为，"参与式技巧的目的就是既能满足观众对积极参与的需求，又能传播馆方的使命，推广其核心理念"。[5] 因此，"上洛"展览策展过程中就是要打破传统的伦理规范，通过开放可以触摸的理念，增加观众的参与感。例如：第一部分"伊洛之间"展柜外部设置"旧石器模型"，让观众通过触摸的方式感知旧石器时代石质凸凹感；第三部分"世界同在"，徐坚与陈彧君依据洛阳博物馆藏大秦景教石经幢共创了《回响》，主要以册子本、书籍作为造型媒介，通过切割与重组，将书本堆叠成经幢新的基座，观众通过触摸斑驳的书籍和3D打印的经幢感知历史的脉搏。

四、结语

2021年9月，"新·乡土志"系列展之一"上洛"展的顺利进行，对于洛阳博物馆而言，是一次大胆的策展尝试。展览打破了传统的博物馆策展制度和策展形式，通过引进独立策展人、不同领域的当代艺术家，以"共创"的理念，用实际行动重新诠释了博物馆展览策划的新机制。更为重要的是，此次展览成为洛阳博物馆树立开放博物馆理念的一次标志性实践，不仅为艺术家提供了前所未有的创作体验和创作热情，让"圈外"人和博物馆有了一次亲密接触，体验到了博物馆的文化滋养，而且为观众带来了优秀的作品和富有感染力的释展语言，进而唤起大家对历史、文物与现代生活关联的思考，打破博物馆与个人遥远疏离的传统印象。

---

[1] 吴昌稳. 广东省博物馆策展人制度解析[J]. 文博学刊, 2022（1）.

[2] 宗苏琴. 后疫情时代博物馆的多元、包容与平等建设——从扬州博物馆谈起[J]. 东南文化, 2021（2）.

[3] 史明立. 博物馆策展新实践与开放式展览[J]. 博物院, 2022（1）.

[4] 王思怡. 多感官博物馆学：具身与博物馆现象的认知与传播[D]. 杭州：浙江大学, 2019.

[5] [美]妮娜·西蒙（Nina Simon）著，喻翔译. 参与式博物馆——迈入博物馆2.0时代[M]. 杭州：浙江大学出版社, 2018.

通论、概论与导论

——历史学专业本科考古学课程内容设置的思考*

郭荣臻

郑州师范学院历史文化学院

摘要：作为历史学的重要组成部分，高校历史学专业开设考古学课程具有相当的必要性和重要性。但不同高校历史学专业本科考古学课程设置状况并不一致，不惟相当数量历史学专业未开设考古学相关课程，即便开设有相关课程的高校，历史专业所设置考古学课程名称、依托教材、教学内容等多方面也存在一定差异。通过比对相关高校历史专业考古学课程及教学实践，认为以考古学理论、方法、技术等内容作为考古学课程教学全部内容的安排存在一定问题。就学生学习的角度而言，考古学通论课程设置的必要性强于导论或所谓概论课程。

关键词：考古学通论；考古学导论；考古学概论；历史学专业；考古学课程

通过调查发现，21世纪以来，国内高校开设或不开设考古学相关课程的历史学本科专业仍兼而有之，甚至未开设考古学课程的历史学本科不在少数。事实上，作为历史学学科下的一级学科，考古学理应和中国史、世界史一样，在历史学教学过程中扮演重要角色。事实上，早在民国时期，考古学教育的重要性已为时人所关注。[1]随着学科交融趋势的深入与多学科合作研究作用的提升，考古学相关课程对于历史学专业教学乃至研究的重要性不言而喻，已有学者对此开展过深入探讨[2]，本文不复赘论。就开设有考古学课程的历史学专业而言，其依托教材、教学内容也存在一定程度甚至不小的差异。作为课程体系的核心内容[3]，课程设置在高校教育中扮演着重要角色。究竟本科历史学专业需要什么样的考古课程，什么样的考古学课程适合历史学专业本科

---

*本文系郑州师范学院博士科研启动专项经费项目（编号：501034）、开封市政府决策研究课题（编号：KFKTB2021-19）研究成果之一。

生学习，仍将作为一个可持续探讨的问题长期存在。本文拟就此问题略陈管见，不当之处，恳请方家批评。

一、概念辨析

"考古学通论""考古学概论""考古学导论"是高校考古学课程常见的名称，通常适用于考古学、文物与博物馆学、历史学等专业本科教学。就国内现状而言，在不同高校历史专业所开设考古学课程中，以此三者命名的兼而有之。单就字面含义而言，此三者虽有相似之处，却并不完全一致。

"通论"，据《现代汉语词典》释义，一则指代"通达的议论"，二则意为"某一学科的全面的论述（多用于书名）"，释义中举了"史学通论"的例子。[4] 所谓"考古学通论"，即关于考古学的全面论述。"概论"，则意为"概括的论述（多用于书名）"，所举例子为"地质学概论""中国文学概论"等。[5] 所谓"考古学概论"，即对考古学概括的论述。"导论"，含义较广，作为书名的"导论"与"引论"有相似之处，意指对中心思想的概括性论述。所谓"考古学导论"，即对考古学学科中心思想的概说。

一般认为，"考古学通论"课程的核心内容为旧石器时代、新石器时代、夏商周、战国秦汉、三国两晋南北朝、隋唐五代、宋元明（有时下限到清）考古。此类课程一般专设一章"概论"或"导论"部分介绍考古学的基本概念、方法乃至学术史等简要内容。而以"考古学概论""考古学导论"等为名称的课程一般则以考古学理论、方法、技术等为主要授课内容。需要说明的是，不同名称、不同版本的考古学教材在内容上也存在一定差异。

二、相关教材

就已刊教材或参考书来看，以"通论""导论""概论"名者兼而有之。为便于更清晰地审视其所涉内容，拟对相关书目予以概说。需要说明的是，本文所指教材或参考书目专指国内学者新中国成立以来尤其改革开放以来所作或所编著中国考古学通识类著作（含讲义），国内学者所作或译著的国外考古著作、外国学者所作中国考古学著作、国内高校考古专业甚或文物与博物馆学专业所使用的分阶段讲义或教材等皆不在讨论之列。

（一）通论类

1. 综合类

此类讲义、教材或相关参考书目为数最巨，中华人民共和国成立以来，此类材料的编辑大致可分为以下三阶段：

（1）中华人民共和国成立伊始

总体而言，这一时期国内编著的考古学教材为数不多。有些高校成立了考古专业，有些高校则在历史系开设考古学相关课程。1952年，在相关部门支持下，中国高校中首个考古专业在北京大学历史系正式成立，知名学者郭宝钧、裴文中、苏秉琦、夏鼐等均参与任教。夏鼐等先生讲授的《考古学通论》由单庆麟先生整理刊印[6]，后为广东省文化局翻印。[7] 荆三林先生1954年从厦门大学调至山东师范学院（今山东师范大学）工作，教授考古学课程，其主编的《考古学通论》由教务处编印[8]，为其以后的修订奠定了基础。除上述讲义，这一时期以"通论"名或具有通论性质的讲义另有曾昭燏先生在南京大学授课时编的《考古学通论》[9]、中山大学梁钊韬编的高等学校交流讲义之《考古学通论》讲义[10]、徐知良先生编著且用于云南大学历史系的《考古学通论讲义》[11]、四川大学历史系用的《考古学通论》[12]、西北大学考古专业编的《中国考古学通论初稿》[13]、赵光贤先生编且用于北京师范大学历史系的《中国考古学大纲》[14]等等。事实上，中华人民共和国成立伊始，仅北京大学、西北大学等个别高校开办有考古学专业，上述讲义多数用于相关高校历史学专业教学过程中。

（2）改革开放—20世纪末

20世纪70年代，已有不少高校开设了考古专业。改革开放以后，随着考古发掘工作的恢复，考古研究逐渐恢复并更加深入。在此期间，一些高校或其他研究机构以个人或集体名义编著了为数较多的教学参考资料，甚至专门出版了相关教材。据不完全统计，相关讲义编写时间集中于20世纪80年代（个别院系相关讲义在20世纪90年代得以补充修改）：荆三林先生编著的《考古学通论》[15]（在20世纪50年代版本基础上修订补充），安守仁先生编的《考古学通论·参考图册》[16]，山东大学历史系考古教研室与山东师范学院历史系中国古代史教研室合编的《中国考古学通论讲义》[17]以及此后山东大学考古专业陆续编著的其他讲义[18]（在上述讲义的基础上，蔡凤书、宋百川先生的《考古学通论》[19]出版，并多次印刷，长年作为山东大学教材使用），云南大学历史系中国古代历史教研室编的《考古学通论资料》[20]，辽宁师范学院（今辽宁师范大学）历史系田久川先生编的《考古通论》[21]，四川大学历史系的《考古学通论》[22]，中山大学人类学系编的《考古学通论》讲义与图谱[23]，安徽大学历史系陆勤毅编的《考古学通论提要》《〈考古学通论〉教学大纲》[24]，重庆师范学院（今重庆师范大学）历史系及其前身所编印的不同版本的《考古学通论》讲义[25]，河北大学历史系考古教研室编的《中国考古学通论》[26]，四川师范学院历史系编的《考古学通论（上下册）》[27]，南开大学博物馆学教研室编的《中国考古学通论（教学参考图录）》[28]，南京师范大学历史系海蔚蓝先生编的《考古学通论》[29]，暨南大学历史系赵善德先生编的《考古学通论》[30]，兰州大学历史系编的《考古学通论》[31]，辽宁大学历史系考古教研室编的《考古学通论（纲要）》及《考古学通论参考图》[32]，孙英民等先生编的《中国考古学通论》讲义及图录[33]，福建师范大学历史系编的《中国考古学通论补充材料》[34]，等等。

时至20世纪90年代，在相关讲义的基础上，不少高校考古专业教师编著了由出版社出版的正式教材，如孙英民、李友谋先生主编的《中国考古学通论》[35]，张之恒先生主编的《中国考古学通论》[36]，段小强、杜斗城先生编著的《考古学通论》[37]等。

上述讲义、教材为数众多，是几代从事考古学研究的教学实践者在一线教学过程中的力作，在数十年的考古学专业、历史学专业教学过程中扮演了重要角色。单就历史专业受众而言，20世纪90年代以来以张之恒先生主编、孙英民与李友谋先生主编的几版教材影响力最大。

(3) 21 世纪以来

这一时期以"概论"为名的教材数量虽稍逊于前一时期,但得益于考古学的发展,这一时期所出版教材大多体现了所在时期的考古发掘与研究新成果。其中较有代表性、普及力度较高的有张之恒先生主编的《中国考古通论》[38]、孙英民与李友谋先生编的《中国考古学通论》[39]、段小强与杜斗城先生编著的《考古学通论》[40]等,皆系在前一时期教材基础上补充新的考古发现与研究所作的修订版。此三种教材尤以张先生所作推广程度为高,不少高校历史专业所用教材即为此书。此外,裴安平先生编的讲义《中国考古学通论》[41]、侯静波和于建华先生编著的《考古学通论》[42]等,在部分高校相关专业也有一定的影响力。另检索相关材料,这一时期也有其他版本《考古学通论》讲义[43]问世。

2. 专题类

国内已刊此类著作可分为两种情况,一则以某一类别遗存或所谓考古学分支命名,如杨鸿勋先生的《宫殿考古通论》[44]、陆思贤、李迪等先生的《天文考古通论》[45]、方建军先生的《音乐考古学通论》[46],景爱先生的《沙漠考古学通论》[47]等。一则以相关地域命名,如李昆生先生主编的《云南考古通论》[48]等。不过需要指出的是,此类著作在考古专业或其他相关专业影响力较大,在大多数高校历史专业并未作为教材使用。

3. 其他类

除上述类别,另有其他著作亦以"通论"为名,如近年出版的王仲殊先生文集也被冠以"考古学通论"的副标题[49]。当然,因着极强的考古学属性,该著作也未作为历史专业教材使用。

(二) 概论类

1. 综合类

此类著作不但在相当高校考古专业发挥重要作用,也在部分高校历史专业产生了影响。20 世纪下半叶,此名称的讲义、教材为数较少,其中有代表性的为易漫白先生编的《考古学概论》[50]。进入 21 世纪后,以"概论"为名的教材增多且多次出版。其中马利清先生主编的《考古学概论》虽以"概论"为名,但所涉内容与前述综合类《考古学通论》相似[51]。钱耀鹏先生主编的《考古学概论》[52],栾丰实先生主编、钱耀鹏和方辉先生任副主编的《考古学概论》所涉内容则非诸时期考古发现与据以所得人类社会生活史,而系考古学理论、方法、技术等诸方面内容[53]。不同高校历史专业所选择教材有所不同,马先生、栾先生主编的教材皆有受众。

2. 专题类

此类著作,多数以考古学相关分支为名。如赵丛苍先生的《科技考古学概论》[54]、杨泓与郑岩先生的《中国美术考古学概论》[55]、武红丽先生的《中国美术考古学概论》[56]、王恒杰与张雪慧先生的《民族考古学概论》[57]等。此外,王仲殊先生的《汉代考古学概说》[58],名称虽"说"非"论",但系对汉代考古学相关内容的专题讨论,与前述书目性质上有相似之处。上述部分著作在考古界有较大影响,并作为部分高校考古专业的教材。但就所掌握情况而言,罕见历史专业以上述著作为课程名称或教材者。

(三) 导论类

1. 综合类

以"导论"为名的此类考古学著作,除有限

的译著[59]，罕见国内学者以此名所作专门性教材，也罕见历史学专业以此作为唯一或主要教材的案例。

2. 专题类

此类著作有两种形式：一则以某一时代命名，如张宏彦先生编的《中国史前考古学导论》[60]；一则以相关类别或分支命名，如刘凤君先生编的《美术考古学导论》[61]、郭华东等先生编的《空间考古学导论》[62]、蔡大伟先生主编的《分子考古学导论》[63]、陈康与段小强先生编的《体育考古学导论》[64]等。单就历史学专业本科教学而言，此类著作所发挥作用有限。

（四）其他类

除上述命名以外，另有一些参考书目，或许不具备前述诸"论"之名，但在考古乃至文博专业本科生考古通识教育过程中也扮演着重要角色，譬如：张宏彦先生编的《中国考古学十八讲》[65]、冉万里先生编的《汉唐考古学讲稿》[66]、刘庆柱先生主编的《中国考古发现和研究（1949—2009）》[67]、华人学者张光直先生著的《古代中国考古学》[68]、华人学者刘莉与国内学者陈星灿先生合著的《中国考古学：旧石器时代晚期到早期青铜时代》[69]等等。不过需要指出的是，它们对历史学本科生发挥的作用与效果尚待将来的调研评估。就现阶段情况而言，罕见高校历史学专业以此类著作作考古学课程教材。此外，新近出版的《中国考古通识》[70]，涉及较多新近考古发现乃至相关学者研究动态，对考古、历史专业本科相关课程教学能起到助益。美中不足者，该著作下限止于魏晋时期，对有众多考古发现且学界研究愈发深入的隋唐宋元明清罕有涉及，若选择

以此卷书作为教材，需补充其他教学参考书目。上述部分著作虽然未必系历史专业教科书，但可作为教学参考资料。

需要说明的是，囿于笔者学力，虽尽可能检索了相关高校相关专业的相关材料，但难免仍有不少遗漏。前述内容仅对目力所及的相关讲义、教材、参考书目进行了梳理、甄别，结合对相关高校历史专业曾经或当下考古学课程所作调研。鉴于这些著作、教材、讲义、参考资料具有较强代表性，可认为它们在一定程度上反映了相关高校历史学专业考古学课程相关教材的演变与发展历程。此外，虽然本文未作详细分类，但相关高校相关教材使用或可粗略分为考古学专业成立前、后等粗略阶段。

三、课程内容

前已述及，国内高校历史专业并非都开设有考古学相关课程。姑不论未开设考古学课程的历史学专业，就开设有考古课程的历史专业而言，无论是教材选择，抑或教学内容都未见一致。就以搜集到材料的高校历史学专业为例，可将相关课程内容分为两大类：

（一）基本知识类

此类课程或以"考古学通论"为名，或以"考古学概论""考古学导论"为名[71]，教学内容以考古学基本概念、旧石器时代至宋元甚或明清时期考古发现及基于考古发现所获的人类社会历史知识为主，所用教材或主要参考资料为各种类型、版本的《考古学通论》。如山东师范大学、西北师范大学、安阳师范学院等历史学专业曾用教材

则为张之恒先生编著的《考古学通论》，海南师范大学历史学专业使用过孙新民、李友谋先生编著的《考古学通论》，河南大学历史学专业则使用过孙新民与李友谋先生编著的《考古学通论》、马利清先生的《考古学概论》，西北民族大学历史学专业曾用段小强、杜斗城等先生编著的《考古学通论》。

（二）理论、方法、技术类

此类课程或以"考古学概论"为名，如曲阜师范大学历史学专业；或以"考古学基础"为名，如郑州师范学院历史学专业。教学内容包括考古学基本概念、考古学理论、考古学方法、古代社会研究、思想文化研究、遗址保护与公共考古学诸方面，所选教材大都为栾丰实先生主编，钱耀鹏、方辉先生副主编的《考古学概论》。

需要说明的是，此处分类及举例有粗疏之嫌。但即便如此，仍能大致勾勒出目前部分高校历史学专业课程设置中对考古学课程的不同处理方式，乃至可能存在的问题。同为历史学专业，何以将不同类别考古学内容作为历史学教育的组成部分？究竟哪种类别的考古学课程对历史学专业本科生更有裨益？这是历史学教育中不得不面对、不得不思考的问题。开设有考古学专业的高校历史学专业与未开设考古学专业的高校历史学专业在教材选择、课程设置等方面也会存在一定差异。

四、何者为宜

严格意义上讲，不同专业的本科学子对考古学课程的需求并不一致。对于非史学专业本科生而言，可以选择通识教育选修课中的文博考古类人文类课程，具体课程名称因时因地而异。一般情况下，若相关高校有考古专业师资，即具备此类课程开设条件。对史学专业本科生而言，虽然可选全校通识教育选修课中的文博考古类课程，但此类课程并不能满足历史专业对考古学的知识需求。若能在《中国古代史》学习的相关学期一并开设考古学课程，按照时代了解基于考古证据的古史，不失为较为可行的选择。而对于文物与博物馆学专业本科生而言，考古学课程可在上述基础上进一步深化；考古学专业本科生所需的考古学课程则更多，也应更专业化，以便使学生掌握学习知识、探索问题、解决问题的能力。

综合比对，不难发现，不同高校历史专业所开设的考古学课程内容有深有浅，难点重点也存在一定差异。以近年来受众最多的栾丰实等先生编著的《考古学概论》为例，因属"马克思主义理论研究和建设工程重点教材"的缘故，被不少高校历史专业选择为考古学课程的指定教材。该教材所设内容全面、深入，非常适用于考古专业乃至文物与博物馆学专业师生使用。但究竟是否适用于历史学专业本科生，抑或历史学专业本科生是否只需开设此一门考古学课程即可，不同学者、不同一线教育工作者可能有不一样的认识。

以笔者曾任教过的某高校历史学专业为例，学院为本科生设置了"考古学基础"的课程，开设学期为大一下学期，学时为2（学时）×16（星期）=32（学时）。除教学时长略显不足，另囿于相关规定，所选教材必须为栾先生等主编的《考古学概论》，这导致该课程虽名曰"基础"，内容对历史学专业大学一年级本科生而言却毫不基础的突兀现象。在本科生并未接收过考古学基本知识（即各时期考古发现及所得阶段性认识）教育，甚至《中国古代史（下）》课程尚未学习的前提下，开展这样基于考古学理论、方法、技术的教育的课程，非但必要性不大，而且对学生学习而言难度不小。

表面上看，学生们接受了考古学相关课程教育，但实质上收获甚微。一学期结束，学生对史前时期知名的裴李岗文化、仰韶文化、龙山文化几无认知，对知名的夏商文化几无了解，对周秦—明清时期考古发现也几无听闻。综观该校多年的历史学学士学位论文，从无学生使用过基于《考古学概论》教材及"考古学基础"课程相关理论、方法、技术作研究的实践。由此可见，目前所选教材及相关教学内容既不能满足学生对考古学知识的需求，也未产生相应的理论应用于实际的效果。这种不适应导致的结果是学生们普遍听不懂相关内容，自然也就难以对考古学课程乃至考古学产生兴趣和热情。

那么问题来了，究竟历史学本科需要什么样的考古学知识，或者什么样的考古学知识符合历史学教育特点呢？在对比分析的基础上，基于史前—明清时期考古发现及相关研究所得阶段性认识的内容更适用于历史学本科生。选择考古学通论教学内容，可与《中国古代史》课程相匹配。在学习过程中，历史专业本科生可结合相关各时期考古发现来看中国古代历史演进过程，将来自文献史料的理论证据与来自考古发现的实践材料相结合，有利于加深对中国古代历史的了解与理解。如若有充足课时，可在通论课程教育的基础上加入适当考古学理论、方法等相关内容，以便于学生在了解学科的前提下能借以开展初步研究。

当然，囿于教材更新的滞后与考古发现与研究的持续更新，相关课程对任教者也提出了更高要求。若能在相关教材基础上分析学生实际情况，制定具有专业特色、地方特色的考古课程，可能对历史专业本科生更有裨益。以郑州大学历史学专业近年来的"考古学通论"课程为例，涉及考古学的作用、考古同盗墓与探险活动的差别、全球视野下的考古学史、考古材料与文明起源研究、考古材料与环境史研究、考古材料与全球化研究、考古材料所反映的古代生活史、考古材料所反映的全球艺术史等内容，适应了中国史、世界史等专业本科生学习的情况，起到了良好的教学效果。[72]

综上所述，高校历史学专业考古学课程名称应以"考古学通论"或"中国考古学通论"为宜，授课内容应以"考古学通论"所涉及的史前—宋元甚或明清时期考古发现与研究为宜，而不应冠以"考古学概论""考古学导论"或其他名称，更不宜以考古学理论、方法、技术作为唯一或主要授课内容。需要说明的是，笔者调查样本量相对较少，检索到的讲义、教材也不尽全面，在今后的教研过程中，随着材料的进一步积累，或可另文深论。

五、结语

通过上述梳理不难发现，当前高校历史学专业中的考古学教学内容尚存可以商榷甚或改进之处。作为广义考古学的重要组成部分，考古学与文献史学共同承担着了解历史、认识历史、学习历史、研究历史的职责。历史并非仅靠文献史料书写,对于迄今尚未开设考古学相关课程的历史学本科而言,需尽快将考古学通识教育纳入课程体系、教学内容。对于虽然开设有考古学相关课程,却选择对文博考古专业本科生而言也并不容易的理论、方法、技术为主要教学内容的历史学专业而言,选择更合适的参考书目、确定更适宜的教学内容甚至适当增加考古学课程时长可能具有相当的必要性。2020 年 9 月 28 日,习近平总书记在主持中央领导集体学习时,强调要建设中国特色、中国风格、中国气派的考古学[73],在高校考古学教育界引起了热烈反响。[74] 2021 年 10 月,习近平总书记致仰韶文化发现和中国现代考古学诞生 100 周年贺信中再次强调了建设有中国特色、中国风格、中国气派考古学的必要性。考古学在当代社会生活中的角色愈发重要,作为既关乎死亡与过去、也关注生存和未来的学科,考古学在历史学本科教育乃至课程思政方面都可发挥重要作用。在建设有中国特色、中国风格、中国气派的中国考古学实践中,不惟考古学人,文献史学者亦能扮演起重要角色。就此角度观之,加强考古学课程尤其考古通识课程在历史学专业课程中的比重具有必要性。需要再次强调的是,在高校教学过程中,选择既适应于历史学本科生学习需求、又不失却中国考古学特色的教学参考资料与教学内容,任重道远。

附记:材料搜集过程中,得到了国家文物进出境海南管理处刘亭亭、河南师范大学历史文化学院缪小荣、曲阜师范大学历史文化学院李贝、山东大学历史文化学院赵江运、山东大学文化遗产研究院姜富胜、河南省文物考古研究院李晓燕、山西省文物考古研究所魏娜、大连理工大学马克思主义学院柳直、温州大学人文学院冀晋才、山东师范大学黄润青、山东建筑大学董莉莉、郑州师范学院郑伟斌、郑州二七纪念馆韩佳佳等学友的帮助,一并致以谢忱。

---

[1] 徐玲. 民国时期的考古学教育与人才培养[J]. 史学月刊, 2009(4).

[2] 王艳玲. 关于历史学专业《中国考古学通论》课程建设的思考[J]. 湖北成人教育学院学报, 2010(3); 耿超. 历史学专业考古学通论课程教学改革思考[J]. 文物春秋, 2018(2).

[3] 教育部高等学校教学指导委员会编. 普通高等学校本科专业类教学质量国家标准[M]. 北京:高等教育出版社, 2018.

[4][5] 中国社会科学院语言研究所词典编辑室编. 现代汉语词典[M]. 北京:商务印书馆, 2016.

[6] 夏鼐等, 单庆麟整理. 考古学通论[M]. 北京:北京大学, 1956.

[7] 北京大学历史系编辑, 广东省文化局翻印. 考古学通论[M]. 1957.

[8] 荆三林. 考古学通论[M]. 济南:山东师范学院教务处印, 1956.

[9] 曾昭燏编. 考古学通论[M]. 南京:南京大学历史系, 1952.

[10] 梁钊韬编. 考古学通论[M]. 北京:中央人民政府高等教育部代印, 1953.

[11] 徐知良. 考古学通论讲义[M]. 昆明:云南大学历史系, 1956.

[12] 考古学通论[M]. 成都:四川大学历史系, 1958.

[13] 西北大学历史系考古专业编写组. 中国考古学通论初稿[M]. 1960.

[14] 赵光贤编. 中国考古学大纲[M]. 北京:北京师范大学讲义, 1956.

[15] 荆三林编著. 考古学通论[M]. 郑州:郑州大学历史系讲义, 1980.

[16] 安守仁. 考古学通论·参考图册［M］. 兰州：西北民族学院历史系翻印，1950.

[17] 山东大学历史系考古教研室，山东师范学院历史系中国古代史教研室. 中国考古学通论讲义［M］. 济南，1980.

[18] 山东大学历史系. 考古学通论（二）［M］. 济南，1981；山东大学历史系. 中国考古学通论（两汉部分）［M］. 济南，1981；山东大学历史系考古教研室. 考古学通论之五（魏晋—隋唐部分）［M］. 济南，1982；山东大学考古系. 中国考古学通论［M］. 济南：山东大学讲义，1985.

[19] 蔡凤书，宋百川. 考古学通论［M］. 济南：山东大学出版社，1988.

[20] 云南大学历史系中国古代历史教研室. 考古学通论资料［M］. 昆明，1980；云南大学历史系中国古代历史教研室. 考古学通论资料［M］. 昆明，1983.

[21] 田久川. 考古通论［M］. 大连：辽宁师范学院历史系，1982.

[22] 王子岗. 考古学通论［M］. 成都：四川大学历史系，1983；四川大学历史系. 考古学通论［M］. 成都：四川大学历史系，20世纪80年代.

[23] 中山大学人类学系. 考古学通论［M］. 广州：中山大学，1984；李始文. 考古学通论［M］. 广州：中山大学，1987；中山大学人类学系. 考古学通论·图谱篇［M］. 广州：中山大学，1994.

[24] 陆勤毅. 考古学通论提要［M］. 合肥：安徽大学历史系，20世纪80年代；陆勤毅.《考古学通论》教学大纲［M］. 合肥：安徽大学历史系，1984.

[25] 重庆师范专科学校史地系教研室古代史组. 考古学通论［M］. 重庆：重庆师范专科学校，1981；重庆师院历史系中国古代史教研组. 考古学通论［M］. 重庆；重庆师院中国古代史教研组. 考古学通论讲义［M］. 河南师范大学历史系翻印，1982.

[26] 河北大学历史系考古教研室. 中国考古学通论［M］. 保定：河北大学，1983.

[27] 四川师范学院历史系. 考古学通论（上下册）［M］. 成都：四川师范学院，1984.

[28] 南开大学博物馆学教研室. 中国考古学通论（教学参考图录）［M］. 天津：南开大学，1985.

[29] 海蔚蓝. 考古学通论［M］. 南京：南京师范大学历史系，1986.

[30] 赵善德. 考古学通论［M］. 广州：暨南大学历史系，1987.

[31] 兰州大学历史系. 考古学通论［M］. 兰州：兰州大学历史系，1989.

[32] 辽宁大学历史系考古教研室. 考古学通论（纲要）［M］. 沈阳：辽宁大学历史系，1988；辽宁大学历史系考古教研室. 考古学通论参考图［M］. 沈阳：辽宁大学历史系，1988；辽宁大学历史系考古教研室. 考古学通论（纲要）［M］. 沈阳：辽宁大学历史系，1997.

[33] 孙英民. 考古学通论［M］. 开封：河南大学成人教育学院印，20世纪80年代；历史系考古教研室. 中国考古学通论·参考图录［M］. 开封：河南大学成人教育学院印，1987.

[34] 福建师范大学历史系. 中国考古学通论补充材料［M］. 福州：福建师范大学历史系，年份待考.

[35] 孙英民，李友谋. 中国考古学通论［M］. 开封：河南大学出版社，1990.

[36] 张之恒. 中国考古学通论［M］. 南京：南京大学出版社，1991.

[37] 段小强，杜斗城. 考古学通论［M］. 兰州：甘肃人民出版社，1994.

[38] 张之恒. 中国考古通论［M］. 南京：南京大学出版社，2009.

[39] 孙英民，李友谋. 中国考古学通论（修订版）［M］. 开封：河南大学出版社，2003；孙英民，李友谋. 中国考古学通论（修订版）［M］. 开封：河南大学出版社，2010.

[40] 段小强，杜斗城. 考古学通论［M］. 兰州：甘肃人民出版社，2007.

[41] 裴安平. 中国考古学通论［M］. 南京：南京师范大学文物与博物馆学系，2000.

[42] 侯静波，于建华. 考古学通论［M］. 哈尔滨：哈尔滨地图出版社，2014.

[43] 梁育红. 考古学通论［M］. 安阳：安阳教育学院政史系，2004.

[44] 杨鸿勋. 宫殿考古通论［M］. 北京：紫禁城出版社，2001；杨鸿勋. 宫殿考古通论［M］. 北京：紫禁城出版社，2009.

[45] 陆思贤，李迪. 天文考古通论［M］. 北京：紫禁城出版社，2005；陆思贤，李迪. 天文考古通论［M］. 上海：上海古籍出版社，2006.

[46] 方建军. 音乐考古学通论［M］. 北京：人民音乐出版社，

2020.

[47] 景爱. 沙漠考古学通论[M]. 上海：上海古籍出版社，1999；景爱. 沙漠考古学通论[M]. 上海：上海古籍出版社，2006.

[48] 李昆生. 云南考古学通论[M]. 昆明：云南大学出版社，2019.

[49] 王仲殊. 王仲殊文集——考古学通论及中国考古学的若干课题[M]. 北京：社会科学文献出版社，2014.

[50] 易漫白. 考古学概论[M]. 长沙：湖南教育出版社，1985.

[51] 马利清. 考古学概论[M]. 北京：中国人民大学出版社，2010；马利清. 考古学概论（第2版）[M]. 北京：中国人民大学出版社，2015.

[52] 钱耀鹏. 考古学概论[M]. 北京：高等教育出版社，2011.

[53]《考古学概论》编写组. 考古学概论[M]. 北京：高等教育出版社，2015；《考古学概论》编写组. 考古学概论（第二版）[M]. 北京：高等教育出版社，2018.

[54] 赵丛苍. 科技考古学概论[M]. 北京：高等教育出版社，2006；赵丛苍. 科技考古学概论（第二版）[M]. 北京：高等教育出版社，2018.

[55] 杨泓，郑岩. 中国美术考古学概论[M]. 北京：中国社会科学出版社，2008.

[56] 武红丽. 中国美术考古学概论[M]. 北京：中国电影出版社，2021.

[57] 王恒杰，张雪慧. 民族考古学概论[M]. 福州：福建人民出版社，2009.

[58] 王仲殊. 汉代考古学概说[M]. 北京：中华书局，1984；王仲殊. 汉代考古学概说[M]. [美] 张光直等，译，北京：外语教学与研究出版社，2014.

[59] [美] 温迪·阿什莫尔，罗伯特·J. 沙雷尔. 考古学导论[M]. 上海：上海社会科学院出版社，2011；[英] 戈登·柴尔德. 考古学导论[M]. 安志敏，安家瑗译，陈淳审校，上海：上海三联书店，2008、2013.

[60] 张宏彦. 中国史前考古学导论[M]. 北京：高等教育出版社，2003；张宏彦. 中国史前考古学导论[M]. 北京：科学出版社，2011.

[61] 刘凤君. 美术考古学导论[M]. 济南：山东大学出版社，1995；刘凤君. 美术考古学导论[M]. 济南：山东大学出版社，2002；刘凤君. 美术考古学导论[M]. 北京：高等教育出版社，2014.

[62] 郭华东，王心源，陈富龙等. 空间考古学导论[M]. 北京：科学出版社，2020.

[63] 蔡大伟. 分子考古学导论[M]. 北京：科学出版社，2008.

[64] 陈康，段小强. 体育考古学导论[M]. 北京：中国社会科学出版社，2016.

[65] 张宏彦. 中国考古学十八讲[M]. 西安：陕西人民出版社，2008.

[66] 冉万里. 汉唐考古学讲稿[M]. 西安：三秦出版社，2008.

[67] 刘庆柱. 中国考古发现和研究（1949—2009）[M]. 北京：人民出版社，2010.

[68] [美] 张光直. 古代中国考古学[M]. 印群译，沈阳：辽宁教育出版社，2002；[美] 张光直. 古代中国考古学[M]. 印群译，北京：生活·读书·新知三联书店，2013.

[69] [美] 刘莉，陈星灿. 中国考古学：旧石器时代晚期到早期青铜时代[M]. 陈洪波，乔玉，余静等，译，北京：生活·读书·新知三联书店，2017.

[70] 韩建业，李梅田. 中国考古通识[M]. 北京：高等教育出版社，2021.

[71] 与高校考古学专业本科生课程中的考古学"概论"或"导论"课程教学内容有别.

[72] 张莉. 高校历史专业"考古学通论"教学的相关思考[J]. 科教导刊，2018（27）.

[73] 习近平. 建设中国特色中国风格中国气派的考古学 更好认识源远流长博大精深的中华文明[J]. 求是，2020（23）.

[74] 全国高校考古教师畅谈建设中国特色、中国风格、中国气派的考古学[N]. 中国文物报，2020-10-16.

豫南地区楚墓出土玉器研究*

朱芃宇
河南大学历史文化学院

摘要：楚系玉器作为楚文化研究中的重要组成部分，其重要性不言而喻。本文通过对豫南地区楚墓出土玉器进行型式分析，在此基础上探讨其文化因素，将本地区楚墓出土玉器大致分为五组，即中原风格玉器、楚式风格玉器、吴式风格玉器、越式风格玉器、东夷风格玉器，并探讨本地楚墓出土不同风格玉器的成因。
关键词：东周；豫南；楚墓玉器

自20世纪50年代以来，楚系墓葬考古事业取得迅猛发展，到21世纪初，发掘的楚墓已经多达8000余座。[1] 在已经发掘的楚墓中，出土了大量的玉器，并且墓葬的时代和等级序列完整，为楚系玉器的研究提供了丰富材料。

传统意义上豫南地区为今南阳市、信阳市、驻马店市所辖行政区划。历史上，随着楚国势力范围的不断变化，对豫南地区的影响也不断变化，导致楚文化的影响范围，突破了传统豫南地区，甚至进入了今河南省南部大部分地区。本文所指的豫南地区包括今信阳市、南阳市、驻马店市、平顶山市、周口市等地区所辖行政区划。

春秋时期，豫南地区分布着大量的小国，这些小国与楚国交流频繁，有些受到楚文化的影响较深。此外，春秋早期，一些小国虽然受楚文化的影响较浅，甚至尚未受到楚文化的影响，但这些小国在被楚国兼并后，该地区的墓葬继承了这些小国墓葬的某些习俗，对楚墓的研究具有参考价值，因此仍然将这些小国的墓葬列为研究对象。作为本文研究对象的"楚墓"，既包括楚国墓葬，也包括春秋早中期受楚文化影响的、临近楚国的墓葬。

目前尚未见关于豫南地区楚墓出土玉器的整体研究，关于某个地区楚系玉器的研究也相对较

*本文为河南大学研究生"英才计划"项目（SYL20060161）阶段性成果。

少，相关研究多见于楚系玉器的整体研究中。已有的研究成果大致可以分为两种，一是对楚系玉器的整体研究[2]，二是对楚系玉器个别器型的研究。[3] 本文拟对豫南地区楚墓出土玉器进行探讨，分析其文化因素，并探讨相关成因。如有不当之处，敬请专家斧正。

一、豫南地区楚墓玉器的考古发现

豫南地区发掘的楚墓数量较多，其中出土玉器的墓葬数量也不在少数。主要有信阳长台关楚墓[4]、淅川下寺楚墓[5]、固始侯古堆一号墓[6]、固始白狮子地一号墓[7]、淮阳平粮台M16和M17[8]、叶县旧县1号墓[9]、正阳苏庄楚墓[10]、南阳西关楚墓[11]、淅川和尚岭和徐家岭楚墓[12]、桐柏月河一号墓[13]、桐柏月河墓地[14]、新蔡葛陵楚墓[15]、信阳长台关七号墓[16]、南阳彭营楚墓[17]、上蔡郭庄墓地[18]、淅川长岭墓葬区[19]、南阳彭射墓[20]、淅川申明铺墓[21]、光山黄君孟夫妇墓[22]、光山黄季佗父墓[23]、光山黄大山M2[24]、信阳平桥M1[25]、信阳平桥西M3[26]、信阳平桥西M5[27]等。

春秋早期的墓葬主要为光山县黄君孟夫妇墓、黄季佗父墓，信阳平桥M1、M3、M5，桐柏月河M4、M22，桐柏月河M14、M18按报告所述可能也为同一时期墓葬。春秋中期的墓葬主要有淅川下寺M7、M8、M36，南阳西关M22。春秋晚期的墓葬主要有南阳彭射墓，南阳西关M1、M40，桐柏月河一号墓，淅川下寺M1、M2、M3、M10、M11、M24、M26，淅川和尚岭M1、M2，淅川徐家岭M3、M9，上蔡郭庄M1，固始侯古堆一号墓，固始白狮子地一号墓。战国早期的墓葬主要有淅川徐家岭M1、M2、M10，河南叶县旧县M1。战国中期的墓葬有信阳楚墓M1，淅川申明铺M25，新蔡葛陵M1，正阳苏庄M1，淅川徐家岭M6，淅川东沟长岭M22、M23、M24、M25、M27、M33、M36、M43、M46、M48、M59。战国晚期的墓葬主要有淮阳平粮台M16、M17，光山县黄大山M2。

现将各个时期墓葬出土玉器以表格形式进行统计。（表1—表6）

从时间上来看，从春秋早期到战国晚期，豫南地区楚墓出土玉器的类型及数量，在春秋晚期达到顶峰之后，开始下降。其中玉环在豫南地区楚墓中始终存在，玉玦在战国时期已经消失不见。卷云纹璧在春秋晚期开始出现，谷纹璧在战国中期开始出现。素面璧、玉管等器物，除春秋中期未发现外，在本地一直存在。谷纹在战国早期开始出现。

二、豫南地区楚墓出土玉器文化因素分析

豫南地区楚墓出土的玉器大体上可以分为璧、瑗、环、玦、琮、璜、牌、饰、璋、圭、笄、蚕、人、鱼、带钩、珩、佩、管、珠、片、扳指、扣、柄、棒、鸟、兽、锛、鹿、刀、镯、戈、矛、冲牙、龙、梳、玉饰等器型。

关于这些玉器的分类问题，并无统一的标准。报告中的定名，根据发掘者个人认知的不同，有些仍会有所差异。本文将选取数量较多，且较为重要的玉器进行分类研究。如玉璧、玉环、玉虎、玉璜，因无绝对的判定标准，某些器物定名时会有不同的名称，故将环和瑗归为环类，璜和珩归入璜类。

表1　春秋早期豫南地区楚墓出土玉器统计表

出土玉器	数量（件）	出土玉器	数量（件）	出土玉器	数量（件）	出土玉器	数量（件）
人首玉饰	2	兽面纹玉饰	2	兽面玉饰	30	圆柱形玉玦	2
玉鱼	4	玉玦	14	玉虎	39	玉瑗	1
人面纹玉饰	1	玉管	5	蝉纹玉管	1	对蝉玉管	1
残玉饰	1	玛瑙管	1	玉蝉	1	玉鸳鸯	1
龟甲形玉饰	1	兽面纹玉饰	4	玛瑙串珠	14	长方形穿玉管	2
玉棒	1	窃曲纹玉饰	2	双兽面纹玉饰	2	垂鳞纹玉饰	1
玉环	5	木笄玉堵	1	玉璧	1	玉璜	7
玉牙饰	6	玉牌	22	玉蚕形饰	2	黑色串珠	27
螺旋纹玉饰	2	蚕纹玉饰	1	玉雕人头	1	玉雕兽头	1
三角形玉饰	1	方形玉饰	1	玉钱	1	玉饰	5
玉佩	2						

表2　春秋中期豫南地区楚墓出土玉器统计表

出土玉器	数量（件）	出土玉器	数量（件）	出土玉器	数量（件）
玉玦	1	玉琮	1	玉牌	2
玛瑙珠	4	玉环	3	弧形玉器	2
玉片	1	料珠	46	玉人	1
玉觿	17	玉蚕	5	玉鱼	2
玉璜	2				

表3　春秋晚期豫南地区楚墓出土玉器统计表

出土玉器	数量（件）	出土玉器	数量（件）	出土玉器	数量（件）	出土玉器	数量（件）
玉牌	612	玉管状玦	12	椭圆形玉饰	1	玉扁条形饰	46
石髓管	9	玉环	55	玉兽	2	玉饰	3
玉管	16	玉璜	17	玉铸	5	玉玕	6
玉人	2	玉虎	24	玛瑙管	10	串件	4
斧形玉器	3	半椭圆形玉器	2	鸟兽玉刀	1	扣形玉饰	4
玉珠	11	料管	32	玉柄	5	玉耳勺	2
玉笄	2	玉觿	68	玉镯	1	玉扳指	1
玉璋	2	玉圭	6	玉鹿	1	玉戈	5
玉矛	1	玉瑗	15	玛瑙环	5	玉玦	7
玉冲牙	15	玉龙	18	碎玉块	9	玛瑙珠	158
玉握	2	玉鸟	2	玉璧	13	玉梳	1
翡翠珠	5	料珠	136	玉兔	1	玉笄帽	2
弧形玉器	7	方柱状玉器	3	半圆柱穿孔玉器	1	绿松石扣	5
绿松石牌	1	玉贝形器	156	玉带钩	1	玉片	7
玉棒	1	玉鱼	1	石串珠	1698	玉琮	1
带状玉钮	2	方形穿孔玉器	4	绿松石片	5	玉锁形饰	1

表 4　战国早期豫南地区楚墓出土玉器统计表

出土玉器	数量（件）	出土玉器	数量（件）	出土玉器	数量（件）
玉璧	9	玉环	25	玛瑙环	1
连璧玉佩	1	玉人	1	玉柄	1
玉棒	2	玉管	1	玉珩	8
龙形玉佩	3	料珠	11	玉璜	8
条形玉饰	1	龙形玉璜	1	透雕玉佩	1
圆形玉饰	1	项饰	1		

表 5　战国中期豫南地区楚墓出土玉器统计表

出土玉器	数量（件）	出土玉器	数量（件）	出土玉器	数量（件）
玉璧	30	玉璜	13	玉佩	8
玉管	17	长方管	1	料珠	212
连璧玉佩	1	柱状管	1	玉珩	6
玉环	27	玉珠	4	玉觽	2
玉坠	3	料管	19	玉扳指	1
竹节玉饰	1	玉扣	1	玉石块	4
玉石料	1	残玉片	1	白石圭	8

表 6　战国晚期豫南地区楚墓出土玉器统计表

出土玉器	数量（件）	出土玉器	数量（件）	出土玉器	数量（件）
玉璧	10	玉璜	5	方形佩	1
鼓形佩	1	马头形带钩	1	玉环	12
玉管	2	龙形佩	11	玉条	2
玉镜架	1	玉匕	1	玉珩	6
玉佩	8	玉带钩	1	玉剑首	1
玉琀	15				

玉璧大致可以分为四型。

A 型　器表饰纹饰，以纹饰不同可以分为 Aa 型、Ab 型和 Ac 型三个亚型。

Aa 型　器表饰卷云纹。标本徐家岭楚墓 M3：53，青白玉，已风化成鸡骨白，微透亮，两面均有大面积褐色沁斑。有内外廓，两面均饰隆起的卷云纹，做工精致。直径 6.2 厘米，孔径 3.4 厘米，厚 0.4 厘米。（图 1：1）

Ab 型　器表饰谷纹。标本东沟长岭 M24：21，圆形，内外有廓，两面均饰隆起的谷纹。直径 6.3 厘米，孔径 1.4 厘米，厚 0.4 厘米。（图 1：2）

Ac 型　器表饰蟠螭纹。标本下寺 M1：5，棕黄色，玉质较细，正面刻有浮起的蟠螭纹，内外沿各一周扭丝纹。背面磨光素面。直径 13.5 厘米，孔径 6.9 厘米，厚 0.38 厘米。（图 1：3）

B 型　素面璧。标本固始侯古堆 M1：36-1，器身呈蜡黄和灰褐色，器表磨制光滑，器身厚度不一。孔周与璧面平。一边有明显开料痕迹，两面抛光，光素无纹。直径 11.9 厘米，孔径 5.5 厘米，厚 0.15～0.30 厘米。（图 1：4）

C 型　异形璧。大致可以分为两个亚型。

Ca 型　形似兽形。标本葛陵 X：1，青白色，形状呈不规则形，两头较长，为不规则兽形，已残，上下两边呈圆弧形，中间好为圆形，单面钻孔。残长8.3厘米，宽4.6厘米，孔径1.8～2.0厘米，厚0.4厘米。（图1：5）

Cb型　璧身外有凸起。标本下寺M2：146，浅黄色，部分略作白色。璧孔正圆，璧外边两侧有凸棱。璧正背两面均刻云纹。直径6.3～6.8厘米，孔径2厘米，厚0.27厘米。（图1：6）

玉虎大致可以分为六型。

A型　形似长方形，器身有外凸饰。标本黄君孟夫妇墓G1：B12，黄黑色玉。尾残，单面饰竖耳虎纹，背上有一小虎头。残长13.7厘米，宽7厘米，厚0.18厘米。（图2：1）

B型　虎身屈弓，低首，背微弓，尾巴上卷，首部及尾部均有一穿孔。可以分为三式。

Ⅰ式　标本黄君孟夫妇墓G2：25B8，黄色玉。两面饰虎纹，"臣"字眼，一面阴刻，另一面阳刻。长9.1厘米，宽2.5厘米，厚1.5厘米。（图2：2）

Ⅱ式　标本黄君孟夫妇墓G2：25B9，黄色玉。两面饰虎纹，身部饰"山"字纹，脚部及尾部饰鳞甲纹。（图2：3）

Ⅲ式　标本淅川下寺M1：3，白色微黄，透明。器身饰C形纹，头部、背部、腹部、尾部饰扭丝纹。长14.6厘米，厚0.4厘米。（图2：4）

C型　虎身屈弓，首尾下垂，背下凹或者弓背，大体呈反向"U"字形。首尾背部各有一穿孔。

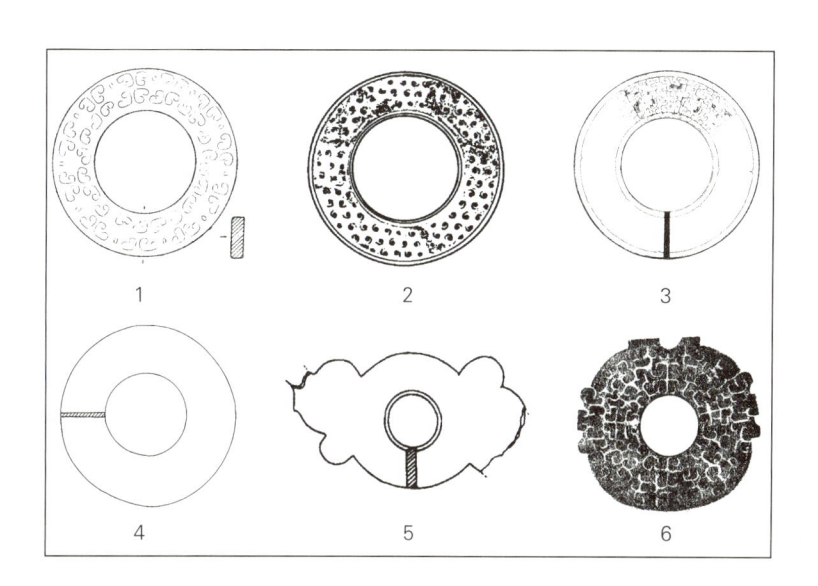

图1　玉璧

1. 徐家岭M3：53；2. 东沟长岭M24：21；3. 下寺M1：5；4. 固始侯古堆M1：36-1；5. 葛陵X：1；6. 下寺M2：146

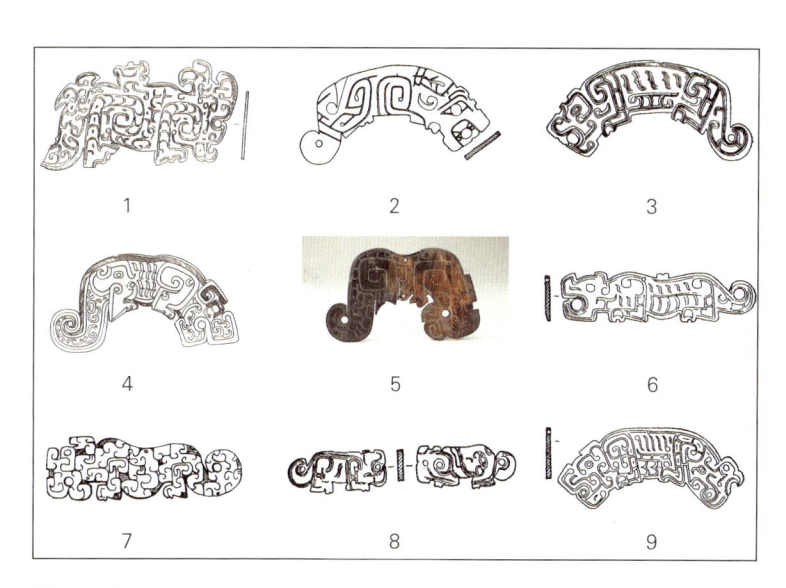

图2　玉虎

1. 黄君孟夫妇墓G1：B12；2. 黄君孟夫妇墓G2：25B8；3. 黄君孟夫妇墓G2：25B9；4. 下寺M1：3；5. 桐柏月河M1：84；6. 黄君孟夫妇墓G2：25B10；7. 下寺M3：31-1；8. 黄君孟夫妇墓G1：B30；9. 黄君孟夫妇墓G1：B23

标本桐柏月河M1:84，器身饰简化龙首纹。长14.4厘米，宽8.4厘米，厚0.4厘米。（图2:5）

D型　虎作俯卧状，平首，身较直，卷尾，背下凹，首尾各有一穿孔。可以分为两式。

Ⅰ式　标本黄君孟夫妇墓G2:25B10，黄色玉。器身饰虎纹，背部上有"山"字形凸棱。长7.88厘米，宽2厘米，厚2厘米。（图2:6）

Ⅱ式　标本下寺M3:31-1，色棕红，器身饰云纹及扭丝纹。长8厘米，宽2厘米。（图2:7）

E型　虎身粗壮，身较直，短首，卷尾，首尾部各有一穿孔。标本黄君孟夫妇墓G1:B30，黄色玉。双面饰伏卧虎纹。长3.5厘米，宽1.3厘米，厚0.3厘米。（图2:8）

F型　形似璜，两端有孔，一端为虎头，一端为鸟首。标本黄君孟夫妇墓G1:B23，黄黑色玉。器身饰虎纹。（图2:9）

玉璜大致可以分为三型。

A型　半璧形。以纹饰不同，可以分为三个亚型。

Aa型　素面。标本黄季佗父墓Ⅰ式玉璜，器身呈虎形，头部有孔，长5.5厘米，宽1.4厘米，厚0.2厘米。（图3:1）

Ab型　器身饰蟠虺纹。共分两式。

Ⅰ式　标本黄季佗父墓Ⅱ式玉璜，器身呈虎形，两端各有一孔，长9.5厘米，宽1.9厘米，厚0.2厘米。（图3:2）

Ⅱ式　标本下寺M36:16，浅黄色，中间有黑色花斑。两端有圆孔，一面饰蟠虺纹，一面光素。通长15厘米，环宽2.5厘米。（图3:3）

Ac型　器身饰蟠虺纹，背部有扉牙。共分两式。

Ⅰ式　标本黄季佗父墓Ⅲ式玉璜，青黑色玉。器身呈虎形，两端均有孔，长9.7厘米，宽2厘米，厚0.3厘米。（图3:4）

Ⅱ式　标本桐柏月河M1:348，黑色玉。两端均有孔，长7.95厘米，宽1.1厘米，厚0.3厘米。（图3:5）

B型　扇形。以纹饰不同，可分为六个亚型。

Ba型　器身饰卷云纹。

Ⅰ式　标本黄君孟夫妇墓G2:25B2，青玉。一端有穿孔，单面饰卷云纹。长11厘米，宽2.5厘米，厚0.2厘米。（图4:1）

Ⅱ式　标本徐家岭M10:94-1，青白玉，透明，一角稍残，周围有深褐色沁斑。残长15.7厘米，宽3.4厘米，厚0.3厘米。（图4:2）

Bb型　素面。标本徐家岭M9:173，青白玉，风化成鸡骨白，两面均有褐色和褐红色沁斑。两端各有一单面钻穿孔。长5.8厘米，宽1.7厘米，厚0.3

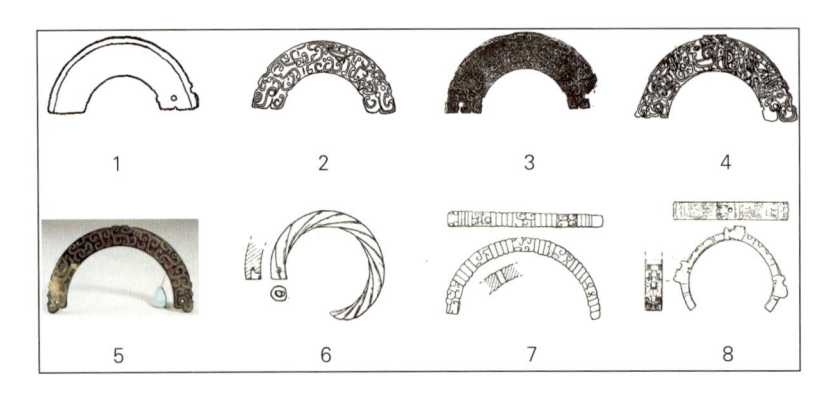

图3　A、C型玉璜
1. 黄季佗父墓Ⅰ式玉璜；2. 黄季佗父墓Ⅱ式玉璜；3. 下寺M36:16；4. 黄季佗父墓Ⅲ式玉璜；
5. 桐柏月河M1:348；6. 下寺M1:77；7. 下寺M1:103；8. 下寺M1:99

厘米。（图4：3）

Bc型 整体由卷云纹构成。标本固始侯古堆M1：36-8，乳白色，白中泛青。一面磨平，一面雕琢有云雷纹，一端有一单孔，而另一端则为上下两孔，上端有一小孔。长7.8厘米，宽1.7厘米，厚0.2厘米。（图4：4）

Bd型 整体由卷云纹构成，器身边缘饰有扭丝纹。标本固始侯古堆M1：36-9，黄褐色，两面抛光，两面皆饰卷云纹，两端有孔，上端有一小孔。长10.5厘米，宽1.6厘米，厚1.5厘米。（图4：5）

Be型 器身饰谷纹，有凸棱。共分为两式。

Ⅰ式 标本徐家岭M10：152，青玉，半透明，大部分受沁呈深褐色，右上角为鸡骨白。弧顶有一单面钻圆孔，周边饰线纹。长15.8厘米，宽2.6厘米，厚0.5厘米。（图4：6）

Ⅱ式 标本叶县旧县M1：53，灰白杂以黑色。腰部有一穿孔。长11.9厘米，厚0.5厘米。（图4：7）

Bf型 器身饰谷纹，边缘有廓。标本平粮台M17：16，青白玉，表面有褐色或黄褐色沁，局部呈鸡骨白。腰部有一穿孔。长15厘米，宽2.2厘米，厚0.4厘米。（图4：8）

C型 环形。以纹饰不同，大致可以分为三个亚型。

Ca型 饰绹索状纹。标本下寺M1：77，青灰色，有透明感。断面作不规则圆形，一端平齐，有穿孔，一端尖细。高4.5厘米，宽5.5厘米，断面直径0.8厘米。（图3：6）

Cb型 饰蚕节状。标本下寺M1：103，棕黄色。作半环状，头部粗大，尾部细小，背上有穿孔，器身饰有卷云纹及线纹。高3.8厘米，宽7.8厘米，断面径0.7厘米。（图3：7）

Cc型 器身有扉牙。标本下寺M1：99，青色，两端平齐。背上及两侧各有一突出的兽首，器表刻蟠虺纹。高5.3厘米，宽7厘米，厚0.1厘米。（图3：8）

玉环大致可以分为七型。

A型 素面环。大致可以分为四个亚型。

Aa型 有领。标本黄君孟夫妇墓G1：B14，黑色玉。外径12.3厘米，内径6.5厘米，边厚0.12厘米，中有凸棱厚1.3厘米。（图5：1）

Ab型 无领。标本徐家岭M3：52，青灰色，近石质，两面均有褐色和白色沁斑。直径4.5厘米，孔径2厘米，厚0.15厘米。（图5：2）

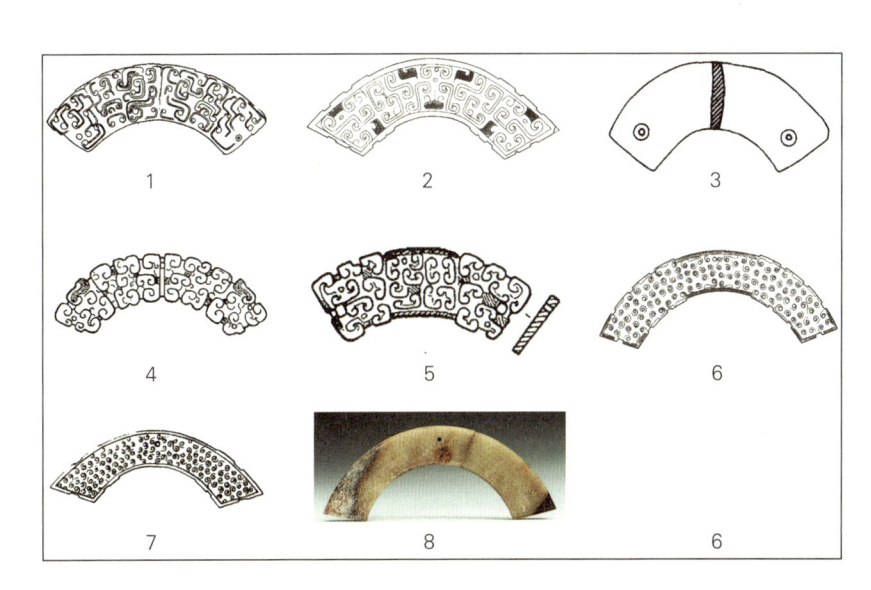

图4 B型玉璜
1. 黄君孟夫妇墓G2：25B2；2. 徐家岭M10：94-1；3. 徐家岭M9：173；4. 固始侯古堆M1：36-8；5. 固始侯古堆M1：36-9；6. 徐家岭M10：152；7. 叶县旧县M1：53；8. 平粮台M17：16

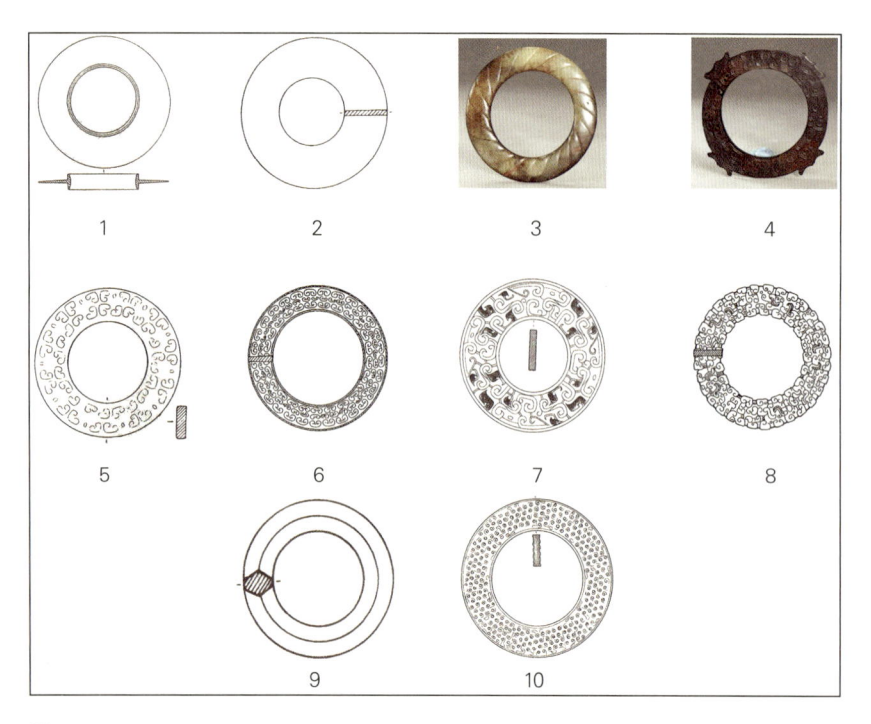

图 5　玉环

1. 黄君孟夫妇墓 G1：B14；2. 徐家岭 M3：52；3. 桐柏月河 M1：6；4. 桐柏月河 M1：66；
5. 徐家岭 M3：53；6. 固始侯古堆 M1：36-4-1；7. 徐家岭 M10：33；8. 固始侯古堆 M1：36-12；
9. 徐家岭 M1：21；10. 徐家岭 M10：156

B 型　绹索纹玉环。标本桐柏月河 M1：6，直径 5.45 厘米，厚 0.35 厘米。（图 5：3）

C 型　器身外有扉牙。标本桐柏月河 M1：66，器身饰双线龙首纹，直径 7.5 厘米，厚 0.3 厘米。（图 5：4）

D 型　器身饰卷云纹。依据纹饰的不同，可以分为三个亚型。

Da 型　单纯卷云纹。标本徐家岭 M3：53，青白玉，风化成鸡骨白，微透亮，两面均有大面积褐色沁斑。直径 6.2 厘米，好径 3.4 厘米，厚 0.4 厘米。（图 5：5）

Db 型　内外有廓，且有绹索纹。标本固始侯古堆 M1：36-4-1，乳白色，两面均抛光，内厚外薄。外径 9.2 厘米，内径 5.9 厘米，内厚 0.3 厘米，外厚 0.2 厘米。（图 5：6）

Dc 型　卷云纹和网纹、S 形纹。标本徐家岭 M10：33，青玉，受沁后大部分呈深褐色。有内、外廓。直径 10.3 厘米，好径 4.9 厘米，厚 0.5 厘米。（图 5：7）

E 型　由卷云纹构成，器身边缘凹凸不平。标本固始侯古堆 M1：36-12，乳白色，有褐斑，两面抛光，内外边缘皆雕作扇棱形。外径 10.7 厘米，内径 6.4 厘米，厚 0.5 厘米。（图 5：8）

F 型　玛瑙环。标本徐家岭 M1：21，透光度好，为六棱体，环面光滑，做工精细。直径 3.8 厘米，好径 2.3 厘米，厚 0.6 厘米。（图 5：9）

G 型　谷纹环。标本徐家岭 M10：156，白玉，有大面积红褐色沁斑。有内、外廓。直径 14.1 厘

米，好径8.5厘米，厚0.75厘米。(图5：10)

在对豫南地区楚墓出土玉器进行类型分析的基础上，可将其分为风格不同的五组。

第一组　主要器型有：Aa型玉璧、Ab型玉璧、B型玉璧、A型玉虎、BⅡ式玉虎、C型玉虎、DⅠ式玉虎、E型玉虎、Aa型玉璜、Bb型玉璜、Bf型玉璜、A型玉环、Da型玉环、F型玉环、G型玉环等。

第二组　主要器型有：Ac型玉璧、C型玉璧、BⅢ式玉虎、DⅡ式玉虎、Ab型玉璜、Ac型玉璜、Ba型玉璜、Bd型玉璜、Be型玉璜、Ca型玉璜、Cb型玉璜、B型玉环、Db型玉环、Dc型玉环等。

第三组　主要器型有：F型玉虎等。

第四组　主要器型有：Bc型玉璜、E型玉环等。

第五组　主要器型有：Cc型玉璜、C型玉环等。

第一组器物从造型、纹饰、种类等方面，都与中原风格器物相似，在中原地区墓葬中大量发现，可以认定这组器物为中原风格式玉器。第二组器物属于楚式风格玉器。楚式玉器的纹饰主要有S形纹、C形纹、网纹、扭丝纹等，并相互搭配使用。扭丝纹则是楚式玉器最重要的特征之一。其中Ac型玉璧器身饰S形纹，内外沿各有一周扭丝纹。Dc型玉环饰云纹、网纹、S形纹，这些都为典型的楚式玉器风格。第三组器物属于东夷风格玉器。本组器物与山东薛国故城墓葬出土玉环上的鸟极其相似，薛国作为东夷后裔，素来有崇鸟的习俗，故本组器物中的鸟型应是受到东夷风格影响。第四组器物属于吴国风格玉器。杨伯达先生在《南阳古玉撷英·序》中提到，吴国玉器纹饰方面形式肥大，带有平凸状隐起，布局紧密等。本组器物的造型平凸状隐起，与真山大墓、吴国窖藏出土玉器风格极为相似。第五组器物属于越国风格玉器。本组器物最大的特征即器物边缘有扉牙，而越国风格玉器的主要特征之一即器物边缘有扉牙。

整体上观察这五组器物，以第二组楚式风格玉器数量最多，第一组中原风格器物次之，吴国风格玉器及东夷风格玉器数量最少。由此可以得知豫南地区楚墓出土玉器以楚式玉器风格为主，广泛吸收中原地区、吴地、东夷、越地的玉器风格。

三、豫南地区楚墓出土玉器风格原因分析

春秋时期，周王权力缩小，一些较大的诸侯国相继崛起，形成了诸侯林立的局面。自齐桓公始，开启了各大诸侯国的争霸历程。除此之外还存在一些小的诸侯国，如管、密、杞、葛国等。他们或是成为附庸，或是被兼并。

豫南地区地处中原腹地的南部，东接安徽，西连陕西，南临湖北，各地文化在此交流融合。豫南地区交通便利，战略位置重要。西周时期，周王在此分封了大量的小国，拱卫王畿。甫入春秋，这些小国陆续被灭，但仍有大量文化的孑遗。在周王分封的各个小国中，属于周王族的姬姓国有蔡、息、道、蒋、沈、顿、番（一说番属于楚国的芈姓）；姜姓有申、吕、许；属于东夷族九夷部落伯益之后的有嬴姓的江、黄、赖、柏；属于东夷族皋陶之后的有偃姓的蓼（一说蓼属姬姓的

庭坚之后)、英、六；另外还有隗姓的弦、归姓的胡、姞姓的项以及姓氏不详的房等。[28]

豫南地区楚系墓葬中，能明确身份的墓葬有黄国的黄君孟夫妇墓，樊国的信阳平桥M1、M3，番国的信阳平桥M5，养国的桐柏月河M1、M4、M22以及吴国的固始侯古堆M1等。

黄君孟夫妇墓出土玉器风格，大致可以分为三类，即中原风格玉器、东夷风格玉器、楚式风格玉器。黄国为东夷嬴姓之国。《左传》载："秋九月，齐侯、宋公、江人、黄人盟于贯。……秋，盟于贯，服江、黄也。"杜预注曰："江、黄，楚与国也。始来服齐，故为合诸侯。"[29]据此可知，黄国本为楚国附属，后改投齐国，与齐国等国家结盟。不难看出，黄国与楚国、齐国存在交流，在一定程度上受到了两个诸侯国的影响。黄君孟夫妇墓出土的东夷风格玉器和楚式风格玉器可能为交流中的产物。

信阳平桥M1、M3出土玉器数量较少，其中比较有特色的为M3出土玉佩，为典型楚式风格玉器。据发掘者推断，这两座墓葬可能属于襄阳之樊。襄阳之樊，为楚所灭国，从湖北迁徙此地，其文化不可避免地会受到楚国的影响。

番国文献记载较少，据赵炳清先生研究，番灭于楚。[30]番国作为楚国北上路线上的阻碍之一，在被灭国之前，与楚国应当存在较多的交流，受楚文化的影响相对较多。

桐柏月河M1出土了大量不同风格的玉器，据袁广阔、崔宗亮先生研究，将这些玉器大致分为了六类，即中原风格玉器、东夷风格玉器、楚式风格玉器、吴式风格玉器、越式风格玉器、早期风格玉器。并且认为桐柏自古就是连接东西、沟通南北的重要枢纽。加之养国的周围有吴、楚、越、齐、鲁等大国，政治上常常被各个大国左右，成为大国的附庸。[31]养国特殊的地理位置，加之春秋时期特殊的政治形势，使得养国成了各个诸侯大国争锋交手之地，各个诸侯国的影响也深入于此。

固始侯古堆M1出土玉器大致可以分为三类，分别为中原风格玉器、吴式风格玉器、楚式风格玉器。墓主为吴国王子夫差夫人，为宋景公之妹季子。春秋战国时期，贵族女性出嫁，会携带陪嫁，这些陪嫁品中，青铜礼器被称为媵器。M1中发现了大量的媵器，中原风格玉器，很有可能为陪嫁品。

四、结语

豫南地区楚墓出土玉器数量丰富、种类繁多。其数量及种类，在春秋晚期达到顶峰之后，开始下降。一些器类在豫南地区楚墓中始终存在，如玉环等。而素面璧、玉管等器物，除春秋中期不见外，则在本地区一直存在。本地玉器大致上可以分为五组：中原风格玉器、楚式风格玉器、吴式风格玉器、越式风格玉器、东夷风格玉器。春秋早中期时，豫南地区楚墓出土玉器的风格以中原风格玉器居多，但在春秋早期时，玉器已经受到了楚式风格玉器的影响。至春秋晚期时，楚式风格玉器开始占据主导。

豫南地区因其独特的地理位置，在春秋战国时期备受关注。各种势力、各种文化交汇于此，造就了本地区独特的文化生态。本地区的小国在各个诸侯大国之间，不停地摇摆，或结盟，或附属，或对抗，以求得生存。这些因素正是导致本地区各小国墓葬中随葬玉器风格多元化的主要原因。

---

[1] 杨权喜. 楚文化 [M]. 北京：文物出版社, 2000.

[2] 曲石. 楚玉研究 [J]. 江汉考古, 1990（3）；韩静. 楚地玉器综论 [D]. 武汉：华中师范大学, 2011；杨小博. 东周楚地玉器的分类、分期、分区和用玉制度研究 [D]. 济南：山东大学, 2014；秦雯洁. 楚墓出土玉器的礼制内涵研究 [D]. 武汉：华中师范大学, 2020.

[3] 左鹏. 楚国珠玉佩饰之研究 [J]. 江汉考古, 1998（2）；井晓旭. 东周楚国龙凤雕饰玉器综论 [D]. 武汉：华中师范大学, 2014；罗丹. 战国时期楚国组玉佩研究 [D]. 武汉：湖北省社会科学院, 2016；陈杰. 楚墓出土璧的考古学研究 [D]. 武汉：中南民族大学, 2019.

[4] 河南省文物研究所. 信阳楚墓 [M]. 北京：文物出版社, 1986.

[5] 河南省文物研究所, 河南省丹江库区考古发掘队, 淅川县博物馆. 淅川下寺春秋楚墓 [M]. 北京：文物出版社, 1991.

[6] 河南省文物考古研究所. 固始侯古堆一号墓 [M]. 郑州：大象出版社, 2004.

[7] 信阳地区文管会, 固始县文化局. 固始白狮子地一号和二号墓清理简报 [J]. 中原文物, 1981（4）.

[8] 河南省文物研究所, 淮阳县文物保管所. 河南淮阳平粮台十六号楚墓发掘简报 [J]. 文物, 1984（10）；河南省文物考古研究院. 河南淮阳平粮台战国楚墓 M17 发掘简报 [J]. 中原文物, 2019（5）.

[9] 河南省文物研究所, 平顶山市文物管理委员会, 叶县文化馆. 河南省叶县旧县 1 号墓的清理 [J]. 华夏考古, 1988（3）.

[10] 驻马店地区文化局, 正阳县文化局. 河南正阳苏庄楚墓发掘报告 [J]. 华夏考古, 1988（2）.

[11] 南阳市文物工作队. 南阳市西关三座春秋楚墓发掘简报 [J]. 中原文物, 1992（2）.

[12] 河南省文物考古研究所, 南阳市文物考古研究所, 淅川县博物馆. 淅川和尚岭与徐家岭楚墓 [M]. 郑州：大象出版社, 2004.

[13] 南阳市文物研究所, 桐柏县文管办. 桐柏月河一号春秋墓发掘简报 [J], 中原文物. 1997（4）.

[14] 河南省文物考古研究所, 桐柏县文物管理所. 河南桐柏月河墓地第二次发掘 [J]. 文物, 2005（8）.

[15] 河南省文物考古研究所. 新蔡葛陵楚墓 [M]. 郑州：大象出版社, 2003.

[16] 河南省文物考古研究所, 信阳市文物工作队. 河南信阳长台关七号楚墓发掘简报 [J]. 文物, 2004（3）.

[17] 南阳市文物工作队. 南阳市彭营砖瓦厂战国楚墓 [J]. 中原文物, 1994（1）.

[18] 马俊才. 河南上蔡周代墓地发掘获重大发现 [N]. 中国文物报, 2007-05-09.

[19] 河南省文物局. 淅川东沟长岭楚汉墓 [M]. 北京：科学出版社, 2011.

[20] 南阳市文物考古研究所. 河南南阳春秋楚彭射墓发掘简报 [J]. 文物, 2011（3）.

[21] 武汉大学历史学院考古系. 河南淅川县申明铺墓地 25 号战国墓 [J]. 考古, 2015（5）.

[22] 河南信阳地区文管会, 光山县文管会. 春秋早期黄君孟夫妇墓发掘报告 [J]. 考古, 1984（4）.

[23] 信阳地区文管会, 光山县文管会. 河南光山春秋黄季佗父墓发掘简报 [J]. 考古, 1989（1）.

[24] 信阳地区文管会, 光山县文管会. 河南光山县黄大山战国墓发掘简报 [J]. 考古, 1991（11）.

[25] 河南省博物馆, 信阳地区文管会, 信阳市文化局. 河南信阳市平桥春秋墓发掘简报 [J]. 文物, 1981（1）.

[26] 信阳地区文管会, 信阳市文化局. 信阳市平桥西三号春秋墓发掘简报 [J]. 中原文物, 1981（4）.

[27] 信阳地区文管会, 信阳市文管会. 河南信阳市平桥西五号春秋墓发掘简报 [J]. 考古, 1989（1）.

[28] 张志清. 淮河上游古城古国考 [C] // 楚文化研究论集（第四集）. 郑州：河南人民出版社, 1994.

[29] 阮元校刻. 十三经注疏（清嘉庆刊本·七）（春秋左传正义·卷第十二·二年）[M]. 北京：中华书局, 2009.

[30] 赵炳清. 楚国疆域变迁之研究——以地缘政治为研究视角 [D]. 上海：复旦大学, 2013.

[31] 袁广阔, 崔宗亮. 桐柏月河春秋墓出土玉器的类型学研究 [C] // 桐柏月河春秋墓出土玉器研究. 北京：科学出版社, 2018.

浅析河南南阳地区汉代神话画像石

郝飞雪
河南博物院

摘要：河南南阳地区出土大量的汉代画像石，内容丰富，主要包括生产劳作、神话传说、天文星象、社会生活、历史故事等，其中神话传说类画像石刻画形象生动，向世人展示出浪漫瑰丽、雄浑大气的特征，反映了楚文化对南阳地区的影响。本文以河南南阳地区的神话画像石为例，探讨其产生的背景和特点。

关键词：河南南阳；神话；画像石

汉画像石经过工匠熟练的双手，以小刀为笔，以石为纸，创造出一个个生动的艺术形象，反映了其独特的艺术风格。流传于世的汉代各类画像石以其丰富的内容记录和反映了汉代的繁华世相，成为汉代社会万象的长轴画卷。河南南阳地区作为汉画像石出土较为集中的地区，其中神话画像石反映汉代人追求长生、升仙的思想，是祖先崇拜和神明崇拜的体现，具有浓郁的现实主义和浪漫主义特征，将神界和人世间、幻想与现实巧妙结合，浑然一体，呈现出雄浑大气的气势。

一、西王母和东王公形象

鲁迅先生说过："秦汉以来，神仙之说盛行……其最为世间所知，常引为故实者，有昆仑西王母。"[1]能使人长生不老的西王母在汉代成为最受崇拜的对象，她的形象是逐渐完善起来的，并且与历史有着密不可分的关系。东汉时，人们一般将西王母和东王公放在同一画面，顺应了汉代人的思想潮流。[2]

神仙思想的盛行，从根本上是对生命的珍惜，人们渴望延长生命。汉代继战国、秦代以后，进一步完善融合神仙思想。汉代政治经济的大一统促使汉代的神仙思想趋于统一，其最主要的特点是确立主神西王母的形象和主导地位。《山海经》中记载西王母形象可怕，虎齿豹尾，蓬发戴胜。汉人认为，青龙司东方，白虎司西方，"青龙白虎避不详（祥），朱雀玄武顺阴阳"，所以龙虎坐骑是东西方神仙思想的统一象征，具有辟邪吉祥、调和阴阳之用。西王母掌管长生不死之药，服其丹药可延年益寿甚至升仙，其身旁常有玉兔、蟾蜍捣制仙药。骑乘龙虎彰显出西王母具有崇高的地位，体现出人们追求长生的信念。西汉中期以后，人们对求仙的强烈渴求，促使人们对西王母的崇拜日益兴盛甚至达到高潮。

东王公的形象，最早可追溯到战国时期，当时楚地信仰"东皇太一"神，又称"东君"，即神化了的太阳神，为东王公之前身。西汉后期，西王母地位提高，按照阴阳和合的原则，人们将"东君"演变为东王公形象。[3]

南阳宛城区熊营出土的西王母、东王公画像石，现藏于南阳市汉画馆。中有一高大豆形台，以象征"悬圃"。西王母、东王公戴冠着袍跽坐于台上。上部一乘鹿仙人，其下为三青鸟。下部刻一玉兔，羽翅长大，持杵捣药。（图1）

南阳地区的汉代画像石中，与龙有关的画像石不在少数。龙是四神之一，其形象始于新石器时代，在早期人们的观念中，龙可以在大旱时降雨缓解旱情，神通广大。

汉画像石中龙的形象大多刻画比较简单，但已具备基本特征：头上有标志性的角，下颌有龙须，腹部凸起且有鱼鳞，尾部细长。[4]汉画像石中表现升仙思想的龙形占有较大比重。

现藏于南阳市汉画馆的羽人戏龙、异兽画像石，刻一羽人执仙草戏龙，另有三只有翼神兽飞奔于云气之中。（图2）

二、伏羲女娲

伏羲女娲是我国古代传说中的神，《淮南子·览冥训》载："于是女娲炼五色石以补苍天，断鳌足以立四极，杀黑龙以济冀州，积芦灰以止淫水。苍天补，四极正，淫水涸，冀州平，狡虫死，颛民生；背方州，抱员天；和春阳夏，杀秋约冬，枕方寝绳。……乘雷车，服驾应龙，骖青虬，援绝瑞，席萝图，黄云络，前白螭，后奔蛇，浮游逍遥，道鬼神，登九天，朝帝于灵门，

图1 西王母、东王公画像石

图2 羽人戏龙、异兽画像石

宓穆休于太祖之下。"[5] 其形象多为"伏羲鳞身，女娲蛇躯"。在汉画像中，伏羲女娲往往同时出现，或同一墓穴，或同一石面，伏羲、女娲多相向而立，下部蛇尾相交，呈缠绕状，显示出两者的亲密关系。

南阳麒麟岗汉墓出土的伏羲女娲神怪画像石，现藏于南阳市汉画馆。[6] 此画像由6块石头组成。画中刻一神怪，全身赤裸，圆眼，大嘴，长喙，右手执条状物，右肘挽住女娲蛇尾。伏羲蛇尾蜷于神怪左腿后侧。神怪伸出左手，作弓步状。画像左部，女娲人首蛇躯，身长毛羽，双手上举。女娲之下有一物，似蟾蜍，有长尾。画像右部，伏羲人首蛇躯，身生毛羽，左手持物，面向神怪。伏羲身后有玄蛇，蛇背向下，尾朝上，口中吐物。画面中装饰有云气。（图3）

图3 伏羲女娲神怪画像石

图4 河伯出行画像石

三、其他神话形象

关于河伯的传说，战国时期《庄子》载："秋水时至，百川灌河。泾流之大，两涘渚崖之间，不辨牛马。于是焉，河伯欣然自喜，以天下之美为尽在己。"南阳七一乡王庄汉墓出土的河伯出行画像石，现藏于河南博物院。画中四条大鱼拽拉一车，车上有一华盖，御者双手挽缰，河伯端坐于车中。车前二神人拥盾举刀开道，车后二神人荷戟骑鱼随从，车左右各有一游鱼护卫。（图4）河伯乘着两龙驾驶的水车或云车，前后有鱼类随从。

扶桑树是由两棵相互扶持的大桑树组成，相传日出于扶桑之下，扶桑也是太阳的象征，象征着光明。《山海经·海外东经》载："下有汤谷。汤谷上有扶桑，十日所浴，在黑齿北。居水中，有大木，九日居下枝，一日居上枝。"郭璞注："扶桑，木也。"[7]《文选·思玄赋》注引《十洲记》云："叶似桑树，长数千丈，大二十围，两两同根生，更相依倚，是以名之扶桑。"

相传尧统治时期，天空有十个太阳一同升起，庄稼颗粒无收，民无所食，尧派善射的后羿射掉九个太阳，为民除害，这便是最早的"后羿射日"的神话故事。

南阳出土的"后羿射日"画像石，现藏于河南博物院。画像石呈长方形。画中刻一扶桑树，

图5 后羿射日画像石

上栖两只鸟,当为阳鸟,树下有一人,弯腰仰面拉弓,欲射二鸟,此人当是后羿。此画像石内容简洁生动,再现了后羿射日的神话传说,雕刻技法采用剔地浅浮雕加线刻,使画面更为生动形象。(图5)

四、升仙图

汉代人对于祥瑞升仙的追求十分浓烈,其兴盛和汉代经济、文化的发达有密切关系。在汉代人的传统哲学观念中,世间万物都属于阴阳五行哲学,人作为万物之灵自然也不能逃避,认为人有魂魄。《礼记·郊特牲》所谓:"魂气归于天,形魄归于地,故祭求诸阴阳之义也。"在汉画像石中,关于引魂升天、祥瑞升仙等内容大量出现,表达出人类对繁衍生息的追求。汉武帝深信神仙,迷恋长生。《汉书·郊祀志》云:"武帝初即位,尤敬鬼神之祀。……元鼎、元封之际,燕齐之间方士瞋目扼掔,言有神仙祭祀致福之术者以万数。"西汉晚期,谶纬迷信开始流行,东汉时期更加盛行。在汉画像石墓中,升仙内容占相当大的比重,常见的有龙、凤、白虎、神龟、麒麟的图像,表达活人希望死者能在冥界安乐吉祥。

南阳汉画像中有不少升仙画像和辟邪画像出现在同一幅画面上,一边为升仙场景,另一边为辟邪场面。如南阳军帐营汉墓出土的升仙画像[8],现藏于南阳市汉画馆。左刻一仙人乘于龙背之上,另一仙人手执灵芝递向龙口,中部刻一神虎扑向一怪兽,画右刻一牛,蓄势待发。(图6)这说明升仙和辟邪紧密相连,当时人们既想羽化登仙,又担心鬼蜮作祟,所以要驱除邪恶,于是在墓门门扉上刻画白虎、铺首衔环等,在墓室内刻方相氏等来保佑死者的灵魂不受干扰,实现升天的愿望。

羽人是汉画像石中较为常见的形象,多为人身人面,肩上生出一双翅膀。关于羽人的记载古已有之,与升仙思想有关。《山海经·海外南经》:"羽民国在其东南,其为人长头,身生羽。"王逸注:"《山海经》言有羽人之国,不死之民。或曰:人得道身生毛羽也。是以羽民即仙人矣。"[9]

汉代封建统治者深信神仙,迷恋长生,汉代人视鹿为仙兽,乘之可以升仙。汉画中的升仙主要有以龙、虎、鹿等动物为骑乘工具或坐以上瑞兽曳引的云气车升仙,如《焦氏易林》云:"驾龙

图6 辟邪升仙画像石

图7 鹿车画像石

图8 仙人乘龟画像石

面以极为洗练的刀法，刻出了奔鹿和飞驰的车舆及人物，显示出粗放、运动和力量之美感。（图7）

南阳市麒麟岗汉墓出土的仙人乘龟画像石[10]，画面刻仙人乘于龟背之上，其意为乘龟飞升。（图8）

汉代仙人画像石题材中，仙人骑兽、手执仙草、羽人这些图案都是汉代人对仙界的独立构想，他们把升仙的愿望寄托在墓室之中，希求能够在死后驾鹤西游，来到生时未能抵达的神仙天界，在那里尽享自由与安详。

骑虎，周游天下，为神人使。"道教称龙、虎、鹿为三轿，画像石中以鹿、鱼、鸟等动物曳引云气车升仙的图案，都是汉人升仙思想的体现。

征集于南阳的鹿车画像石，现藏于河南博物院。石呈长方形。石中刻"鹿车升仙图"，二鹿腾跃曳一云气簇拥的方舆，上坐二仙人，车上装饰有一旌旗，后随一鹿及手持仙草的两位羽人。画面空白处饰以云气。画面以浅浮雕技法刻出鹿、车及人的形象，后再以阴线刻出细微部分，以纵向阴线刻作衬地，使形象更为突出。此画像石画

[1] 鲁迅. 中国小说史略[M]. 北京：人民文学出版社，1973.

[2] 吴曾德. 汉代画像石[M]. 北京：文物出版社，1984.

[3] 宋艳萍. 汉代画像与汉代社会[M]. 福州：福建人民出版社，2016.

[4] 邓攀. 河南汉画像石的地域特征研究[D]. 郑州：郑州大学，2013.

[5] 陈广忠译注. 淮南子（上）[M]. 北京：中华书局，2012.

[6] 凌皆兵，王清建，牛天伟主编. 中国南阳汉画像石大全（第一卷）[M]. 郑州：大象出版社，2015.

[7][9] 袁珂校注. 山海经校注[M]. 上海：上海古籍出版社，1980.

[8][10] 南阳汉画馆. 南阳汉代画像石墓[M]. 郑州：河南美术出版社，1998.

河南现存北朝造像碑中菩萨造型研究

刘世元[1]　谷东方[2]　戚　月[3]

1.郑州轻工业大学电气信息工程学院；2.焦作师范高等专科学校美术学院；3.武汉工商学院艺术与设计学院

摘要：本文以河南现存北朝造像碑中的菩萨造像为基础，从其样式着手，梳理出河南地区北朝造像碑中菩萨样式的演变，以小见大，力图揭示佛教艺术在当时民间的实际状况。

关键词：河南北朝造像碑；菩萨造型；菩萨属性；发展脉络

河南地处中原，北、西、南三面环山，东部为广袤平原，黄河自省境北穿过。自北魏孝文帝迁都洛阳前后，宫廷皇族沿袭云冈传统在龙门开凿石窟，此举推动黄河中下游开窟造像转盛，洛阳遂成为当时豫西乃至中原北部地区佛教造像的中心。然而开窟造像需要雄厚的财力支撑，并非普通人所能承受，于是绝大多数信徒共同出资镌刻造像碑之风盛行，以表达自己的宗教诉求。太行山脉丰富的资源为凿刻造像碑提供了不竭的石材，豫北和豫中地区沿河拒山，离洛阳较近且交通方便，故河南北朝石刻造像多集中于此。

据统计，河南现存北朝石刻造像共79区，因其中9区存在年代争议较大、没有出现菩萨或菩萨损毁严重的情况，暂不列入统计。本文以70区造像碑为研究对象，其中北魏24区，东魏7区，北齐和北周39区。

目前学界对河南地区北朝佛教造像碑的研究大致可分三类：一是调研新出土的造像碑，此类成果多以考古简报形式刊发。二是各学者从多方面发文论述，在多领域深入发掘造像碑价值。三是对佛教造像碑的综合研究，集大成者为王景荃先生著的《河南佛教石刻造像》，书中收录了已知全部河南佛教造像，将诸造像从内容、题记、风格特色等方面进行考察，为学界提供丰富而详细的基础资料。

鉴于北朝造像碑中的菩萨数量众多，时代特征鲜明，但学界对此缺乏专项研究，因此本文以河南现存北朝造像碑中的菩萨为探讨目标，从躯体形态、头光、冠饰、帔帛、项饰、基台等方面梳理造像样式特征，力图揭示其演变规律（附表）。

一、躯体形态

河南现存北朝造像碑中菩萨的躯体样式可分为立姿与坐姿两类。根据具有代表性的河南博物院藏北朝造像碑统计，31区北魏与东魏时期造像碑中共可析出菩萨103身，其中立姿85身，坐姿18身。北齐、北周时期39区造像碑中共可析出菩萨样例318身，其中立姿289身，坐姿29身。

（一）立姿菩萨

立姿菩萨大多躯直挺立，一手屈肘于胸，一手自然下垂，或两手置于胸部。

1. 北魏和东魏时期[1]

两魏时期正面立姿菩萨居多，侧面较少。究其原因，与菩萨作为胁侍的身份密切相关。北魏时造像碑大多为舟形背屏，造像流行一佛二菩萨，舟形背屏限制了造像的空间，题材使主尊更加突出。菩萨呈正面立姿不仅源于传统造像，也使造像的庄严感得到显著增强。此类菩萨手臂主要呈现两种形态，相对于变化较少的手臂，躯体形态显得微妙复杂，体现出社会审美的不断演变。

中原北部地区两魏时期的造像碑数量众多，本节从中选取17尊具有代表性的菩萨实例，探讨躯体样式的演变。实例1张难扬造像碑（图1-1），胁侍菩萨方头长面，大耳长颈，两肩削窄，胸部平直，呈现典型的秀骨清像样式。随着时代发展，菩萨造型逐渐摆脱早期"秀骨清像"风格，向饱满圆润发展，如实例2道啥造像碑（图1-2），主尊弥勒菩萨面部丰润，躯体较宽，胁侍菩萨面相方圆，小腹微凸，与实例1形成显著差别。同时期实例3山西平陆出土的北魏永安三年一佛二弟子造像（图1-3），受民间工匠水平限制，躯体形态与实例1接近，动作呆板，缺少变化。反观官方高水平造像，如实例4为云冈第五窟孝文帝迁都前的思惟相菩萨[2]，造像体态丰满，面相方圆，动作自然。（图1-4）实例5是迁洛之后

图1-1　张难扬造像碑 　　图1-2　道啥造像碑 　　图1-3　一佛二弟子造像线图 　　图1-4　思惟相菩萨

图 1-5 交脚弥勒菩萨造像

的第四窟交脚弥勒菩萨造像（图1-5）[2]，与实例2和实例3躯体形态比较接近，但更加清俊秀美。山东地区大多民间造像同样面部清瘦[3]，体现孝文帝迁洛后，黄河中下游地区菩萨造像受南朝审美观念影响，豫晋鲁等地区菩萨造像样式差别不大，佛教图像类似。

东魏继承北魏后期菩萨造像面相丰润的特点，随之菩萨躯体也逐渐丰满。实例6张永洛造像碑中的胁侍菩萨（图1-6），造像面容饱满，两肩圆润，躯体平直，跣足立于莲台上，与实例2相比，前者面部和躯体更丰满宽阔。同时期的实例7山西东魏兴和四年一佛二菩萨造像（图1-7），与前例大致相同，呈现出了面相方圆、颈短体宽的风格。

2. 北齐北周时期

北齐北周早期菩萨造像延续以前风格，实例8北齐天保三年的刘子瑞造像碑（图1-8），胁侍菩萨侧身而立，面方颈长，躯体丰满，小腹前凸。随着晚期政权巩固，造像风格出现鲜卑化倾向，如实例9北齐天保十年高海亮造像

图 1-6　张永洛造像碑

图 1-7　一佛二菩萨造像线图

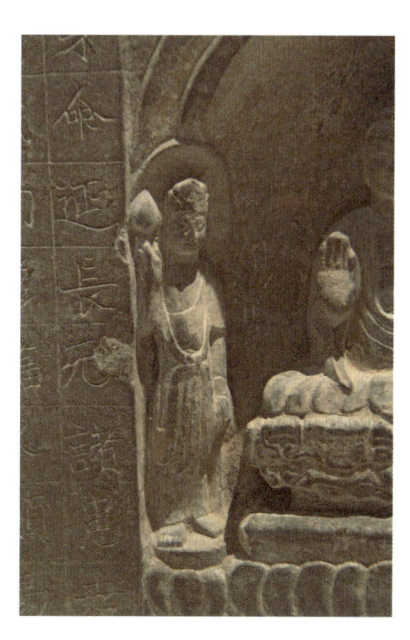

图 1-8　刘子瑞造像碑

图 1-9　高海亮造像碑 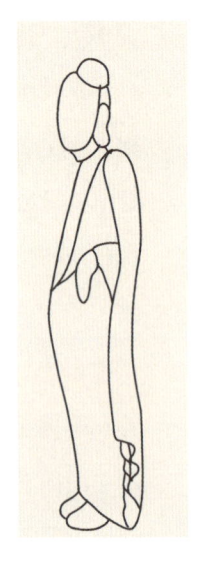　　图 1-10　菩萨造像线图 　　图 1-11　张伏惠造像碑 　　图 1-12　延兴造像碑

碑（图1-9），胁侍菩萨面相方圆，颈部粗短，躯体浑圆。同时期的实例10山西南涅水三尊菩萨造像（图1-10），躯体形体与实例8、实例9差别不大，均身体直立，浑厚健壮，小腹前凸。实例11张伏惠造像碑（图1-11）同样也出现了小腹微隆的现象，躯体更加宽厚。值得注意的是，实例12延兴造像碑（图1-12），胁侍菩萨的手臂与躯体明显分开，出现以往少见的分界，开启隋唐造像中手臂与躯体分离的序幕。

（二）坐姿菩萨

河南现存北朝石刻造像中的坐姿菩萨基本可分为交脚坐、善跏趺坐、半跏趺坐、结跏趺坐等四种形式。

1. 交脚坐：表现为造像两腿在脚腕处交叠，身体端坐于座上。实例多集中于北魏和东魏时期，如道啥造像碑，弥勒菩萨面相方圆，双手分别施无畏印和与愿印，交脚坐于方形座上，裙褶裹腿，下摆在座前垂覆并外侈，跣足踏于覆莲座上。

关于交脚坐的样式来源问题，宫治昭认为弥勒菩萨交脚坐姿可能源自犍陀罗地区游牧民族的王者形象[4]，邓星亮认为交脚坐源于古印度生活中的坐姿被应用在佛教造像[5]，巫胜禹认为这是由于克孜尔地区把生活中的坐姿借用到佛教造像。[6]这三种看法虽认为交脚坐姿的来源地不同，但三者均承认生活方式对佛教造像有着不可忽视的影响。

2. 善跏趺坐：又称双足垂坐或倚坐，身体端坐于座上，双腿自然下垂。古埃及的雕像和壁画中即出现双足垂坐，河南现存善跏趺坐实例多集中于北齐、北周时期。

河南博物院藏北朝造像碑中，北齐、北周时期善跏趺坐的弥勒占主导地位。究其原因，可能在民族动荡时期，战争阴影下的人们将幸福寄托于来世，期望能随弥勒下生龙华三会，往生至未来净土世界，致使弥勒信仰极其兴盛。或许是为了求取造像形态的变化，工匠借用生活中垂足而坐的姿势，镌刻出倚坐弥勒造像。据贾薇研究，魏晋南北朝时期，由于文化交流的频繁、政治经济基础的奠定、高足家具自身的发展等因素，家具逐步向高足发展，高足椅子的使用逐渐改变人们坐姿，舒适便捷的垂足坐普及于生活之中，继而影响造像姿态的凿刻。[7]

3. 半跏趺坐：姿态为一腿压在另一腿上，另一腿自然下垂。河南现存实例多见于北齐、北周时期，典型实例如张伏惠造像碑中碑阳上层左龛主尊弥勒菩萨（图2-1），主尊面相方圆，短颈，躯体丰满，双腿浑圆，双足饱满，右腿搭于左腿之上，裙褶覆盖座之上部，跣足踏在莲座边沿，右手施无畏印，左手扶右脚。

半跏趺坐应用于菩萨造像应始创于犍陀罗，早期造像表现释迦成佛前身为菩萨时，半跏趺坐于座上，一手支颊，一手抚脚，多表现在太子观耕、出家等佛传场面，体现菩萨对世俗世界的思索，寻求解脱之路的身体状态，称半跏思惟菩萨。3—4世纪以降，造像尊格由释迦菩萨扩展到弥勒、观音等菩萨，并广泛传播到西域、中原、日本等地区。

4. 结跏趺坐：即佛教造像中常见的盘腿而坐。河南现存北朝造像碑中结跏趺坐的菩萨数量稀少，实例多集中于北魏时期，遮足或露足者皆有。骆道明造像碑中菩萨结跏趺坐于莲座上[8]，头部呈半侧面，袈裟覆腿，遮蔽双脚。（图2-2）高海亮造像碑中文殊菩萨则显露右脚（图2-3），袈裟下摆覆座。两侧腿部线条皆不明显，前者无从体现双腿叠压关系，后者露右足显示右腿压左腿趺坐。

根据巫胜禹研究成果[6]，结跏趺坐姿势可见于印度河流域公元前三世纪摩亨佐·达罗和哈拉巴出土的滑石印章（图2-4），造型简略，以阴线镌刻一人双腿盘坐在座上，双手置于两膝侧方。佛陀造像产生后，结跏趺坐多用于佛，应用

图2-3 高海亮造像碑

图2-1 张伏惠造像碑主尊　　图2-2 骆道明造像碑　　图2-4 滑石印章

于菩萨者较少，但也不乏实例，犍陀罗贵霜王朝和印度笈多王朝均表现结跏趺坐的弥勒菩萨，或持水瓶，或坐于树下，体现修行或龙华三会的含义。

二、头光样式

佛教造像背后的头光与身光，统称背光。鉴于河南现存的许多菩萨缺乏身光，故本节略去身光，仅考察头光样式。头光又称作项光、圆光，指造像头部周围的光，用以增强造像的神圣性。佛教造像可能"吸收了古希腊文化与西亚伊朗文化，源于对太阳神的崇拜"的日轮而创立头光。[9]

河南现存北朝菩萨造像的头光外形可分圆形与桃形，北魏时流行桃形头光，究其原因应当是与头光多附火焰纹或忍冬纹相关，正由于纹饰的对称性，使头光顶端产生尖角形成桃形。个别桃形头光为素面加彩绘，如云冈第六窟中心柱下层胁侍菩萨的头光（图3-1），素面上绘三色相间的弧形，以表示头光上的光芒。东魏继承了北魏的样式，仍以桃形头光为主，该外形流行至北齐和北周时期。

圆形与桃形头光均可分素面和细纹两类，据此可将头光细分为圆形素面、桃形素面、圆形细纹、桃形细纹四种。头光上的细纹可见忍冬纹、圆环纹、火焰纹、莲瓣纹等类型，通常几种饰纹组合使用。

1. 忍冬纹：可见两例，样式大同小异，如王毛郎造像碑中菩萨的桃形头光镌刻忍冬纹（图3-2），主藤弯曲度较大，每边长出一到五片叶子，重复排列而成。被古埃及广泛应用的莲花变化形式上可看到三叶忍冬纹的初始形状[10]，古希腊在吸收古埃及文化的同时将莲花纹吸收并改良，产生了类似忍冬纹的棕榈纹[11]（图3-3），以及莨苕纹。（图3-4）随后这两种纹饰流传到印度河流域，犍陀罗又在此基础上创造出忍冬纹，并伴随佛教艺术一起传至我国。忍冬纹具有循环往复、连绵不断的特点，与佛教轮回观念相合，因此被广泛地应用于石窟建筑壁面中的各个部位，如平棋、龛楣、背光，乃至项饰、头光中，成为佛教造像中常见的装饰纹样之一。

2. 火焰纹：常见火焰纹由向上的波形曲线组成，层层相套，主要起装饰作用，用来烘托图像氛围。（图3-5）张永洛造像碑中菩萨头光由波状线组成（图3-6），应为火焰纹的简化形式，以适合头光内较小的空间。学界普遍认为火焰纹源自犍陀罗末期迦毕试造像的舍卫城双神变，佛陀双肩出火，亦称焰肩佛，如克孜尔第207窟焰肩立佛（图3-7），三角形火焰缀于佛陀的双肩。火焰纹也是敦煌早期背光的主要纹样，在传入内地的过程中不断融合发展，最终流行于中原地区。

3. 莲瓣纹：莲花以其一茎一花的因果内涵在早期佛教中得到推崇，并被应用于图像之中。莲花相关纹样随佛教东传后，又与中国汉学思想融合，被赋予纯净、清净、化生等象征意义，美妙多姿的莲瓣纹样得到广泛应用。（图3-8）道啥造像碑中菩萨头光呈双重七瓣圆莲（图3-9），与龙门莲花洞窟后壁主尊佛头光接近（图3-10），莲瓣均为七瓣，中部饱满，边缘弧度圆润，其粉本可能具有承继关系。

4. 组合纹：指两种或两种以上纹饰组合的样式。如道啥造像碑碑阴思惟菩萨的圆形双重莲瓣头光（图3-11），外饰圆环纹四重，其与山西左兴造观音像类似。[12]（图3-12）

图 3-1 云冈第六窟中心柱下层胁侍菩萨的头光线图 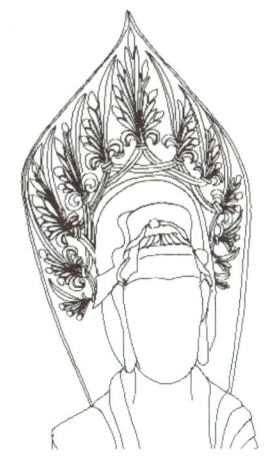　图 3-2 忍冬纹线图 　图 3-3 古希腊棕榈纹线图 　图 3-4 茛苕纹线图

图 3-5 火焰纹线图 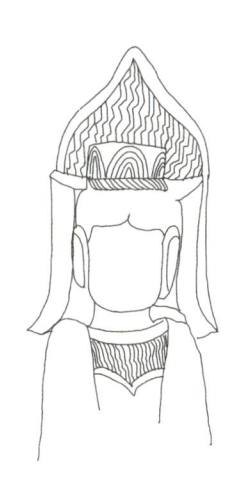　图 3-6 张永洛造像碑线图 　图 3-7 克孜尔第 207 窟焰肩立佛线图 　图 3-8 莲瓣纹线图

图 3-9 道啥造像碑中菩萨头光线图 　图 3-10 龙门莲花洞窟后壁主尊佛头光线图 　图 3-11 道啥造像碑碑阴思惟菩萨头光线图 　图 3-12 山西左兴造观音像

河南地区北朝菩萨造像头光呈现逐渐简化的趋势，至北齐、北周已为素面。附纹样的头光与同时期其他地域的实例差别不大，体现中原、北方各地区的密切交流和相互影响。从外形来看，桃形头光在北魏、东魏时期占比较大，至北齐、北周时期圆形头光则占主流地位。从纹饰上看，北魏流行细纹，经东魏至北齐、北周时期数量变得稀少，但不排除现存的素面是由于细纹被风化消磨而成的可能性。

三、冠饰

河南现存北朝石刻造像碑的菩萨冠饰大致可分为三叶冠[13]、单面冠[14]、山形冠、化佛冠、束发髻冠等五种类型。

1. 三叶冠：从河南现存北朝石刻造像碑来看，三叶冠的样式在北朝各朝代中均有遗存。综合具体实例可知，三叶冠由三片莲瓣组成，莲瓣可分为五种：（1）如张永洛造像碑，三瓣之间分离度较宽，莲瓣内重复外形纹样，三瓣间无饰物，缯带外展后下垂。（2）与第一种相反，如佛时寺四面造像碑（图4-1），三瓣在同一面上，莲瓣内重复外形纹样，三瓣间嵌套莲瓣，珠串缯带自然下垂。（3）如田延和造像碑（图4-2），圆雕冠饰，菩萨头冠前的莲瓣稍低，周边莲瓣较高，三瓣间嵌套两瓣，形成五片排列整齐的莲瓣，缯带外展后下飘垂。（4）如赵安香造像碑（图4-3），头冠前方附一片或三片莲瓣，稍低，周边围合高莲瓣，缯带外展后折曲飘垂。（5）如博爱三尊像（图4-4），三叶冠饰呈波状，整体朴素大方，正面叶片近似于方形，边缘圆润，附缯带，此类冠饰仅见于北魏晚期。

河南现存三叶冠在北魏占比最高，东魏次之，北齐、北周时期出现频率最小。从冠饰来看，冠内重复线刻的样式在北魏田延和造像碑中纤巧精美，北齐佛时寺造像碑中线条粗重，冠饰略显厚重。河南现存三叶冠两侧大多附缯带，北魏时期缯带外展后弯曲下飘，北齐、北周时期的外展后延自然下垂，显示冠饰由飘逸逐渐向庄重转变。

2. 单面冠：指头冠前部正中附一圆盘形的饰物。这一类型的头冠在河南博物院数量稀少，仅见于北齐、北周时期的张伏惠造像碑（图4-5），此碑中菩萨头冠中部附一较大的圆盘，圆盘中似镌刻连珠纹。

该样式与克孜尔石窟中的头冠样式类似，如克孜尔第27窟菩萨的冠饰（图4-6）[15]，圆盘形饰物纹样繁密，底端与发带连接处狭窄。类似者还见于克孜尔第38窟菩萨（图4-7），冠饰偏斜，灵动俏皮。与之相比，张伏惠造像碑中菩萨单面冠饰与发带连接紧实，且装饰纹样稀疏，除地方风格存在差别，大概还由于雕刻难度较大所致。

3. 山形冠：指以一个大三角形为主或三个三角形的头冠，兼附其他饰物。河南现存北朝造像碑中戴山形冠的菩萨数量较少，集中在北魏时期。根据三角形样式可以分为以下两种：（1）如王毛郎造像碑（图4-8），但损毁严重，可参照类似的云冈第6窟进行类推。此山形冠正中为一个大三角形，周围饰花卉，极具装饰意味。（2）如骆道明造像碑（图4-9），头冠三边各附一个三角形，与云冈石窟第6窟另一菩萨的山形冠类似（图4-10）。冠饰正中三角形较大，两侧附小三角形，周围及顶部饰花卉。

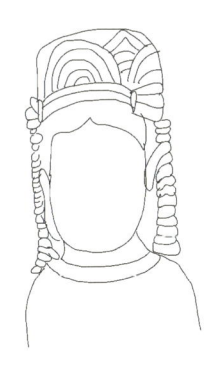

图 4-1 佛时寺四面造像碑头冠线图
图 4-2 田延和造像碑头冠线图 
图 4-3 赵安香造像碑头冠线图 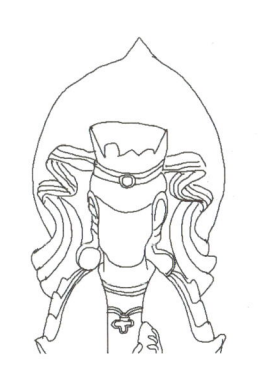
图 4-4 博爱三尊像头冠线图 
图 4-5 张伏惠造像碑头冠线图 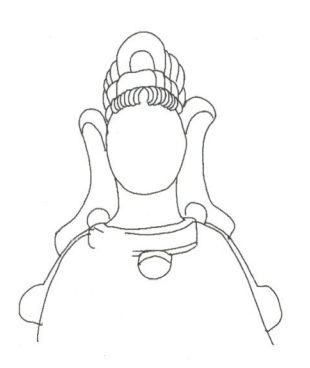

图 4-6 克孜尔第 27 窟菩萨头冠线图
图 4-7 克孜尔第 38 窟菩萨头冠线图 
图 4-8 王毛郎造像碑头冠线图 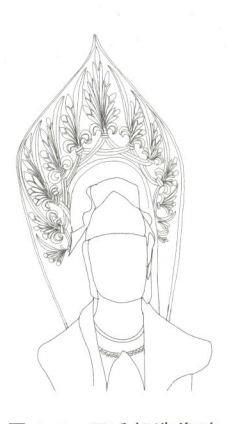
图 4-9 骆道明造像碑头冠线图 

图 4-10 云冈第 6 窟菩萨头冠

山形冠在河南现存北朝造像中实例较少，见于北魏时期的两例。值得注意的是王毛郎造像碑中胁侍菩萨的缯带无外展现象，而是呈 45°角向下倾斜，线条也较生硬，在其他河南现存菩萨冠饰中均无此样式。或许是间接受到犍陀罗造像的影响，犍陀罗菩萨像中缯带大多呈蝴蝶状飘扬，在传至内地后逐步简化为向下飘扬。

4. 化佛冠：河南北朝造像碑中现存化佛冠菩萨共三例，北魏两例，北齐一例，样式各不相同，总体呈由矮冠向高冠的变化。例1，北魏永平二年的摩崖线刻观音像。（图 4-11）菩萨发

图 4-11 北魏永平二年的摩崖线刻观音像头冠

图 4-12 交脚弥勒像头冠线图

髻较低，髻前立一片莲瓣，瓣内镌刻立佛，髻两侧饰花卉，缯带外展后弯曲下飘。例 2，北魏交脚弥勒像。（图 4-12）菩萨头冠正中饰圆形，内刻禅定坐佛，周边饰莲瓣，缯带向两侧折曲延至背光边沿。例 3，北齐洛阳四面造像碑。（图 4-13）高髻，髻前刻禅定佛，缯带在颈后打结后，带尾向上飘荡。

5. 束发髻冠：指菩萨冠饰主体为束发，有些还配以其他发饰。根据发髻的不同可以分为双髻、双花髻、螺旋单髻、梯形单髻等四种样式。

（1）双髻：此式在六朝时期的出土文物中比较普遍，如《洛神赋图》中双髻高耸（图 4-14），竹林七贤与荣启期造像砖双髻为低垂并偏斜。（图 4-15）生活中的发型影响到佛教造像，在河洛地区的菩萨像中也见到此形象，如北魏骆道明造像碑，胁侍菩萨的双髻从中间分开，呈弧形向后梳拢，双髻较矮且无装饰。（图 4-16）再如北齐丁朗俊造像碑（图 4-17），

菩萨的双髻从中间分开，发髻高耸，根部用发带固定，正中饰圆形物。

（2）双花髻：此式为双髻的亚型，发髻呈花瓣状。出现于河南北魏、北齐、北周的造像碑中，皆为线刻。如刘根造像碑（图 4-18），菩萨的双髻中部束腰，髻根束发带，两端飘垂于头部两侧。另者如释迦多宝造像碑（图 4-19），菩萨发髻顶挑尖，发带在髻前根部打结，结上扣圆形饰物。

（3）螺旋单髻：此式仅见于北齐实例，如赵庆祖造像碑（图 4-20），菩萨的发髻以螺旋状高高盘起，自下向上逐层变窄，整体形状呈三角形。

（4）梯形单髻：此式在河南造像碑仅见于北齐一例，即洛阳四面造像碑（图 4-21）。两侧菩萨的发髻被发带高高束起，发髻上方自然松散呈倒梯形，与甘肃炳灵寺西秦第 169 窟第六龛中菩萨类似（图 4-22），发带环绕头部，倒梯形发髻近似贝壳状。

图 4-13　洛阳四面造像碑头冠线图

图 4-14　《洛神赋图》中的头饰

图 4-15　竹林七贤与荣启期造像砖上的头髻

图 4-16　骆道明造像碑头髻线图

图 4-17　丁朗俊造像碑头髻线图

图 4-18　刘根造像碑头髻线图

图 4-19　释迦多宝造像碑头髻线图

图 4-20　赵庆祖造像碑头髻线图

图 4-21　洛阳四面造像碑头髻线图

图 4-22　甘肃炳灵寺西秦第169窟第六龛中菩萨头髻线图

河南现存北朝造像中束发冠主要见于北魏及北齐、北周时期，东魏虽暂无发现，但不排除因实例缺乏的缘故。《太平御览》载："初贾后造首纷，以缯缚其髻，天下化之，名擷子髻纷也。"[16] 记述当时束发流行，大量六朝时期的考古发现也能证明，佛教造像亦不免受其影响而兴盛。

四、帔帛

帔帛为搭挎于肩臂部的长条形修饰布帛，自十六国时期传入我国后很快被吸收。人们在肩臂搭挎帔帛成为风尚，继而影响到佛教石刻造像。河南现存北朝造像碑中菩萨均挎帔帛，根据帔帛交叉的特点以及位置的不同，大致可分为腹前穿环式、腹前交叉结节式、膝际交叉式、搭于肘上式、左肩斜披式、搭于双肩式、遮覆双手式等七种样式。（附表）

1. 腹前穿环式：指帔帛绕覆双肩而下，在腹前穿环交叉，而后垂至膝际又上绕搭在肘部，再沿躯体两侧下垂。此式的差异主要表现在环的大小以及位置，如刘根造像碑、道啥造像碑（图5-1），前者环较小，位置靠上，后者环较大且位置靠下。此外，差异还见于帔帛动态的不同，如刘根造像碑和阿弥陀佛三尊造像碑（图5-2），菩萨帔帛飘逸，似乎立于风中。与之相比，北周千佛碑中菩萨帔帛下垂（图5-3），显得庄重。

2. 腹前交叉结节式：指帔帛绕覆双肩垂至腹前，打结节后下垂膝部然后上绕搭在肘部，再沿躯体两侧下垂。此式差异主要体现在打结的大小，如北齐时期高海亮造像碑中结节大而松散（图5-4），而东魏张永洛造像碑中结节较小。（图5-5）结节式帔帛同样不见于云冈石窟，但在描绘生活的美术作品中较多，如《女史箴图》绢画（图5-6）、竹林七贤与荣启期画像砖（图5-7），打结使帔帛牢固且不失洒脱，因此更多应用在日常生活中，造像中此式应源于对生活的模仿。

3. 膝际交叉式：指帔帛于膝前呈双环形交叉，然后上绕搭在肘部后沿躯体两侧下垂。此式为犍陀罗典型样式，河南现存实例多见于北魏造像，东魏、北齐、北周时期也见少量实例。此式在云冈早期第五、六窟中就已经流行，如第六窟中心塔柱西面下层（图5-8、图5-9），帔帛交叉部位大致在腹部位置，呈明显的X形。河南北朝造像中，如张难扬造像碑（图5-10）、释迦多宝造像碑（图5-11）、骆道明造像碑（图5-12），帔帛交叉部位宽阔，处于膝部，X形不明显，其中骆道明造像碑帔帛被宽阔的衣袖遮挡，样式不明显。

4. 搭于肘上式：指帔帛自躯体后穿至两肘，肘内侧形成U形，外侧沿躯体两侧下垂。如宋始兴造像碑（图5-13）、佛时寺四面造像碑（图5-14），差别在于前者双肘内帔帛呈两道U形，后者为一道。

5. 左肩斜披式：指帔帛自左肩倾斜向下至右腋。河南现存三例，均为北齐时期，如佛时寺四面造像碑（图5-15），造像虽风化严重，仍可辨菩萨将帔帛自左肩斜披至右腋，下段从躯体后部左侧斜着朝前向下裹右腿。

6. 搭于双肩式：指帔帛自双肩自然下垂，不再缠绕肘部。河南可见四例，均为北齐时期，如

图 5-1 道啥造像碑帔帛线图

图 5-2 阿弥陀佛三尊造像碑帔帛线图

图 5-3 千佛碑帔帛线图

图 5-4 高海亮造像碑帔帛线图

图 5-5 张永洛造像碑帔帛线图

图 5-6 《女史箴图》绢画帔帛

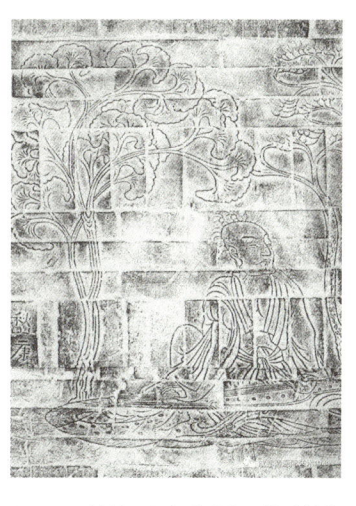

图 5-7 竹林七贤与荣启期画像砖帔帛

图 5-8 云冈第六窟中心塔柱帔帛线图

图 5-9 云冈第六窟西壁帔帛线图

图 5-10 张难扬造像碑帔帛线图

图 5-11 释迦多宝造像碑帔帛线图

图 5-12 骆道明造像碑帔帛线图

图 5-13 宋始兴造像碑帔帛线图 　　图 5-14 佛时寺四面造像碑帔帛线图 　　图 5-15 佛时寺四面造像碑帔帛线图 　　图 5-16 佛时寺四面造像碑帔帛线图

佛时寺四面造像碑（图 5-16），文殊菩萨的帔帛裹右肩，搭左肩，而后自然下垂。

7. 遮覆双手式：指帔帛将双手遮蔽。河南可见北齐时期的三例，如高海亮造像碑（图 5-17）、丁朗俊造像碑（图 5-18），前者的手置于帔帛下方，双手叠压关系明显，后者帔帛将双手完全遮盖。

北朝帔帛在云冈时期常见膝际交叉、绕肘下垂等样式，北魏迁都后衍生出了腹前穿环式、结节式等样式，应与孝文帝要求着汉服、南朝着装风气影响相关，至北齐时可能与鲜卑习俗回流相关，又出现了左肩斜披、搭覆双肩、遮覆双手等样式。

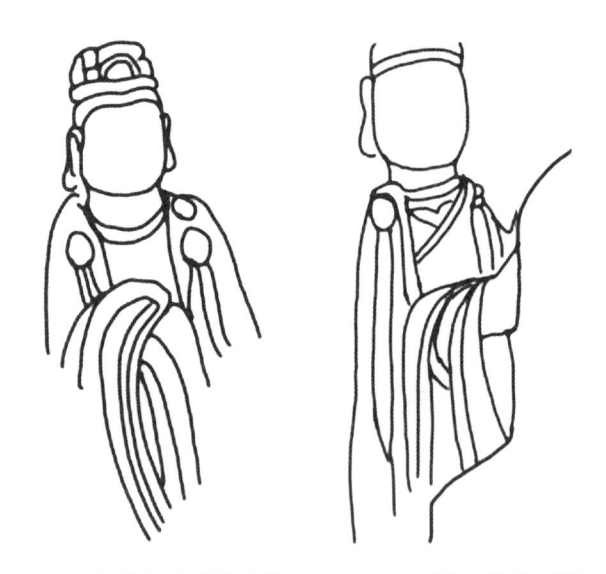

五、项饰

项饰是承袭犍陀罗造像并加以改造的胸颈部装饰物，为菩萨装身具的重要组成部分。河南现存造像碑中菩萨的项圈外形大体可分桃形和圆形两类，其中桃形又可分为素面、素面悬坠、附忍冬纹、饰波状纹、绳纹边饰等五种样式。圆形又

图 5-17 高海亮造像碑帔帛线图　　图 5-18 丁朗俊造像碑帔帛线图

可分素面、波状边饰、附圆形饰物、绕莲瓣纹、附忍冬纹等五种样式。

（一）桃形项饰类

此类项饰为项圈前部下缘正中向下挑尖，似桃形，又如水珠逆垂。

1. 素面：指表面无纹样的项饰。如张难扬造像碑（图 6-1），虽项饰两侧被帔帛遮挡，尚可见项饰为素面，下缘正中向下挑尖。

2. 素面悬坠：指素面项饰的挑尖处悬圆形坠饰。此式仅存两例，如道啥造像碑（图6-2），在桃形素面项饰的基础上，又于挑尖处悬宝珠。

3. 附忍冬纹：指项饰的挑尖处饰忍冬纹样。如赵安香造像碑（图6-3）、道俗九十人造像碑（图6-4），菩萨胸前项饰均在挑尖处附加三叶忍冬纹饰，前者项饰呈辐射状分块，后者为垂直条纹。村松哲文将诸如辐射状分块的项饰称"盘状胸饰"[17]，主要出现在北朝前期。（图6-5）

4. 饰波状纹：指项饰的表面阴线镌刻波状纹装饰。如张永洛造像碑（图6-6），项饰和头光中均线刻波状纹，应为火焰纹的简化形式。

5. 绳纹边饰：指项饰边缘饰绳纹。如佛时寺四面造像碑，项饰上缘镌刻绳纹，结合白沙瓦博物馆的实例推测，该纹样应为联珠纹的变体。

（二）圆形项饰类

此类型项饰为宽度一致的圆环形，称项圈。

1. 素面：造像中常见的类型，其他样式大多在此基础上附加而成。

2. 波状边饰：指素面项饰边缘饰波状纹。如王毛郎造像碑，在圆形项饰的下缘刻有连续波状纹。

3. 附圆形饰物：指在项饰下方正中附加圆形饰物。如张伏惠造像碑，菩萨项饰下附圆形，似乎表现花卉纹样。

4. 绕莲瓣纹：指项饰周边环绕莲瓣纹。如丁朗俊造像碑（图6-7），仅可见环绕的莲瓣纹饰，应是在圆形项饰的基础上加工而成。

5. 附忍冬纹：指项饰下饰忍冬纹。如阿弥陀佛三尊造像碑（图6-8），在圆形项饰的下方镌刻

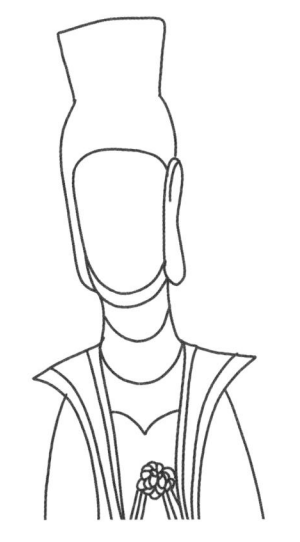

图6-1 张难扬造像碑项饰线图　图6-2 道啥造像碑项饰线图

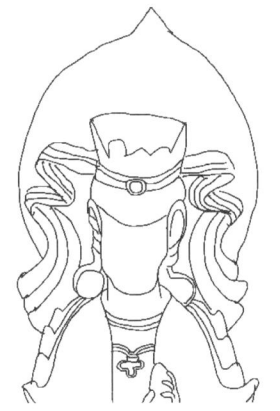

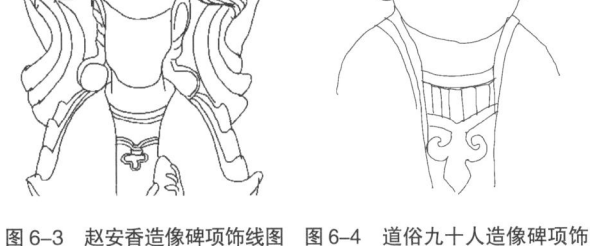

图6-3 赵安香造像碑项饰线图　图6-4 道俗九十人造像碑项饰线图

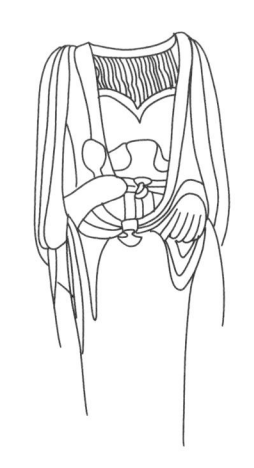

图6-5 盘状胸饰线图　图6-6 张永洛造像碑项饰线图

图6-7 丁朗俊造像碑项饰线图 　　图6-8 阿弥陀佛三尊造像碑项饰线图

忍冬纹饰，与桃形附忍冬纹类似，亦都在项饰表面刻垂直线。

北魏时期较流行桃形项饰，至北齐、北周时期圆形项饰逐渐增多。两类项饰中，素面项饰数量较多，其次为忍冬纹，其他纹样应用较少。

六、基台

河南现存北朝造像碑中菩萨的基台可分莲台和基座两类，其中莲台可分为仰莲台、覆莲台、有茎仰莲台、有茎覆莲台、圆形基台等五种样式。基座可分为方形座、方形束腰须弥座、束腰仰覆莲座、悬裳座、方榻等五种样式。

（一）莲台

莲台上通常附仰莲瓣或覆莲瓣纹样，一些莲台的莲梗处增接莲茎，显示莲台的来处。

1. 仰莲台：如佛时寺四面造像碑（图7-1）、陈光四面造像碑（图7-2），菩萨立于仰莲台上。多数莲台前附加蹲狮、龙、荷叶、

地神等，不排除莲台的梗被遮挡的可能，如佛时寺四面造像碑（图7-3），台前蹲一狮，仍可见狮后莲台的梗。

2. 覆莲台：如刘根造像碑，莲瓣朝下，可辨莲蓬、莲籽等构造。此式大多为浮雕，线刻较少。

3. 有茎仰莲台：如田延和造像碑（图7-4），菩萨所立的仰莲下增接莲梗，底端与龙口相连，共同组成"龙衔莲"的形象。

4. 有茎覆莲台：如高海亮造像碑（图7-5）、千佛碑（图7-6），菩萨和胁侍弟子立于覆莲台上，顺着莲茎可见。前者莲台由底端下的地神身后生出，后者由龙口吐出，加上莲花、莲叶等组成繁密的"龙衔莲"图像。

5. 圆形基台：实例仅见道啥造像碑，胁侍菩萨跣足立于圆形基台上，基台宽阔低平。

（二）基座

多为弥勒、思惟等呈坐姿的菩萨所坐，少数

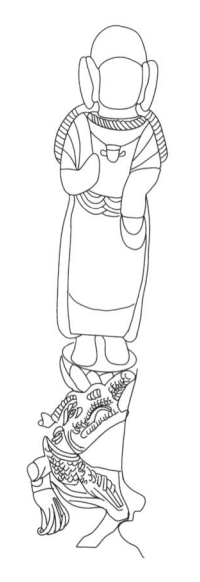

图7-1 佛时寺四面造像碑台基线图 　　图7-2 陈光四面造像碑台基线图 　　图7-3 佛时寺四面造像碑台基线图

为立姿，以及维摩诘文殊对坐场面中。

1. 方形座：如道啥造像碑（图7-7），表现弥勒菩萨交脚坐于方形座上，双脚踏覆莲座。

2. 方形束腰须弥座：如张㗖鬼造像碑（图7-8），座为方形，较高，上下宽，中部为束腰，上下至中间呈阶梯形收缩。此例菩萨脚部残缺，没有踩到座下，由底部覆莲正中残损处推测，原应雕刻莲台类物体，以承托菩萨的双脚。

3. 束腰仰覆莲座：如释迦造像碑（图7-9），仰覆莲上下等宽，中间束腰，思惟菩萨半跏趺坐其上。现北魏和北齐时期各遗存一例，北魏释迦造像碑者仰覆莲瓣细长高挑，北齐佛时寺四面造像碑者仰覆莲瓣较宽阔圆润。

4. 悬裳座：指基座被衣裙下摆遮挡，北魏时期的悬裳座出现较多，北齐仅存一例。北魏时期悬裳座上的衣褶块面感、层次感较强，如田延和造像碑（图7-10），弥勒菩萨交脚坐于座上，裙褶外侈将方座遮挡，富有韵律感。北齐者，如丁朗俊合家造像碑，弥勒菩萨半跏趺坐于其上，裙摆覆座，线条圆润，随腿部轮廓转折。

5. 方榻：仅见于佛时寺四面造像碑中的维摩诘与文殊对坐，文殊菩萨跪坐于方榻上，榻上支扶手。

菩萨所立的莲台贯穿于北朝各时期，样式差别不大，北魏时期有茎莲台较简洁，愈向后期有茎莲台的组合愈加复杂繁密。悬裳座为北朝流行

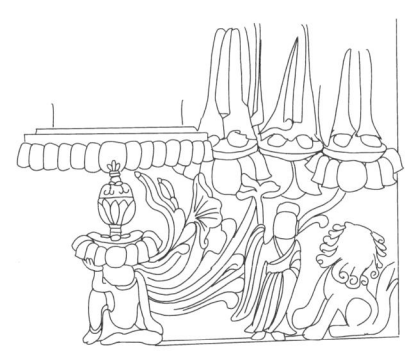

图7-5 高海亮造像碑台基线图

图7-6 千佛碑台基线图

图7-4 田延和造像碑台基线图　　图7-7 道啥造像碑台基线图　　图7-8 张㗖鬼造像碑台基线图　　图7-9 释迦造像碑台基线图

图7-10　田延和造像碑台基

座式，多出现在佛陀造像下，菩萨悬裳应借用了佛座样式。方形束腰须弥座仅见于北齐、北周时期，应为此时期新出现的样式。

七、结语

河南现存北朝造像碑上的菩萨造像博杂繁多，本文从六个方面分析了北魏、东魏、北齐、北周各阶段菩萨造型的特征和演变规律。在造像躯体方面，北魏时期多清瘦秀美，削肩平胸。东魏大体延续北魏风格，北齐、北周时期人物鲜卑化明显，完全脱离秀骨清像之风，躯体的小腹逐渐前凸。在头光方面，整个北朝均以桃形头光为主，菩萨头光存素面和细纹两种。在头冠方面，北魏时期造像以山形冠为主，经东魏至北齐、北周时期已被三叶冠取代。北齐、北周时期还出现了类似克孜尔壁画中的单面冠，缯带样式也能与克孜尔壁画相对应，或许因这一时期与新疆的频繁交流所致。[18] 在帔帛方面，云冈时期流行的交叉的帔帛样式，随着孝文帝服装改制后，交叉帔帛逐渐被结节式、穿环式等汉风浓郁的帔帛形式取代。北魏时期帔帛外侈明显，腰间打结的帔帛应受当时褒衣博带的生活着装影响，北齐、北周时期帔帛下垂，注重菩萨造型的稳重、端庄。在项饰方面，主要分桃形和圆形两类项饰，桃形项饰如同桃形头光，始终占据河南现存北朝菩萨项饰的主流地位。在基座方面，胁侍菩萨立于莲台上，东魏时期莲台数量逐渐增多，直至北齐、北周时期莲台都依然流行。"龙衔莲"的装饰纹样不仅出现在河南，河北青州也出土了大量类似装饰，体现黄河中下游地区文化交流的繁盛。

自魏晋开始，社会审美风尚发生了极大转变，乱世时的残酷斗争使得士族追求衣食享乐，借以逃避政治迫害。现象之一便是注重仪表。建安七子中的徐干说："夫容貌者，人之符表也。符表正故性情治，性情治故仁义存，仁义存故盛德著，盛德著故可以为法象，斯谓之君子矣。"[19] 阐述符表、性情、仁义、盛德、法象等递进关系，使仪表与儒家倡导的君子勾连起来，使儒家伦理纲常学说失去质的基础，将浮华拉升到哲学层面，并引导社会风尚，即所谓的魏晋风度。南京西善桥刘宋后期墓中出土"竹林七贤与荣启期"模印画像砖，人物为秀骨清像，线条似屈铁盘丝。河南邓县（今邓州市）出土南朝梁时的彩色画像砖，内容可分祥瑞、人物、故事、仪仗等，画面生动，线条飘逸，人物瘦削挺拔，宽袍大袖。此类审美与装束随着北魏孝文帝改革而渡江北上，致使佛教石刻造像也呈现出秀骨清像、褒衣博带的形象，该风格在菩萨造型上得到充分体现，并不断变化。

附表　河南北朝造像碑中菩萨造像类别与数量统计表

序号	类别	样式		北魏	东魏	北齐北周
1	头光	桃形素面		9	3	8
		桃形细纹		8	2	1
		圆形素面		7	1	23
		圆形细纹		3		5
2	冠饰	三叶冠		9	2	8
		山形冠		2		
		单面冠				3
		化佛冠		2		1
		束发髻冠	双髻	1		5
			双花髻	3		2
			螺旋单髻			2
			梯形单髻			1
3	帔帛	腹前穿环式		12	1	6
		腹前交叉结节式			2	3
		膝际交叉式		16	3	7
		搭于肘上式		4	2	28
		左肩斜拔式				3
		搭于双肩式			1	4
		遮覆双手式				3
4	项饰	桃形	素面	11	2	19
			素面悬坠	2		
			附忍冬纹	5	2	1
			饰波状纹		1	
			绳纹边饰			1
		圆形	素面	4	1	11
			波纹边饰	1		
			附圆形饰物			1
			绕莲瓣纹			1
			附忍冬纹	1		
5	基台	莲台	覆莲台	7		12
			仰莲台	7		8
			有茎仰莲台	5	2	6
			有茎覆莲台	1	1	4
			圆形基台			
		基座	方形座	1		2
			方形束腰须弥座			8
			束腰仰覆莲座	1		1
			悬裳座	9	1	5
			方榻			1

[1] 东魏政权是从北魏分裂而出，存在时间较短，其造像风格与北魏接近，故本节将北魏和东魏合并论述。

[2] 云冈石窟文物保管所编. 中国石窟·云冈石窟（一）[M]. 北京：文物出版社，2016.

[3] 李少南. 山东博兴出土百余件北魏至隋代铜造像[J]. 文物，1984（5）.

[4]（日）宫治昭著，李萍，张清涛译. 涅槃和弥勒的图像学[M]. 北京：文物出版社，2009."从阿富汗迦毕试地区出土的浮雕中，发现众多游牧民族供养者赞叹弥勒菩萨的图像，由此推测弥勒信仰在游牧民族中的高涨。交脚倚坐这种独特的坐姿诚如贵霜朝宫殿遗址哈尔恰场所见的王侯像，我推测这种坐姿原是游牧民族中王者的形象。有可能将其转用于弥勒菩萨像"。

[5] 邓星亮，华海燕. 云冈石窟中的交脚造像[J]. 大同大学学报（社会科学版），2015（2）.

[6] 巫胜禹. 佛教思惟像研究[D]. 上海：上海师范大学，2014.

[7] 贾薇. 魏晋南北朝何以流行高足家具[J]. 紫禁城，2014（S1）.

[8] 王景荃. 河南佛教石刻造像[M]. 郑州：大象出版社，2009.

[9] 金建荣. 中国南北朝时期佛教造像背光研究[M]. 南京：东南大学出版社，2016.

[10] 钱怡如. 敦煌壁画中的忍冬纹样研究[D]. 北京：北京林业大学，2016.

[11] 多米尼克·法切那，安娜·菲利真齐著，魏正中，王姝婧，王倩译. 犍陀罗石刻术语分类汇编[M]. 上海：上海古籍出版社. 2014.

[12] 金维诺主编. 中国寺观雕塑全集（卷5）[M]. 哈尔滨：黑龙江美术出版社，2005.

[13] 三叶冠的说法取自何利群的《从北吴庄佛像埋藏坑论邺城造像的发展阶段与"邺城模式"》，但说法较模糊，并无准确定义。

[14] 根据赵声良在《敦煌石窟北朝菩萨的头冠》中的分类，单面冠是三面冠的亚型。

[15] 赵声良. 敦煌石窟北朝菩萨的头冠[J]. 敦煌研究，2005（3）.

[16] 李昉等撰. 太平御览[M]. 上海：上海商务印书馆，1935.

[17] 村松哲文，李茹. 中国南北朝时期菩萨像胸饰之研究[J]. 敦煌学辑刊，2006（4）.

[18] 北齐时期贵族喜爱西域文化，如《北齐书》卷五十《恩倖传》所述："（齐主）犹以波斯狗为仪同、郡君，分其干禄。""又有史丑多之徒胡小儿等数十，咸能舞工歌，亦至仪同开府，封王。""胡小儿"能以歌舞封王、"波斯狗"也可受封为仪同郡君，可以看出西域文化在北齐社会中的地位之崇高。

[19] 徐干撰，龚祖培校点. 中论[M]. 沈阳：辽宁教育出版社，2001.

明代吴阿衡墓志考

张庆华　唐　新
南阳师范学院

摘要：明代吴阿衡墓志，中华人民共和国成立后出土于河南省方城县券桥镇姬庄村朱庄自然村。该志详细记录了吴阿衡家世、生平、仕历等情况。吴阿衡（1586—1638），明万历四十七年（1619年）进士，曾任山东淄川、历城县令。后任山西按察司副使、兵部右侍郎等职。其参加了平定明末白莲教起义、抗击清兵等战争。志文对于了解明末清初历史，尤其是战争史提供了重要参考，并可与《明史》和方城地方史志中关于吴阿衡的记录相互印证和补充。墓志撰文者彭而述、篆额者许宸等均为明末清初名流或重臣，亦可对了解当时文学、书法等方面有一定参考价值。

关键词：明代；吴阿衡；墓志

明代吴阿衡墓志铭，中华人民共和国成立后出土于河南省方城县券桥镇姬庄村朱庄自然村西北吴氏墓地，现藏于河南省方城县博物馆。该志为青石质，保存完整，由志盖与志石两部分组成，大小相同，均为正方形，长65厘米，宽65厘米。盖正面阴刻篆书"明故己未科进士兵部右侍郎加服俸一级兼督察院右副督御史吴公讳阿衡字平子墓志铭"6行37字。（图1）志文楷书，35行，满行34字，计1190字。文字清晰可见，墓志周边雕刻有花纹。（图2）此墓志撰写时间在清代顺治初年，现将墓志录文并略加考释如下：

图1　吴阿衡墓志盖

图2 吴阿衡墓志石

一、墓志录文

墓志铭

赐进士出身巡抚云南等处提督军务都察院右佥都御史彭而述撰文

赐进士出身抚治商雒道右参议许宸篆额

赐进士出身廷试二甲考选内翰林院庶吉士孙期昌书丹

天地有正气钟于人曰浩然，与日星河岳并垂不朽。所以维持世道、表率一代者，端籍是矣！

少司马吴公，讳阿衡，字平子，世为陕西乾州人。其始祖吴公，讳伯纲，于明洪武初年奉旨迁于河南而裕因家焉，世称名族。太封君吴公，讳弘道，太夫人胡氏所生公一人。公生平磊落不群，以孝友著于间里。少有异才，过目成诵。尝以文星将星自许，联捷明万历戊午、己未科进士，筮仕东齐历下，有"真父母"之称。以征白莲军功，擢监察御史，正色立朝有四其铁面之风。其后参政蒲东，镇守宁武，巡抚遵化、蓟州，俱有异政。都北密云，乃朔方一大巨镇也，非智勇兼备、才略过人者鲜克胜其任焉。时当途公推公堪为北门锁钥，擢兵部右侍郎，加服怿一级，兼都察院右副都御史，总督九省，弹压山海等关。以恩结士卒之心，以威摄将帅之气，诸边安静，烽烟无告。拟之大小范、韩魏公，其兹猷自堪并驾，真可出镇边疆，入坐论道。无何，以数奇，内与杨大司马有隙，外与邓内都不协，分其兵势。时边庭告警，公止提内丁数百往之。调各路军兵不至，公率数百人保墙子岭山堡七天，矢尽援绝，为敌所执。公神色不变，仗节不屈，遂遇于难，与颜常山、嵇侍郎、文丞相前后争光。于年内九月告终，至次年六月移柩燕京。诸奸党以为假，借换棺之名，欲验虚实。尔时诏命下，诸大臣皆往观焉。公面貌如生，目瞬不瞑，须发上指，人人恸悼。天地为之饮恨，鬼神为之泣血！时因世道多故，寄葬慈惠兰若。不数年，明鼎迁移，清朝当阳，而僧人大发慈悲，为之百方保全。于顺治八年，公之姻亲王大宗伯，讳铎，字觉斯，与公交称莫逆，誓同生死，方之陈雷管鲍不是过也。承旨祭华岳，道经方城，召公之夫人、长郎至，责以大义。即发家人携至京师，将公柩移出，扶送旋里，其路费皆王大宗伯麦舟之助。公之夫人樊氏、高氏皆持节，冰霜共凛，松筠同清。

公生子四，长崴，娶王氏；仲岩，娶杨

氏；季嵂，未娶；四嶔，娶张氏。皆公生时之命名。孙二，长宗胤，崴子，王氏出；次宗延，嶔子，张氏出。四子俱列弟子员，勤学进修，不堕家声。述同在宛，属谊属晚眷，知其素履颇详，今卜葬公于祖茔，封君公之墓侧。其诸子走邓求志，亦无俟余赘。于新野邮亭，闻王大宗伯极口称公"真关圣贤、岳武穆一流人"，此语足为公传矣。余概述其生平，因为之铭曰：

祖德宗功，爵爵隆隆。雒岳降祥，笃培我公。智勇天锡，谋猷性生。博物闻洽，三代之英。禀赋刚健，矢心坚贞。事亲以孝，事君以忠。德政昭著，乐只称咏。临难毋苟，持危扶倾。昊天不吊，伏节以终。光争日月，成并乾坤。鼎彝著烈，青史垂勋。先生之风，山高水深。

孝男吴崴、岩、嵂、嶔；孙宗胤、宗延，仝泣血勒石。

二、吴阿衡家世

按吴阿衡墓志铭载：他的先祖为宋代大将吴麟，其先世在元代为万户侯。其祖吴济川携子伯刚于明代洪武年间自陕西乾县迁至河南裕州。[1]现在的位置是河南省方城县。

由于时代久远，吴阿衡先祖情况不详，《明史》和方城地方史志等文献均无传。笔者曾在当地多方寻找其家族族谱，查阅其先祖情况也无具体记载，其先祖在方城的墓葬尚未找到准确位置，但大体位置还应在方城境内。据方城当地文史专家熊君祥、龚喜运两位先生介绍，吴的先祖居住地和墓地分布在方城县独树镇吴井、古庄店乡吴庄、二郎庙乡吴楼等地。目前二郎庙乡还有其家族墓地，约有12座。由于目前尚未发掘，具体情况未知，期待在今后继续寻找其先祖的相关资料。吴阿衡家在其祖父时代已迁居裕州城内，其故居旧时被称为"吴府三堂"，有几进院落，今故居已不存。吴氏墓地在券桥朱庄村附近。目前关于其家世主要来源还是吴阿衡本人和其父吴弘道墓志记载，按其墓志记载不难看出，其虽为宋代大将吴麟之后，其先世自明初在方城定居后，几代人中并无官员，应是一般平民家庭。

吴阿衡之父吴弘道和其母胡氏按其墓志铭载："吴弘道（1561—1627），夫人胡太孺人（1565—1632）。"吴弘道又称心斋先生，生性聪颖，不读非圣之书，不践非礼之地。向学者资其博雅，修行者钦其范慕。其孝敬父母，读书耕田，并无积蓄，当地来向其学习者很多。其夫人胡氏出身名家，家教甚好，生活简朴，且洞晓大体。[2]吴弘道夫妇去世后，因为其子吴阿衡在朝为官而被敕封为文林郎，其夫人胡氏被敕封为太孺人。吴弘道夫妇墓地在今方城县城郊朱庄村西北200米处。据民国《方城县志》载其子吴阿衡安葬的位置："葬公县南五里环翠亭。"[3]而吴阿衡墓志则记载其葬于祖茔，封君公之墓侧。可见其父子墓地的位置与当地史志记载的位置基本一致。约在中华人民共和国成立后，吴弘道夫妇墓被破坏，后墓志流散，现被方城县博物馆征集并收藏。

通过吴阿衡墓志铭并结合方城地方史志等文献的记载，可将他的家族世系初步排列如下：吴济川→吴伯刚→吴宽→高祖吴江→曾祖父吴宁→祖父吴一相→父吴弘道→吴阿衡。

三、吴阿衡生平等相关情况

吴阿衡墓志铭并未记载其具体的生卒年月，我们通过墓志记载并结合几部方城地方史志等文献关于吴阿衡的相关记录可知：吴阿衡（1586—1638），字平子、字隆巘，裕州人。万历己未（1619年）考中进士，任山东淄川、历城县令，后因镇压农民起义有功，被皇帝御赐盔甲，并赐谕制"忠"字，不久升湖广道御史。由于其揭发当时的宦官魏忠贤浊乱朝政，遭到魏党切齿痛恨，适逢回乡奔丧而幸免于难。在家乡守孝期间又逢农民军攻打州城，他带领乡勇修城壕、建大炮，并捐款散粮，使农民军始终不敢攻打裕州城。三年后任浙江巡按，后又升任山西按察司副使。其间三边告急，皇帝又提升他为兵部右侍郎（正三品），总督蓟辽、保定军务，节制宁远、山海、顺天三地巡抚。崇祯十一年（1638年），清军由墙子岭、青山口分道而入，时吴部总兵吴国俊前往监军邓希诏帐下祝贺其生辰，饮酒大醉，闻讯清兵逼近，吴国俊与邓希诏不战而逃。吴阿衡孤军奋战，因援兵不至，兵败被俘，后被清军残忍杀害，南明时追谥为"忠毅"。吴阿衡本人《明史》无传，民国及当代《方城县志》有传。[4]

志载："调各路军兵不至，公率数百人保墙子岭山堡七天，矢尽援绝，为敌所执。公神色不变，仗节不屈，遂遇于难，与颜常山、嵇侍郎、文丞相前后争光。"这是记载吴阿衡英勇抗击清兵被包围墙子岭，后被俘遇难的经过。此事方城地方史志中《吴阿衡传》记载较为简略，《明史》中虽无详细记载，但有关于此战的相关记录，如《明史·庄烈帝传》载："辛巳，大清兵入墙子岭，总督蓟辽兵部侍郎吴阿衡死之。"[5]又《明史·卢象升传》载："九月，大清兵入墙子岭、青山口，杀总督吴阿衡，毁正关，至营城石匣，驻于牛兰。"[6]这两篇文献关于该战都有记载，可见此次战役的重要性。志文关于此事的记载，可与《明史》有关记载相互印证，并能与方城地方县志有关记载相互印证和补充。

志载："于顺治八年，公之姻亲王大宗伯，讳铎，字觉斯，与公交称莫逆，誓同生死，方之陈雷管鲍不是过也。承旨祭华岳，道经方城，召公之夫人、长郎至，责以大义。即发家人携至京师，将公柩移出，扶送旋里，其路费皆王大宗伯麦舟之助。"这是记载清代顺治八年（1651年），吴阿衡的好友、亲家王铎奉旨祭祀华岳等名山，回程路过方城时，即召见其家人，奉劝其家人要把吴阿衡的遗体运回家乡安葬，并出资全力相助，家人才得以进京把他的遗体运送至方城安葬。从这里可以看出，由于改朝换代，进入清朝后吴阿衡的后人已没有实力将其灵柩从几千里京郊运回方城安葬。而此时的王铎不但是朝中重臣而且还有相当的经济实力，更重要的是王铎在这年年底路过方城之后回到家乡孟津，第二年春就因病去世，故这个时间点很关键。也可以说，若没有王铎全力相助，吴阿衡归葬故里一事估计会很难实现。关于该事的经历，方城县志等地方文献也有记载，志文中关于该事件的经过可与方城县志等文献相互印证和补充。

按吴阿衡墓志铭载，其有两位夫人：樊氏和高氏，关于两人生平事迹，方城地方文献无载。"公生子四，长崴，娶王氏；仲岩，娶杨氏；季嵊，未娶；四嶔，娶张氏。皆公生时之命名。孙二，长宗胤，崴子，王氏出；次宗延，嶔子，张氏出"。从后代的记载来看，其家族人丁兴旺。据方城地方文献载，吴的后人在清代并没有出过官员，可见其四子和后人均为一般读书人。

吴阿衡墓地位置志文记载是在其父之侧，现在的位置是方城县券桥镇姬庄村朱庄自然村西北角约200米处吴氏墓地。据当地老年人回忆，该墓地共安葬有吴弘道夫妇及吴阿衡夫妇等几位吴氏家人，原来墓地规模较大，墓前有碑刻和部分石雕等，但尚无成排石像生。笔者认为，吴阿衡的后人在清初从京运回其遗体后，当时已是清朝，他又是因抗清而被害的，故安葬得较为简单，很可能不是按明代三品以上官员规模安葬的。约在改革开放后其墓地被破坏，吴弘道夫妇和其子吴阿衡的墓志铭也随之流散，后这几方墓志被方城县博物馆征集收藏。近年来，当地政府重新整修了吴氏墓地，重立了墓碑，该墓现高6.5米，占地约2500平方米。[7]（图3）当地还成立了吴阿衡研究会，方城文史专家熊君祥先生撰写了30万字的长篇传记《吴阿衡传》，即将出版。目前，方城县境内及其周边约有吴氏后人几千人，是当地较大的一个家族。

四、墓志撰文、书丹等人情况

按吴阿衡墓志铭记载，墓志的撰文者为赐进士出身巡抚云南等处提督军务都察院右佥都御史彭而述，篆盖者为赐进士出身抚治商雒道右参议许宸书丹者为赐进士出身廷试二甲考选内翰林院庶吉士孙期昌。据《明史》载："三年大比，以诸生试之直省，曰乡试。中试者为举人。次年，以举人试之京师，曰会试。中试者，天子亲策于廷，曰廷试，亦曰殿试。分一、二、三甲以为名第之次。一甲止三人，曰状元、榜眼、探花，赐进士及第。二甲若干人，赐进士出身。三甲若干人，赐同进士出身。"[8] 清代的科目取士，基本延续明制。[9] 由此可知，彭而述为二甲进士，许宸为二甲进士，两人同为崇祯十三年同科进士。[10] 孙期昌则为顺治己丑科二甲进士。这三人均为明末及清初南阳名流，且与吴阿衡为南阳府乡亲，三人均曾在清初为官，《清史稿》《清史列传》和当地地方史志等多种文献分别有三人传记，对其有详细记载。

彭而述（1605—1665），字子籛，别号禹峰，南阳邓州人（今邓州市彭桥乡彭桥村人）。

图3　吴氏墓地

明崇祯十三年（1640年）进士，曾任山西阳曲县令。入清后曾任贵州巡抚、广西右布政使（从二品）等职，其参加了平定明末农民起义、云南土司等多场战争。彭而述文采飞扬，其作品计有《明史断略》、《滇黔草》、《南游文集》、《读史亭诗集》16卷、《读史亭文集》12卷、《宋史外篇》8卷、《读史外篇》8卷、《续读史外篇》8卷、《禹峰诗集》、《读史新志》、《读史别志》、《读史异志》等，可谓是明末清初一位少见的文武双全英才，《清史稿》有传。[11]邓州地方史志等文献也有其详细传记。[12]据吴阿衡墓志载，彭而述在吴阿衡的后人要求下为其撰写墓志铭。彭而述是明末清初南阳名流，其与吴阿衡亲家、书法大家王铎同为好友，关系密切。对于王铎称赞吴阿衡精忠报国的高尚品质颇为感叹，于是便应邀撰写了吴阿衡的墓志铭。由于此墓志铭并未记载具体撰写时间，但根据其灵柩运回方城的时间，判断应是清顺治八年（1651年）后，现在大体推测彭而述为其撰写墓志时间是在顺治九年前后。

许宸（1599—1661），河南内乡（今内乡县城关镇）人，字素臣，号菊谿。出生于文化世家，其祖父为明代进士，父为举人。明崇祯十三年进士，授山西河津知县。在任期间有惠政，曾把自己的薪俸捐献给当地百姓以度饥荒。时值明末天下大乱，其父不幸去世，得知消息后他很伤心，回家奔丧，但家乡也被农民军占领，他又号召家人抗击农民军，直至后来安葬父母。入清后曾任商州布政司右参议兼按察司佥事、顺天府提督学政、江南等处按察使司按察使（正三品）等职。许宸和彭而述不仅是明末同科进士，又是儿女亲家，亦为明末清初诗人，内乡、商南地方史志等文献收录有其不少诗作。许宸本人《清史稿》无传，清代内乡县志等文献有其详传。[13]

孙期昌，明末清初人，具体生卒时间不详。河南叶县人（今叶县邓李乡孙寨村人，叶县清代属南阳府管辖）。清顺治己丑年（1649年）进士，初任殿试行人（掌管传旨、册封），后任户部郎中，在江南主持科举考试，选拔出一批具有真才实学的学子，受到世人的好评。曾任福建督学，在任时曾拿出自己的薪俸资助当地的学子。晚年辞官归家，在家讲学，被称为"孙学院"，著有《龙潭诗集》等。孙期昌与吴阿衡同属裕州乡友，年龄比吴阿衡要小，应很早就知道吴阿衡的英雄事迹，作为当时裕州的社会名流，孙期昌受吴阿衡家人之托为其墓志书丹，亦是最佳人选。孙期昌本人《清史稿》无传，清代和现代叶县地方史志等文献有传。[14]

除上述三位撰书人，尤其需要提及的是，在志文中曾三次提到吴阿衡莫逆之交，誓同生死的好友王铎。王铎（1592—1652），字觉斯，号十樵、石樵、嵩樵，又号痴庵等，河南孟津（今洛阳市孟津区会盟镇老城村）人。天启元年（1621年）乡试中举，第二年进士。曾任翰林院检讨、礼部右侍郎等职，1644年擢礼部尚书，未上任，李自成占领北京。降清后，被清廷任命为礼部尚书、弘文院学士，加太子少保（从一品），于顺治九年（1652年）病逝于家乡，赠太保，谥号"文安"。乾隆时王铎被列入《贰臣传》，使其名声冷落，至近代以后才受到艺术界的极大关注，尤其是在日本、韩国等地更受到书法界推崇。王铎为明末清初著名的书法大家，其博古好学，在诗、书、画等方面皆有成就，特别是书法闻名于世。

其书法以"二王"为宗，且广泛涉猎魏晋唐宋名家，逐步形成了劲健洒脱、淋漓痛快、具有强烈个性的艺术特色。其尤善行、草书，传世作品较多，在中国书坛影响较大。王铎作为吴阿衡好友，又为儿女亲家，他是吴阿衡父母墓志铭的书丹者，在吴阿衡去世后曾撰写多首怀念吴阿衡的诗作。王铎在去世前几个月还全力资助吴阿衡的家人进京把吴阿衡的灵柩运回方城安葬，再次验证了两人"誓同生死"的密切关系。《清史列传》和孟津地方史志等多种文献有王铎传记或对其有详细记载。[15]

五、结语

明代吴阿衡墓志铭，详细记述了吴阿衡的生平事迹、配偶、子孙等相关情况，对于了解明末的历史尤其是战争史提供了重要参考。墓主吴阿衡《明史》虽有提及却无传，该墓志的出土可以填补《明史》之缺，并可以与方城当地的地方史志等文献相互补充。墓志的撰书人彭而述等人均为吴阿衡南阳府乡友，都是明末或清初的社会名流。志文文笔优美，字体工整秀丽，亦为了解当时的文学和书法提供了重要实物资料。

附记：本文在写作中得到方城博物馆刘影戈馆长等师友大力帮助，在此深表谢忱！

[1] 方城县在明清时期为南阳府裕州州城所在地，曾管辖舞阳、叶县二县。民国2年（1913年）裕州改为方城县至今。方城县地方志编纂委员会编. 方城县志[M]. 郑州：中州古籍出版社，1992.
[2][4] 见吴弘道夫妇墓志铭记载，该志现藏于方城县博物馆，保存完整，行书，全文约1500字，撰文者为明代书画大家董其昌，书丹者为明代大书法家王铎，资料待刊。《民国方城县志》中对吴阿衡的生平事迹等情况记载比较详细。
[3] 杜绪赞修，张嘉谋纂. 民国方城县志[M]// 中国地方志集成·河南府县志辑. 上海：上海书店影印，2012.
[5][6][8] 张廷玉等撰. 明史[M]. 北京：中华书局，1974.
[7] 夏天俊主编. 厚重方城[M]. 郑州：中州古籍出版社，2015. 该书仅收录有吴阿衡墓志铭全文，并未作考释。
[9][11] 赵尔巽等撰. 清史稿[M]. 北京：中华书局，1977.
[10] 朱保炯，谢霈林编. 明清进士题名碑录索引[M]. 上海：上海古籍出版社，1980.
[12] 邓州市地方史志编纂委员会编. 邓州市志[M]. 郑州：河南人民出版社，1996.
[13] 宝鼎望纂修. 康熙内乡县志[M]. 台北：台北成文出版社影印，1976.
[14] 叶县地方志编纂委员会编. 叶县志[M]. 郑州：中州古籍出版社，1995.
[15] 王钟翰点校. 清史列传[M]. 北京：中华书局，1987；孟津县地方史志编纂委员会编. 孟津县志[M]. 郑州：河南人民出版社，1991.

河南博物院藏陈嘉庚公司广告

袁鹏博　董源格　李 悦
河南博物院

摘要： 河南博物院藏20世纪二三十年代陈嘉庚公司广告，为陈嘉庚公司郑州分行所制。陈嘉庚先生为中国近代史上著名的爱国华侨领袖，该广告是陈嘉庚先生事业经营的重要见证物，同时也是研究郑州近代民族工商业的重要史料。

关键词： 陈嘉庚公司；郑州；大同路

关于陈嘉庚公司的研究，前人研究涉及较少，笔者所找到的仅有罗志超的《实业救国 实用利民——〈申报〉视野中的陈嘉庚公司广告（1920—1934）》[1]和《闽南侨商的广告与文化传播——以〈申报〉陈嘉庚公司广告为个案》。[2] 两篇文章都以《申报》刊登的陈嘉庚公司广告为研究对象，前者介绍陈嘉庚的实业思想，后者从传播学的角度分析陈嘉庚公司广告的设计特点。另有一些陈嘉庚的传记类书籍介绍了他的事业经营历程，如《Tan Kan-kee—The making of an overseas Chinese legend》[3]《陈嘉庚传》[4]《陈嘉庚年谱》。[5]

河南博物院藏陈嘉庚公司广告，纵256厘米，横165厘米，由帆布制成，以蓝色油漆作底色。

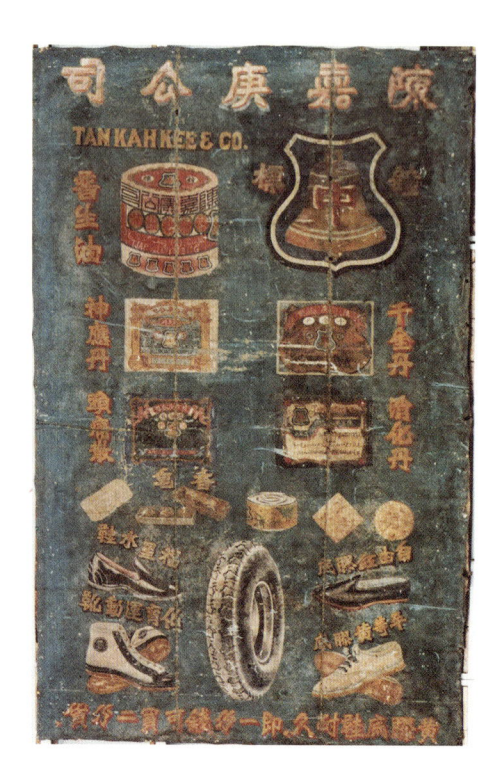

图1　陈嘉庚公司广告

（图1）该文物的捐献者为苏广勋，其父苏德祥为陈嘉庚公司郑州分行厨师。该分行位于郑州市大同路，陈嘉庚公司搬迁时将这份广告交给苏德祥保存，1996年苏德祥之子苏广勋将此广告捐给河南博物院收藏。由其大小尺幅及制作材料推测，该广告应悬挂在陈嘉庚公司郑州分行门外显眼位置，用于全面介绍店铺产品，招徕顾客。

陈嘉庚，字科次，福建同安人，是我国近代史上享有盛名的华侨领袖。历任中华人民共和国中央人民政府委员、全国人大常委会委员、全国政协副主席、全国侨联主席等职。他积极领导南洋华侨支持祖国的抗战及建设，兴办了厦门大学、集美学村等一系列教育机构，被毛泽东赞誉为"华侨旗帜、民族光辉"。这份广告正是他创办的陈嘉庚公司在大陆经营的见证，为研究华侨工商业提供了重要实物资料。

陈嘉庚在个人回忆录[6]的《个人企业追记》一节中对于他所创办的陈嘉庚公司有着较为详细的记录。陈嘉庚公司以经营橡胶业为主，兼营食品、肥皂、制药、化妆品、船运等多种行业。至1925年，陈嘉庚公司的分行遍布五大洲四十个国家和地区，公司员工3万余人，总资产叻币1200万元，是当时新加坡最大的企业之一，本广告即为陈嘉庚公司郑州分行所用。据陈嘉庚之子陈厥祥编纂的《集美志》[7]记载，陈嘉庚公司内地分行"分布于中国之广州，澳门，佛山，江门，韶关，汕头，潮安，海南岛，海口，厦门，泉州，漳州，兴化，莆田，福州，温州，桂林，梧州，衡阳，贵阳，杭州，南京，芜湖，镇江，上海（三间），无锡，苏州，浦口，徐州，宜昌，武昌，汉阳，汉口，柳州，南宁，保定，太原，烟台，济南，长沙，天津，青岛，九江及郑州等地"，可知陈嘉庚公司确在郑州设立过分行。这张广告的使用时间并无确切记载，需对其加以考证。

陈嘉庚公司成立于1904年，"五十一岁（1924年）……然货物出产既多，销路未通，寄人代售则难靠，盖资本家为我新品，消行难畅，不愿代理推销，非资本家则乏信用，不得已须自设分店，俾可推销。故先在马来亚及荷印诸大埠，开设十余处"。[8]此为陈嘉庚公司设立分行之始，但此时分行尚未开到国内。

"五十二岁……制造厂又分设商店于香港、上海等国内大都市十余处"；"五十三岁，树胶制造厂复在南洋及祖国设分店十余处，再垫数十万元"；"五十四岁……然尚希望制造厂后来有利，故复增设分店十余处，推广销厂"[9]。自1925年陈嘉庚公司开始在国内设立分行，经1926年、1927年渐次增加，据此该广告产生于1925年以后。

20世纪30年代，世界经济危机爆发，陈嘉庚虽对公司进行调整，仍难以独立支撑，无奈之下于1931年将公司改为股份有限公司，此后公司名称为"陈嘉庚有限公司"。[10]据此推断该广告产生时间不迟于1931年。"六十岁（1933年）春……又议将外地如祖国荷印英属等分店，概行收罢。余虽力劝以分店要收必大损失，至多收回两三成而已……彼均不肯"。[11]据此，1933年陈嘉庚有限公司已关闭所有大陆分行。

根据以上考证可知，这份广告海报产生于陈嘉庚先生的事业兴盛时期，广告最上方用楷体大书"陈嘉庚公司"五字，其左下为公司英文名称

"Tan Kan Kee ε Co.",右下为陈嘉庚公司的标志,钟形图案上标有"中"字,钟形图案两边写有"钟标"二字。海报中部详细列举了陈嘉庚公司的各种产品,分别为普生油、神应丹、头痛散、千金丹、消化丹、香皂、福星水鞋、体育运动靴、自由红胶底、平等黄胶底、轮胎,每件商品配以对应的图片,使之形象生动。陈嘉庚公司的产品品种多样,涉及医药、日用化工。广告底部为广告词"黄胶底鞋耐久,即一分钱可买二分货",简单明了地阐述了公司经营理念,即产品质量可靠,物超所值。

目前国内所见陈嘉庚公司广告实物较少,一幅为收藏于陈嘉庚纪念馆的"陈嘉庚公司"红蓝广告,纵44.6厘米、横59.5厘米,一幅为收藏于华侨博物院的"陈嘉庚有限公司制造厂"广告海报,纵45.5厘米、横60厘米,均不及河南博物院藏陈嘉庚公司广告尺幅之大。

陈嘉庚公司广告折射着近代郑州工商业的荣枯。近代郑州因铁路而兴,铁路开通以前,今郑州城区在中国历史上长期作为县级行政单位存在。1906年4月京汉铁路全线通车,该铁路北达古都北京,南至中部地区最大的商业中心汉口,贯穿华北平原、黄淮平原、江汉平原。1909年12月汴洛铁路建成通车,该铁路向东西延伸,东达黄海,西至西北腹地,穿过了山东半岛、黄淮平原、关中平原、河西走廊。两条铁路相交于郑州,使郑州成为北方各种物资的重要集散地,发育为中原地区最重要的商业都会。[12]

与南方地区19世纪六七十年代即出现近代资本主义萌芽不同,郑州近代资本主义工商业的发展更加步履维艰。[13] 1912年北洋政府曾计划将郑州开辟为商埠,为此进行了规划并绘制了详图,但由于该地区战乱频仍,该计划未能实施,但因铁路的强大影响力,郑州作为一座商业城市开始兴起,河南附近的产棉地如灵宝、陕州、新乡甚至陕西泾阳、河北邯郸等地的棉花都运到郑州,集中后销往上海、天津、青岛等沿海城市。郑州城市空间以火车站为中心,逐渐向周边扩展。到1920年,郑州市内各街道连成一片,形成商业城市的雏形,出现了豫丰纱厂、明远电灯公司等近代工业企业。

1920年至1930年为郑州商业的繁荣兴盛时期。1923年3月2日,北洋政府正式决定将郑州开辟为商埠。1923年起,郑州棉花交易数量开始直线上升,1928年达到顶峰,年成交量达30余万包(每包平均250公斤)。由此带动了其他行业的蓬勃发展,郑州的棉花打包业、金融、货栈以及其他农产品交易都有不同程度的发展。以大同路为中心,形成了多个商业中心,如以饮马池为中心的棉业商业区、南桥家门商业区、老坟岗商业区等。这一时期民族资本主义工业开始在郑州兴办起来,包含制革、打包、机器制造、铁工、织布、打旦、印刷、肥皂等行业,总计30家,资本总额7229900元,职工总数3783人。陈嘉庚公司也是在这一时期到郑州最繁华的大同路开设了分行。

进入20世纪30年代,新军阀之间的中原大战结束后,蒋介石集团控制了河南,郑州工商业进入缓慢发展阶段,由于外货的严重冲击,到抗战爆发时,各行业维系已日益艰难。1929年世界资本主义经济危机爆发后,各资本主义国家加紧对中国的掠夺,白银大量外流。1934年,郑州棉花价格低落，堆积如山。1935年，郑州银号日益衰微，豫丰纱厂处于停业状态。

抗日战争爆发后，华北和沿海城市大部分地区沦陷，大量人口被迫逃难，日寇对郑州发动了174次轰炸，郑州资金较雄厚的商家纷纷迁往西安等地，郑州出现严重的市面萧条景象，仅有一些饭馆和盐商继续营业，维持当地基本生存需要。

陈嘉庚公司广告是陈嘉庚公司及郑州商业兴衰的见证物，诉说着民族工商业在半殖民地半封建社会艰难生存的故事，说明在旧中国三座大山的压迫之下，要实现民族工商业的长久繁荣无异于空中楼阁。

[1] 罗志超. 实业救国 实用利民——〈申报〉视野中的陈嘉庚公司广告（1920—1934）[J]. 《集美大学学报（哲学社会科学版）》，2019（2）.

[2] 罗志超. 闽南侨商的广告与文化传播——以《申报》陈嘉庚公司广告为个案[J]. 闽南师范大学学报（哲学社会科学版），2019（3）.

[3] C. F. Yong. *Tan Kan-kee: The making of an overseas Chinese legend* [M]. Singapore: World Sentific Publishing Company, 2014.

[4][5] 陈碧笙，杨国桢. 陈嘉庚传[M]. 福州：福建人民出版社，1981.

[6][8][9][10][11] 陈嘉庚. 陈嘉庚回忆录[M]. 北京：北京联合出版公司，2021.

[7] 陈厥祥. 集美志[M]. 香港：侨光印务有限公司，1963.

[12] 朱军献. 无序生成与近代郑州城市空间结构之变动[J]. 河南工业大学学报（社会科学版），2011（3）.

[13] 郑州市工商业联合会. 郑州工商业兴衰史概况（公元一九零四至一九四八年十月二十二日）[M]. 郑州市工商业联合会编印，1984.

巾帼豪杰："红赵保"里的宣传队
——记河南博物院藏"老婆宣传队的特约讲演"布条

| 丁迎果
河南博物院

> **摘要**："老婆宣传队"是 1938 年在中共帮助下，洛阳市宜阳县赵保自发成立的以老年妇女为主的宣传、动员民众踊跃参加抗日战争的民间组织。该组织成员不仅积极组织宣传演讲活动，还身体力行为抗战救国提供人力、物力等的支持和帮助，凸显了河南省妇女参加抗日救亡运动的典型性和先进性。
>
> **关键词**："老婆宣传队"；宣传动员；卓著贡献

2021 年 1 月 15 日，河南省文物局正式公布河南省第一批革命文物名录，其中包括河南博物院藏抗日战争时期河南宜阳"老婆宣传队范保珍的特约讲演"布条。该布条为鲜红色，长 18.3 厘米，宽 3.7 厘米，三级珍贵文物。该布条是抗日战争时期河南女性同胞在党的领导下积极投身轰轰烈烈的抗日救亡运动，宣传党的抗日政策，动员民众奋起抗争的有力佐证。（图 1）

图 1 河南博物院藏"老婆宣传队范保珍的特约讲演"布条

一、"老婆宣传队"成立缘起

抗日战争爆发后，为了反抗日寇的军事侵略和奴化政策，挽救国家危亡的局面，中国共产党庄严地向全国发出号召："各行各界要积极投入到抗日救亡的伟大斗争中。一批胸怀救亡报国壮志的仁人志士响应党的号召，发动所有不愿做奴隶的人们振奋起来，团结起来，同日本帝国主义做决死的斗争。"[1]一大批包括青年学生在内的文化人纷纷响应党的号召,到广大农村去宣传救国主张,从而使农村变成了抗战文化发生、发展的基地。

河南同全国一样立即掀起了空前的抗日救亡运动。从都市到乡村,无论是知识分子,还是工人、农民,无论是十几岁的孩子还是六七十岁的老人,都以不同的方式参与到抗战中,尤其是广大农村妇女积极投身于民族解放战争,是河南救亡运动的显著特点。抗战爆发后,中共河南省委成立了专门指导全省妇女救亡运动的机构——妇女部,号召全省的女同胞要抱着与家国共存亡的誓死决心,积极参加抗日战争,英勇抗争,保家卫国。妇女部在农村开展抗日救亡运动中通过逐步的摸索发现,在基本还是文盲、半文盲的群众中开展宣传活动,最直接、最便利、最易收到成效的方式是面对面地将欲宣传的内容说唱给他们听,或表演给他们看。因此边区各级党、政、军组织把组建剧团、宣传队的工作摆在了重要地位。[2]以文艺演出队等形式宣传抗日救亡,唤醒同胞是河南省妇女抗日救亡运动的典型特征。[3]豫西特委根据党中央的号召和工作部署要求,积极动员妇女组建抗日救亡宣传队,赵保"老婆宣传队"应运而生。宣传队积极动员妇女同志送丈夫、儿子、兄弟上战场,妇女们帮助士兵做军鞋、缝军服等。

"老婆宣传队"是中共领导下在河南宜阳赵保成立的抗日宣传组织。赵保位于河南省洛阳市宜阳县城西南30里的浅山丘陵区,是豫西著名的红色革命根据地。《宜阳县志》记载,河南宜阳赵保历来有"红赵保"的称谓。1925年革命先驱在赵保筹建了"教育事业促进会",主张实业救国;1927年成立"河南青年合作社",在青年中宣传革命道理,号召青年进行革命活动;1932年春成立赵保党支部。抗日战争爆发后,中共宜阳县委遭到严重破坏。考虑到宜阳在豫西军事防御中的重要作用,1938年7月,豫西特委在赵保重建了中共宜阳县委,不久又成立中共赵保区委。区委曾派妇女干部前往赵保开展妇女工作,带领赵保人民积极宣传并参与抗日,1938年冬成立了"老婆宣传队",定期集会宣传抗日主张。[4]赵保"老婆宣传队"对河南西部的抗日宣传发挥了重要作用,为当时颇具影响力的宣传组织。

抗战爆发后,中共豫西特委组织从沦陷区流浪到赵保一带的难民和学生,通过集会、演讲、拉家常等多种形式向赵保群众讲述同胞惨遭日寇迫害的实例,宣传抗日救国的重要性,动员赵保人民投身抗日救国的队伍中。[5]这些宣传举措很快在风气闭塞的赵保寨激起了民众抗日救国的热情,最为突出的就是由一群中老年妇女成立的"老婆宣传队"。其前身为"安阳宫"[6]的迷信组织,参加这个组织的妇女以烧香、念经来祈神求福。中共豫西特委为积极动员这些妇女参加抗日救亡运动,通过走门入户、拉家常、提供帮助等多种措施,积极和迷信"安阳宫"的妇女同胞建立联系,晓之以理、动之以情地动员她们尤其是其首领范保珍女士,向她们宣传日军侵略的暴行及积极参加抗日宣传的重要性。范保珍女士识字,能看报,深明大义,很快她就积极宣传参加抗日,一度把初一、十五迷信集会变成了抗日宣传会。据《河南宜阳通讯》记载,范保珍是东赵保寨富裕人家的媳妇,曾是"安阳宫"的领袖,人们都称她是"花仙姑"。农民们以为花仙姑能通神，是神仙的代表。迷信的农民特别是妇女们，对发自她口中的每个字句，都奉为金科玉律。[7] 因为有以上的条件，东赵保寨的老太太们迅速组织起"老婆宣传队"，一度有130个队员，队员的年龄多在40岁至75岁之间，70岁以上的就有10个。宣传队共分两个大队，每个大队又分三个中队。

二、"老婆宣传队"抗日救亡宣传概览

1939年7月，豫西省委要求广泛宣传党的抗日救国方针，坚持抗战，反对投降；坚持团结，反对分裂；坚持进步，反对倒退。"老婆宣传队"根据省委要求，积极开展抗日宣传，主要表演节目有《捉麻雀》《捉汉奸》《还我国土》《夜袭敌营》等。节目通俗易懂，形式活泼，因而深受老百姓的喜爱，极大地鼓舞了当地老百姓的抗日热情。《河南宜阳通讯》曾经报道过"老婆宣传队"宣传的场景：

> 几百个人，有男的女的老的少的，大家都以同样的顽皮的笑脸，紧紧地跟着一队前面举着"老妇救国宣传队"旗帜的老太婆。老太婆也要救国了？老太婆也会宣传了？这是人们提出的疑问。忽然老太婆们脚步停止了，成了一横行，排列在街的一边。观众们仍用那张顽皮的笑脸，紧紧地把她们围了起来，像看猴戏一样。"街坊邻舍莫笑俺，听俺老婆来宣传"，张开了口嘶老的声音，用力地冲出喉头，在空气中震荡，不知怎么的，周围的人都同样的，把顽皮的笑脸缩成严肃了。"不爱吃来不爱穿，只为鬼子欺侮俺，家里闲事俺不管，省下功夫去宣传，把鬼子赶出中国去，欢乐再过太平年。我劝儿女上战场，我劝丈夫打东洋。我们是妇女解放的先锋队，老姊妹们团结起来保卫中国！"歌谣停止了，接着一个白了头发的老太婆，开始了演说："你们还觉着好玩呢？你们知道日本鬼子已打到咱们中国来了！"像母亲教训儿子一样，周围的人，默默地听着。"没有国哪有家呢？抽壮丁你不去，帮助军队运输也不去，有钱也不献给国家。只是游手好闲过日子。日本鬼子到了，一点不客气的。杀！烧！抢！掠！奸！淫！到那时，人财两空，后悔也就迟了！天啊！别胡思乱想吧！从今天起，男人们若抽了壮丁，就是快去前线杀敌，妇女们，征了你们的丈夫，你们就去担东西，有钱的拿出钱来献给国家买枪炮去！"她们愈说得有力，周围的人也愈静默起来。……经过她们不懈的努力和宣传，这歌声已由最山中的东赵保寨过了整个河南西部，她们将团结全中国的妇女，为祖国争取自由解放而不息的歌唱下去。[8]

三、也论"老婆宣传队"

事实上，"老婆宣传队"的队员大多为贫困老百姓，起初根本不懂什么是宣传，见了人都说不出话，每到唱歌就害羞唱不出，有时候勉强唱出来，也不能引起老百姓的关注。面对诸多困难，宣传队队员积极开动脑筋，群策群智。面对群众害羞唱不出来，她们就硬着头皮苦练，先向亲朋好友宣讲，再到街上去宣传……不能引起老百姓

的关注，她们就戴上"特约演讲"的大红布条，扭着腰组团歌唱、演讲……在一次次的宣传、动员中提高自身的政治素养和业务水平。正如陈荒煤所说的："民间艺人熟悉群众生活，体悟群众感受，反映当前现实，她们的宣传往往能收到更大的效果。"[9]后来"老婆宣传队"队员唱歌、演说，把那些烧香的、听戏的、看热闹的都吸引了过来，她们那热烈的情绪，使她们忘记了自己的老态龙钟。据说一战区司令卫立煌都曾经观看过她们的演讲！

"老婆宣传队"的全体队员多自发参与宣传，没有固定的经费，需要自给自足。工作时，她们聚集在一块编歌词、搞排练、做宣传，工作完了，她们就回到各自家里去吃饭。有时她们为了扩大宣传，要跑到一二百里外去工作。她们每个人都自备干粮去宣传！然而就是这样一群怀有爱国之心的平均年龄五六十岁的中老年妇女在极其艰苦的条件下，满怀一腔热血，不分昼夜，寒来暑往，深入农村，走上街头，唱歌、演讲，运用老百姓最喜闻乐见的方式开展丰富多样的抗日宣传，动员民众积极投身抗战救国。

她们在宣传工作之外，还从事慰劳前方将士的工作。据《洛阳晚报》报道："'老婆宣传队'成员带头为抗日部队洗衣做饭、缝补衣服等，仅1944年冬到1945年秋，她们光是做的千层底军鞋就不下2000双，她们发动妇女们做鞋子送到前方；还用烧香敬神为幌子向当地商户募捐，把募捐来的钱送给前线部队，慰问战士；豫西沦陷后，她们曾乔装打扮深入敌区打探敌情，为人民军队传递重要情报；有时还在夜里到日寇据点附近张贴标语，闹得敌人惶惶不安……该队队员不仅自己亲自参与抗日宣传，还积极动员亲朋好友参军拥军，有30多位老婆宣传队队员送自己的孩子参加八路军，她们还动员亲戚、邻居中的青年农民参军。其中，有几个人的儿子在抗日杀敌的战场上光荣牺牲。"[10]"老婆宣传队"全体队员用实际行动发出最铿锵的呐喊："我们是妇女解放的先锋队！老姊妹们团结保卫中国！"

1944年，日军侵占宜阳后，全县大部分地区成为沦陷区，日军在沦陷区烧杀抢掠，无恶不作，沦陷区人民受尽苦难。正是由于以"老婆宣传队"为代表的赵保人民在中国共产党领导下的奋勇抗战，日军始终未能占领赵保这块红色革命土地。在赵保这片红色土地上，她的红，是许多不屈不挠的革命先烈们用鲜血染红的；她的红，是赵保老百姓一颗颗红心聚集而成的。

---

[1][2] 晋冀鲁豫边区革命文化史料征集协作组. 闪光的文化历程：晋冀鲁豫边区文艺史[M]. 济南：山东文化音像出版社，1999.

[3] 程有为，王天奖主编. 河南通史（第四卷）[M]. 郑州：河南人民出版社，2005.

[4] 仝建勋，张修卿，赵苗远. 宜阳县志[M]. 北京：生活·读书·新知三联书店，1996.

[5] 纪念抗日战争胜利六十五周年·洛阳老区行 宜阳县赵保乡：打到最后一个人也决不投降[N]. 洛阳日报，2010-09-20.

[6] "安阳宫"供奉有老君、女娲、观音、孔子、佛陀、三皇、圣母等神位，是个道教为主，兼容佛儒的庙堂。

[7][8] 河南宜阳通讯：老妇救国宣传队[J]. 妇女生活（上海1935），1939（3）.

[9] 陈荒煤. 关于农村文艺运动[N]. 人民日报，1947-08-15.

[10] 保家卫国，有支"老婆宣传队"[N]. 洛阳晚报，2012-09-05.

元宇宙视域下博物馆业务活动开展模式初探

王 开
中国国家博物馆

摘要：元宇宙作为互联网的升级形态与人类社会的进化状态，将为博物馆业务活动的开展带来巨大变革。在分析相关实践与现有研究基础上，初步探讨元宇宙场域中的信息技术在博物馆业务活动中的可能应用模式，包括数字孪生、AR技术对文物保护修复复制技艺的传承与提升，虚拟社交、镜像世界对打破时空壁垒、构建全沉浸展览体验的突破与支撑，区块链对优秀文化传播共享与创作者经济的扶持等，为博物馆未来相关业务的高效开展与创新提供思路。

关键词：元宇宙；博物馆；数字孪生；虚拟社交网络；创作者经济

一、元宇宙的缘起与基本特征

1992年，美国科幻小说作家尼尔·斯蒂芬森在科幻作品《雪崩》中第一次用"metaverse"（当时翻译为"超元域"）命名和描绘了虚拟实境。[1] 2003年，Linden Lab以这一理念为基础，开发了现象级虚拟游戏世界"Second life"，允许用户对世界进行编辑，并建立起虚拟经济系统，开启了早期的元宇宙探索。2018年，电影《头号玩家》从VR游戏视角向公众展现了一个未来元宇宙的可能雏形——"绿洲"。互联网瓶颈期的到来促使人们对未来网络空间开始了无限遐想，2019年的新冠肺炎疫情更加速了全球虚拟化进程，随着扩展现实（XR）、区块链、云计算、数字孪生等技术的飞速发展[2]，召开会议、举办演唱会、参加毕业典礼在虚拟世界中都已成为现实。2021年，以打通数字世界与物理世界为基本定位，元宇宙（Metaverse）从文学、宗教、艺术作品、科幻小说、游戏，以太坊和其他小范围探索中正式走到社会公众面前。Roblox、Facebook（已更名为"Meta"）、微软、字节跳动、GREE、腾讯、网易等国内外各大科技公司纷纷从游戏、社交、工作、教育、生产等不同领域公开将元宇宙纳入业务布局，并迅速确定为未来的主要发展方向之一。据普华永道预计，元宇宙市场规模在2030年将达到

1.5万亿美元。[3]

元宇宙是互联网的升级，也是社会进化的契机，人们对元宇宙的向往不同，使其有了多个同义标签——"虚拟世界""镜像世界""赛博朋克""绿洲""无限游戏"等。[4]从元宇宙元年至今，不过短短1年多时间，关于元宇宙的各类研究著作纷纷问世。维基百科将元宇宙描述为"The Metaverse is a Collective Virtual Shared Space, Created by the Convergence of Virtually Enhanced Physical Reality and Physically Persistent Virtual Space, Including the Sum of all Virtual Worlds, Augmented Reality, and the Internet"[5]；清华大学《2020—2021年元宇宙发展研究报告》指出：元宇宙是"通过整合多种新技术而产生的，是新型虚实相融的互联网应用和社会形态，它基于扩展现实技术提供沉浸式体验，基于数字孪生技术生成现实世界的镜像，基于区块链技术搭建经济体系，将虚拟世界与现实世界在经济系统、社交系统、身份系统上密切融合，并且允许每个用户进行内容生产和世界编辑"。洪熙庆汇总了国际学术界对元宇宙属性的9种描述。[6]王文喜统计了关于元宇宙概念的11种见解，将元宇宙定义为"涵盖物理空间、社会空间、赛博空间以及思维空间的基础上，融合多种数字技术，将网络、软硬件设备和用户聚合在一个虚拟现实系统之中，形成一个既映射于、又独立于现实世界的虚拟世界"。[7]这些对元宇宙的描述更多注重于其技术基础和功能特征，尽管在外延和内涵方面尚没有达成共识，但元宇宙作为一张由资本和社会共创共享的蓝图、一场人类集体参与的元叙事，已然成为众多数字化技术发展到一定程度之后的必然产物，也是人类社会朝向智能化发展的必然阶段。[8]

Roblox公司基于自身对虚拟游戏世界的探索，提出了元宇宙的8个基本特征（表1），希望让用户在虚拟游戏世界中完成更多具有现实意义的生产和社交活动。科幻沙盒类社交游戏《领主世界》制作人加兰认为，元宇宙的六大特性中"社群是底层逻辑"。[9]长铗指出，以区块链作为最底层计算架构和最底层信任架构的"元宇宙计算机"与去中心化自治协作模式能够创造出"永久且可持续"的数字世界，实现技术永续与协作永续。[10]白龙提出，元宇宙的虚拟环境更多注重网络化的高度连接和可感知的视觉数字化，凭借连续不间断的用户社交关联属性构建出一种沉浸式网络。[11]

各类元宇宙雏形正在基于上述概念和特征逐步显现，大型对战类游戏《堡垒之夜》在游戏场景中举办虚拟演唱会，1230万观众在线参与；韩国多所高校采用教育元宇宙模式开展线上教学活动，构建新生入学仪式、毕业典礼、校园游览、e运动会、博览会、社团演出、图书馆、博物馆、人文教育、生物学及医学教育等虚拟场景[12]；全球顶级学术会议ACAI在动物森友会举办研讨会；以太坊建立起去中心化的虚拟经济体系；Roblox为用户提供虚拟创作平台，玩家累计创造了超过18000万个3D、VR等数字内容，并从中赚取虚拟资产收益。

要实现元宇宙描绘的终极美好愿景，需要多领域科学与技术的深度融合，例如网络及运算技术（5G、6G、物联网、云计算、雾计算与边缘计算等），管理技术（能耗管理、资源管理、会话管理、时空一致性管理等），虚实对象连接、建

表 1　元宇宙的基本特征与存在形式

提出方	Roblox 公司首席执行官巴斯祖基[13]	《领主世界》制作人加兰[14]	长铗[15]	金相允[16]	白龙、骆正林[17]
1	身份	世界观	映射现实	生命日志	数字分身
2	朋友	社群	权力去中心化	镜像世界	社交计算
3	沉浸感	心流、虚拟现实	感官沉浸	增强现实	身临其境
4	低延迟		无边界互操作		无障碍访问
5	多元化	自我进化	自我进化		文化多样性
6	随地			虚拟世界	永远在线
7	经济系统		开放经济系统		虚拟经济化
8	文明	文明			互用性
9					无限边界
10					无缝映射
11					无摩擦

模与管理技术（IOX、身份建模、社会计算、去中心化管理技术等）、叙事空间交互与融合技术（扩展现实技术、电子游戏技术、脑机接口技术）等。[18] 元宇宙物理层面与精神、文化层面的构建将极大促进信息科学、量子科学、数学、生命科学等自然科学与哲学、社会学、历史学等人文社会科学的互动与突破。

二、元宇宙与博物馆的关联与融合

2019 年，新冠肺炎疫情的全球蔓延使博物馆的运作模式发生了极大改变，加速了数字化和智慧化博物馆的建设进程，文化强国的战略部署和观众体验的需求提升也对博物馆服务提出了新要求。博物馆"征集、保护、研究、传播、展出"的功能发挥都亟须与新技术相结合，虚拟现实、区块链、云计算、人工智能等成为促进博物馆发展的高频词。元宇宙恰好是这样一个由新技术融合构建起的新世界，作为收藏、研究、教育和传播载体的博物馆对元宇宙的技术基础有着强烈需求，元宇宙也可以通过博物馆来协同构建文化价值体系，因此，二者的融合共生带着历史发展的必然。尽管构建元宇宙的这些技术目前都在相对独立地运作和发展，在元宇宙真正成为现实世界的重要媒介载体之前，还有漫长的融合调试期，但博物馆依然有必要思考这种新媒介的创新形态如何冲击和影响当下的数字生活场景与基础结构，并且探索如何更早介入。

元宇宙的发展被划分为三个阶段，分别是数字孪生、数字原生和虚实共生。[19]

第一阶段数字孪生，期望通过数字孪生技术实现虚拟世界对现实世界的映射和操作。2021 年，中国国家博物馆馆长王春法提出平行博物馆概念——"通过描述智能构建虚拟博物馆，利用预测智能在虚拟博物馆中进行大规模的计算实验，通过引导智能和平行执行实现对真实博物馆的智能管理与控制"[20]，与数字孪生描绘的场景已经逐渐接近。在这一阶段里，元宇宙对现实世界的镜像构建，一方面来自物理环境，具有客观属性的一切物都能够随着技术的更新迭代实现1:1完美复刻；另一方面，社会网络、文化意向的复现需要在政府指导下由人文与社会科学来完成构建并持续积极引导。在该过程中，博物馆作为文明交流互鉴的重要平台与文化展示传播的重要窗口，是不可或缺的中坚力量。

第二阶段数字原生，预期用户能够直接在数字世界里创作或生产产品，例如区块链上的NFT加密数字艺术品。这一阶段，博物馆将成为信息供给上游，公众与博物馆的关系将会从旁观者迅速转化为参与者、创作者，甚至成为共同发展者。作为资源提供端和体验创造端，博物馆并不适宜介入到元宇宙的基础设施搭建中，而更适合在功能填充阶段提供丰富的数据资源并不断创造沉浸式的用户体验。

第三阶段虚实共生，预期用户能够随时随地在现实与虚拟两个世界中穿梭，反复重置或在浓缩加速的世界中经历更多故事，并非独立地逃离世界，而是扮演新的自我、传递感情、创造信息，最终实现自我的回溯和迭代，这是元宇宙的人文魅力所在。[21]而博物馆是创造这些特殊情境的重要场所，博物馆基于历史实物开展的研究将是"拟像社会"形成的基础。

这三个阶段并非以阶梯式的递进关系存在，而是并行发展并逐渐彼此交融。元宇宙的相关技术在促进藏品研究与知识共享、文物保护修复、展览展示、文化创意等方面能够提供强大助力，并有望获得前所未有的突破。在当下元宇宙发展初期，博物馆一方面可以充分挖掘和转化适配前沿技术需求的数字资源（元宇宙的核心价值依托物），规划设计未来数字资源的共享利用方案，为接入元宇宙夯实数据和战略基础；另一方面可以与虚拟现实、云计算、数字孪生等具体技术进行多维度接触，探讨和尝试建立具有仿真文化意象沉浸体验的深度融合模式，为融入元宇宙储备可操作、易复现的实践模型。

三、对文物保护修复而言，元宇宙是可以包容一切想象的试错空间

"在一个时空可以加速，收益和回报更加稳定，允许失败重来的世界中，人们获得经验、体验、感悟，会从虚拟世界传给现实世界中的字迹，从而丰富人生阅历，做那些现实中不可能做到的事。这种回溯才是元宇宙这个虚拟世界给现实世界中最大的意义"。[22]文物修复工作中的操作不可避免地会出现人与文物之间的频繁接触，容易造成二次损害。[23]元宇宙这种"允许失败重来、做现实中不可能做到的事"的特性为博物馆藏品实体的保护、修复、复制与技艺传承提供了丰富便捷的可操作空间。

（一）虚拟修复与藏品保护修复方案设计

随着数字摄影测量、三维激光扫描、图形图像处理、虚拟现实等技术的快速发展，目前文物三维信息留取与高精度三维建模已经取得一定成果，文物虚拟修复成为研究热点，这种技术具有减少文物本体二次损害、预测缺损部位几何信息、定位破碎文物空间位置等优势，已经实际应用于破碎文物碎片拼合、文物缺损部位复原等场景。[24]元宇宙显然能够在此基础上实现更多维多来源信息的综合处理与复杂特征提取，通过热红

外成像、AR、AI技术与大型分析检测仪器等对文物数据进行全方位提取与挖掘，元宇宙空间将能够1:1复现文物的形制纹饰、成分结构、病害分布、工艺特征、理化性质等，构建出全真文物三维镜像，研究者则可通过对镜像的研究、试验来规划设计更"多元、智能、科学"的文物保护修复方案。

（二）时间流速可控的保护修复材料模拟实验

元宇宙中可以创建时间流速可控的独立空间，这为材料的开发与探索带来了极大便利。文物保护修复使用的无机材料、有机材料、新型材料有严格要求，既要对文物和操作者不产生损害，也要具有耐受自然因素老化及可逆性等能力。[25]新材料的研发和应用往往需要经历漫长的先行实验，并受到现实时间流速与自然环境模拟的限制，存在很多不可预见的问题。在元宇宙时间流速可控的模拟空间中，这些问题都可以得到有效预测与控制。研究者可以在不同的时间流速和自然环境模拟情境中真实观察材料的各种性能变化，寻找相应处置方法，或通过研发新材料来规避问题。

（三）数字孪生干预保护修复操作现实

在确定了保护修复方案与使用材料之后，博物馆可以通过数字孪生技术在元宇宙中完成对藏品镜像的虚拟修复，并将操作步骤映射到现实世界的保护修复操作中。通过虚拟设备将修复方案叠加在文物实体上，指导人工，甚至操作智能机器人精准完成操作步骤，降低或避免失误，提高保护修复的科学性。目前增强现实技术已经被空客公司、波音公司等用于高精度产品的批量生产、后期维护与修理等过程，专家可以通过头戴式设备远程精准定位问题，降低维修出错率。[26]该技术在文物保护修复领域的应用也将指日可待。

（四）高效的保护修复技艺实境培训

博物馆的文物保护修复技艺以传承为主。作为元宇宙底层技术之一的增强现实，目前已经广泛应用于各种生产技术的培训，能够明显提高培训效率、降低培训成本、简化培训流程、增强培训效果。[27]在文物保存状况更复杂的保护修复培训中，元宇宙能够通过数字孪生技术来解构文物的内部结构、病害特征，通过AR实景化的操作训练使技艺传承变得更加容易。未来，拥有更成熟技术的元宇宙必定能够为传统工艺、文物保护修复技艺的继承与传播提供强大支撑。

四、对展览展示而言，元宇宙是更具沉浸感和参与感的大型多人社交体验

现实展览传递的多是学术问题的视角和表达，为了吸引公众参与体验，博物馆试图通过异形屏、AR、VR等手段丰富展览形式，营造网红打卡场景，但经常受限于内容与形式无法完美融合，使得传播效果大打折扣；同时，陌生参观者间的交流仍然较为生涩和疏离。具有"身份""朋友""社群"特征的元宇宙为用户提供了以数字化身份参与各种活动的机会，在这种镜像虚拟世界中由多种技术加持的新型展览，不仅会带来前所未有的多感官体验，也将成为用户组建社群的文化纽带。用户可以根据对展品的相同兴趣或对某一话题的相似态度，在虚拟展览空间内自发交流探讨，并建立全新的沉浸式虚拟展览社交系统。

（一）全球视野下的文化交流融合与实时共展

元宇宙为保存在世界各地博物馆中的藏品提

供了完美的交互空间，合作举办展览的复杂程度将被大幅降低。博物馆依托区块链打造镜像博物馆，将藏品的加密原始多维数据保存在云端后，不同博物馆间的地域、交通、文化等壁垒将得到可观的削减。策展人有机会在一定授权范围内实时发现围绕同一主题的来自不同时空不同文化人群的不同历史遗物，并通过智能合约将它们有机组合起来，创造全球视野下的多元展览体验，为公众提供从更广泛的时空维度理解当代社会的契机与环境。

当下，博物馆在沉浸感并不那么强烈的 Web 2.0 已经开始做出一些互联互通展览尝试。2020 年中国国家博物馆推出"永远的东方红——纪念'东方红一号'卫星成功发射五十周年"主题云展，首次尝试在无实体展览的前提下进行云端策展。2021 年浙江省博物馆联合多家博物馆共同推出"丽人行——中国古代女性图像云展览"，并在 2022 年将其转化为线下展览，成为首个先布局线上再复刻到线下的展览。在新冠肺炎疫情反复的背景下，博物馆实体展览服务的受众人数大幅降低，优质展览的线下传播范围非常有限，这种不依赖实体展览的云端形式为博物馆间的互动、博物馆与公众的互动打开了新局面。在宣传热度过后，如何吸引公众持续关注云展，保持其长期活力，更好地支撑和服务线下展览，是元宇宙新技术在应用层面面临的挑战。

（二）个性化展览与无限创作模式

元宇宙基于区块链的去中心化特性为博物馆展览开启了无限创作模式，来自世界各地的用户将从旁观者转变为参与者甚至创造者，藏品间的关系会被从更多意想不到的角度关联并展示出来。在这方面，Roblox 已经从游戏视角搭建起这种新型去中心化虚拟创作平台，为用户提供游戏体验入口、创作开发平台以及云端服务与基础架构支撑，大大降低了游戏开发难度，激发了大量用户在线生成丰富的游戏世界，从而吸引更多用户逗留、参与并加入，形成了自我迭代的良性循环，引领了元宇宙内容建设新范式。

博物馆展览与此有着异曲同工之妙，博物馆可以为用户提供虚拟展览在线设计的编辑工具与创作发布平台、发布基础引导教程，通过 UGC（User Generated Content）即用户创造内容的创新性创作模式，允许用户自主设计展览的表达主题、藏品组合与展示效果，来构建二级的树层嵌套式虚拟展览世界，缓解仅依靠博物馆作为传统内容生产方的乏力，以满足人民对博物馆日益增长的内容消费需求。目前国内外相关平台已经开始为用户提供打造个性化展览的云端设计工具，如"丝绸之路数字博物馆"基于丝绸之路相关文物藏品，与国内外丝绸之路相关博物馆进行合作，搭建起了专题藏品展示、展览发布与云展设计平台（图 1），目前这些平台的藏品素材库还比较有限，用户自主创作及发布共享等功能也有待进一步开发完善。元宇宙将成为推进全民创造展览的有力工具。

五、对数字藏品而言，元宇宙是创作者经济的理想土壤

NFT（Non-Fungible Tokens），即非同质化代币，是数字资产的"身份证"，它独特、唯一、不可分割，无法两两等值互换，能够清晰记录数字

图1 "丝绸之路数字博物馆"云展览设计平台

资产属性、转手路径等信息。2021年至今，国内外各大艺术品收藏、拍卖机构与文博机构纷纷参与到NFT数字艺术品的制作和发布中来。

在国际公链支持的数字藏品平台中，纽约佳士得公司在网上拍卖了艺术家Beeple《Everydays-The First 5000 Days》的NFT数字艺术品，成交价格达42329.453以太币（约6025万美元）[28]；俄罗斯冬宫博物馆在币安NFT平台拍卖高端NFT系列收藏，为列奥纳多·达·芬奇的《圣母子》、乔尔乔内的《朱提斯》、文森特·梵·高的《紫丁香》、瓦西里·康定斯基的《Composition VI》以及克劳德·莫奈的《蒙杰龙花园的角落》等数字艺术品分别制作两个NFT副本，一个存储在冬宫博物馆，另一个在币安NFT市场上拍卖[29]；韩国首尔涧松美术馆在韩国区块链网站"Token Post"上发行100份以国宝70号《训民正音解例本》制作的NFT，单价1亿韩元（约合60万人民币），在疫情期间极大缓解了美术馆的财务困难[30]；台湾朱铭美术馆携手东吴大学货币与金融研究中心，首发《太极系列》与《人间系列》两款NFT，限量220枚，成为台湾博物馆进入NFT领域的先锋。[31] 敦煌研究院和腾讯联动发布9999份公益"数字供养人"典藏版NFT（莫高窟156窟全景），通过问答为莫高窟第427窟、145窟、138窟的数字化保护工程募集善款。[32]

在国内，各大博物馆目前发布的数字文创藏品与NFT有着相同的底层技术支持，但在运营和交易模式上却与NFT截然不同。这些数字藏品大体可以分为两类：一类是基于文物2D或3D数字影像开发的原生数字藏品，如长信宫灯、击鼓说唱俑等；一类是基于文物本体元素衍生或二次创作的文化创意产品，如兵马俑系列像素头像等。前者主要发布于鲸探、幻核等由联盟链支持的平台上，不允许交易，购买者也不会拥有所有权，这与常规意义上的NFT截然不同。而后者一部分发布在不可交易的联盟链支持平台上；另有一部分发布在支持二次交易的公链或联盟链上，已经具有了NFT的代币属性，这些以文物衍生品或二次创作加工生成的数字文创品则可以参考普通数字艺术品的特性和交易规则定期发布。

由于Z世代对元宇宙的新生事物抱有极大热情，当下正值数字文创藏品的发展蓝海，博物馆不仅可以通过这种新途径广泛传播中华优秀文化，而且能够充分利用获取的收益更好地为馆内文物藏品的研究、保护修复、展示与转化提供资金保障，吸引更多人共同为文物的长久保存与文化传承贡献力量。考虑到NFT特殊的代币属性，在加密数字艺术品与数字文创藏品开发过程中，博物馆还需要长远规划和统筹思考一些问题：

（一）底层区块链的选择与自建

从技术上来讲，NFT火爆的源头在于区块链的介入，在以区块链为底层基础的元宇宙构建中，NFT被期望以虚拟货币的姿态建立起经济生态。《中华人民共和国国民经济和社会发展第十四个五年规划和2035年远景目标纲要》中提出"以联盟链为重点发展区块链服务平台和金融科技、供应链金融、政务服务等领域应用方案"等要求。然而，区块链的安全机制目前发展得并不完善，2020年以太坊链曾受到黑客攻击而损失大量募集通证，为了挽回损失，从一条基础链分裂为现在的"以太坊经典链"和以太坊链（新）。虽然区块链具有加密、共识、去中心化等种种优势，区块链的参与人可以共同决策区块链上的各种决定，但这种链路分裂的决策依然是对数据安全的一种威胁和隐患，违背了区块链不可篡改的底层基本原则。尽管元宇宙以去中心化作为核心吸引力，但基于区块链的元宇宙建模、规则制订等都一定有中心存在，这个初始中心是否会对链上资本产生实际干涉是无法回避的问题。目前国内发布的联盟链都由各技术公司控制，大部分采用国外开源代码来实现，如何选择稳定、安全的区块链部署数字文创藏品是博物馆目前需要谨慎对待的问题。

从长远来看，博物馆间或许可以借此契机联合起来，依托国内区块链自主知识产权，构建博物馆领域专属联盟链和发布平台。数字文创藏品与一般艺术创作品不同，兼具历史价值、时代价值、审美价值、科学价值，与当代市场化的艺术品创作或IP衍生品天然地有所区别。在代币管理机制尚不明朗的时期，数字文创藏品不适宜作为NFT进行流通。因此，构建依托行业整体的专属联盟链，一方面可以解决过于去中心化的问题，与当代数字艺术品的二次交易需求相隔离，保障数字文创藏品的价值不被恶意炒作；同时，形成文物博物馆集群效应，为用户创建纯粹的收藏环境与交流平台。当然，区块链间的壁垒如何打破是需要考虑的另一个问题，但从整体来看，在未来技术发展到一定程度时，联盟链之间的贯通是必然趋势，文物博物馆体系可以作为元宇宙中的一个子宇宙而相对独立存在。

（二）限量发售的数字文创藏品与免费开放共享的文物数字资源的差异化问题

国际一流博物馆均已在网上免费开放文物高清数字图像的下载并允许非商业用途使用，而部分国内博物馆也已经开始提供精选文物的3D模型供用户查看。文物是人类共有资源，面向社会公众开放文物资源是博物馆提供公共服务的主要组成部分之一。如果以藏品的数字影像副本作为NFT吸引公众长期持有或交易，那么原属于公民共享的文物资源成了变现工具，不符合博物馆的公益性定位。因此，国内博物馆在开发数字文创藏品时，一方面需要保持文物历史信息的真实性和还原度，另一方面，为与目前和未来规划的线上藏品数字资源相区别，应进行适度衍生和拓展，设计并提供区别于常规藏品数字影像和3D数字资源的附加价值与服务。

（三）数字文创藏品的文化内涵深耕

从目前发布的主题来看，虽然有一些数字藏品成套发布，但彼此之间的关联仅限于材质或器类，还停留在文物基础信息的最浅层。在发布数字藏品过程中，文博机构可考虑将相关研究成果进行转化，赋予数字藏品更多内涵。比如策展人在展览中设计用来说明同一问题或故事的成组器物，彼此之间的关联和呼应可以体现在成套数字藏品的发布当中，使数字藏品不仅具有实物本体的外观属性，又能体现文物间的历史、科学、艺术关联；又如数字藏品周边的开发、文物诞生和使用的历史场景还原等，都能够为用户设计个性化展览提供可搭配的背景环境与丰富效果。

六、结语

整体而言，元宇宙为博物馆的智慧化建设提供了太多可能，在藏品研究、文物保护修复、展览展示及数字文创藏品等方面都可能取得划时代的重大突破。元宇宙的独特体验不但不会使博物馆藏品因其数字资源的易获取性而变得无足轻重，反而会赋予博物馆实体更重要的社会地位，使其变得更加不可或缺，博物馆中带有历史气息的真实物品稀有度将呈指数级增长。同时，博物馆在元宇宙中随时间发展留下的痕迹也将为用户带去时空错位的奇妙感受，与实物藏品交相辉映，成为独一无二的超现实主义体验。

---

[1]（美）Neal Stephenson著，郭泽译．雪崩[M]．成都：四川科学技术出版社，2009．

[2] 左鹏飞．最近大火的元宇宙到底是什么？[N]．科技日报，2021-09-13．

[3][8][16][26][27]（韩）金相允著，刘翀译．元宇宙时代[M]．北京：中信出版社，2022．

[4][9][10][13][14][15] 长铗，刘秋杉．元宇宙——通往无限游戏之路[M]．北京：中信出版社，2022．

[5] 维基百科．https：//encyclopedia．thefreedictionary．com/metaverse．

[6]（韩）洪熙庆．元宇宙在教学应用的探索性研究[J]．文化和融合，2021（9）．

[7][18] 王文喜，周芳，万月亮，宁焕生．元宇宙技术综述[J]．工程科学学报，2022（1）．

[11][17] 白龙，骆正林．沉浸式网络、数字分身与映射空间：元宇宙的媒介哲学解读[J]．阅江学刊，2022（1）．

[12] 胡辰洋，于昌利．韩国教育元宇宙的内涵、实践与启示[J]．阅江学刊，2022（1）．

[19][21][22] 龚才春．中国元宇宙白皮书[R]．2022-1-26．

[20] 王春法，王飞跃，鲁越，李华飙，郭超．平行博物馆：新时代博物馆运营的智能管理与控制[J]．智能科学与技术学报，2021（2）．

[23][24] 侯妙乐，赵思仲，杨溯，胡云岗．文物三维模型虚拟修复研究进展、挑战与发展趋势[J]．遗产与保护研究，2018（10）．

[25] 周双林．文物保护用有机高分子材料及要求[J]．四川文物，2003（3）．

[28] 数据来源：https：//zhuanlan．zhihu．com/p/398846944．

[29] 数据来源：https：//xw．qq．com/cmsid/20210907A04RXW00．

[30] 数据来源：https：//zhuanlan．zhihu．com/p/398846944．

[31] 数据来源：https：//baijiahao．baidu．com/s?id=1716459496602797035&wfr=spider&for=pc．

[32] 数据来源：https：//t.ynet.cn/baijia/31393195．html．

数字技术在博物馆展览中的应用

杨 扬

河南博物院

摘要：随着我国人民生活水平的不断提高，物质需求得到满足，人们开始转而对精神文化有了更高的需求。博物馆作为我国重要的文化传承传播场所，不仅有着丰富的文化遗产，也承载着知识和文化。但博物馆作为一个固定的实体场所，展览的文物数量有限，难以满足观众更深层次的精神文化需求，因此，许多博物馆在展览中开始引入数字技术，以实体博物馆为基础，利用现代化信息技术来实现信息共享，让观众在浏览展品时，可以打破空间限制，浏览到更多自己想要的资源。

关键词：博物馆展览；数字技术；应用

随着城市化建设进程的推进，博物馆的数量也在不断增加。博物馆作为人们生活中非常重要的一部分，对传统文化的传承、宣扬、展示都起着非常重要的作用。在各种文物展览的过程中，博物馆的展览技术水平直接影响到其展览服务质量和人们的观展体验。因此，博物馆管理人员要加强对展览技术的重视，积极引进现代化的数字技术，利用技术来优化陈展水平，给观展人员更优质的观览体验，从而鼓励更多人参与到展览活动中去，推动我国文化的传承和发展。[1]

一、传统博物馆展览的局限性

（一）展品和展览场地具有较大的局限性

1. 文物外借搬调困难

传统的博物馆是实体的，通过实际场地和馆藏物件来完成展览。许多博物馆由于馆藏资源有限，展览中可供陈列的展品较少。因此，许多博物馆会选择资源共享，共享藏品。这种方式具有较大的风险,珍贵文物在运输过程中有可能会因为保护措施不到位而导致损坏,还有许多馆藏文物由于形体较大,难以进行移动。

2.受地理环境天气影响大

许多馆藏文物的展示对周围环境有着非常严苛的要求,比如一些金属文物,展出很容易受到空气温度、湿度的影响而产生腐化变质,而字画类文物也容易因为潮湿的空气而产生变化。传统博物馆在展示这些文物时,天气和温湿度很难控制,因此不利于对外展出。[2]

(二)展品难以满足多样化的文化需求

在传统的博物馆展览中,其展览形式更多是静态的,藏品旁配上文字解释。许多观众不一定会去看文字,往往需要配上讲解员的解说才能了解文物具体的历史背景。但由于时间限制,讲解员也不会很详细地去对文物进行解说,并且许多讲解员自身文化水平有限,难以对文物进行详细解说,无法给观众提供优质的讲解服务。

此外,观众来参观博物馆的目的不同,有部分人是为了学习,还有的是兴趣爱好,有的观众只是在旅游过程中来博物馆打卡等,不同目的的参观人员,其参观的偏好也不相同。因此,传统博物馆的静态化展览方式很难满足观众多样化的文化需求。另外,由于近些年人们生活水平提高,精神文化需求不断增加,博物馆也迎来了越来越多的受众,但博物馆的观众接纳数量有限,难以长时间高饱和地接纳大量观众,讲解员的数量也很有限。这种情况下,不仅观众的参观体验会下降,文物在展出过程中的安全隐患也在不断提高。

二、数字技术应用于博物馆展览中的优势

(一)可以搭建虚拟展厅

将数字技术应用于博物馆展览中,不仅能够有效利用其技术来实现网络布展,还能丰富线上布展的效果。通过数字技术,博物馆线上布展能够搭建虚拟展厅,在虚拟展厅中规划出相应的空间,在空间中进行细致更改,通过转换展厅的背景颜色、主要基调来营造不同的气氛,再在不同的氛围中调整虚拟文物的位置,以此来达到虚拟展览的效果。[3]

(二)可以优化观展体验

通过将数字技术应用于博物馆展览中,不但能够有效控制展览预算,减少不必要的开支,还能有效确保文物的安全,避免真实文物展出时被损坏,文物不用来回调用,展览风险自然也被大大降低。同时,数字展览对于传统展览而言,是一种展览形式上的优化。通过虚拟展览方式,能够打破传统博物馆展览中的静态展示限制和地域限制,将各种类型的文物以三维渲染的模式呈现出来,展览内容丰富多样,文物的介绍信息也不会受到展板的限制。参观者能够调节方位更加详细清晰地观察展品的各个细节,相较于传统有距离感的静态展览模式而言,数字虚拟展览能够给人们带来更优质的观展体验。

(三)可以打破地域限制创建线上展览

由于互联网信息技术的发达,网民数量的增加,博物馆利用数字技术可以开创线上展览模式。观众可以不用出门,在家上网就能观览到各种展

品，了解文物信息。线上数字展览模式不仅能打破时间、空间等限制，还能促进传统博物馆的数字化建设进程，创新展览模式，使文物展出方式更具灵活性和全面性。

三、数字技术在博物馆展览中的应用

（一）网络化展览应用

数字展览的形式非常丰富，通过技术的支撑，可以实现三维、图片、视频、动画等展示方式。多种多样的展示方式能够有效满足观众多元化的观看需求，提升其观看体验。在博物馆的数字化展览模式中，通过图片来对文物进行全方位的展示和介绍，是当前最为主要的展陈方式，能够很好地满足观看者的需求。[4]

除了图片展示，还有精准的三维渲染，可以将文物转化成3D模型。观众可以通过3D模型，更加全面立体地观赏文物细节，并对文物进行转向、放大细节、对比等操作，观赏效果大大提高。通过3D模型的展示形式，观众能够更加深入地了解文物实况，也有利于传播文化。

利用数字技术来展示各种书法、字画等作品，观众可以在技术的帮助下放大图像，利用高像素、高准确度的画面来加强对作品细节的观摩，从而更全面地展示作品的魅力，促进文化的传播。

网络化的展示，并不仅仅是线下虚拟展览，还有线上展览模式。线上展览模式更类似于线上博物馆的模式，让观众在家通过各种互联网移动设备和电脑就可以上网观览各种展品，不受时间和空间的束缚和影响。

（二）复原展陈应用

复原展陈技术应用于博物馆展览中，主要是用于再现历史场景，给观众以更加浓厚的现场氛围。我国作为一个历史悠久的文明古国，不仅有着大量的物质文化遗产，还有着深厚的非物质文化遗产。虽然历史上的战争给我国文物带来了一些破坏，但当前我国数字技术发达，人们仍然能从数字化的场景还原中，领略到文物曾经的风采。[5]

1. 利用数字化实现虚拟复原

我国历史悠久，受时代变迁和环境影响，许多文物已经面目全非，失去了原本的风采，还有许多文物在战争中被破坏，不复存在。人们想要在传统博物馆中看到过往历史记载中的许多文物，已经是不可能的事情。但是通过数字化复原技术，博物馆可以将有记载和有照片的文物进行技术复原，以动画、图片或者3D模型的方式将文物重新呈现在人们面前，从而弥补历史遗憾，让人们能够更加充分而深刻地了解我国文物原貌。

2. 利用数字技术来简化博物馆工作

数字技术在博物馆工作中的应用，不仅有效弥补了传统博物馆展览的短板，也在很大程度上为文物工作者提供了便利，简化了工作流程。比如当前我国可以用计算机相关技术来协助修复文物，减轻相关文物修复人员的工作量和压力。计算机文物修复功能能够更加系统精准地帮助推算出文物原本形态，从而进行系统还原，并以数字化建模的形式重新呈现出文物模样，最终实现文物复原。这在很大程度上减轻了文物修复人员的工作量，人员可以通过计算机上呈现的二次建模效果图来进行复原工作，无须再额外耗费时间精力去推算文物的原样。

3.利用互动技术提高展览参与感

博物馆肩负着文化传承的社会责任，因此需要具备较强的互动性，确保进入馆内参观的人员能够在互动中享受博物馆的服务，提高对文物的认知和理解。但大多数博物馆的展览都具有一定的单向性，观众自发地去观看展品，静静欣赏品味，不需要有人与其互动。也有一部分观众会喜欢在观展的过程中，有人在旁边介绍、解释，让他们在观展过程中对展品有更多的了解。[6]

为此，博物馆可以利用互动技术来调整观众的观展模式，让观众能够在"观看展览"和"体验展览"中自行选择。"观看展览"主要是通过静态的观展方式让观众自行观看。这里主要介绍"体验展览"模式。

通过科学技术，博物馆可以设计"体验展览"模式，让参观者能够在观展过程中，体验到更多智能讲解、互动环节。比如通过虚拟技术复原文物创作时的场景、人物以及故事，让枯燥晦涩的历史讲解变成生动立体的动态展示和体验，让观众能够更身临其境地体验展品背后的历史故事，从而提高观众的互动感和参与感。

（三）智能导览技术的应用

除了以上几种技术应用，博物馆在展览中还融入了智能导览技术。对于一些规模较大的博物馆展览而言，其展品数量较多，因而展览场地规模也很大，并且博物馆场地构造存在一定的复杂性，对于不熟悉博物馆构造的观众而言，很容易迷失在博物馆中，很容易重复观览一片区域，探索不够彻底。因此，博物馆应用智能导览技术帮观众进行导航，确保其能够更加高效而全面地参观博物馆中的各种展品。

比如利用信息技术准确找到观众所在位置，根据其进馆后的浏览路线，智能生成最佳的浏览路径，确保观众不会在馆内迷路或者重复参观。观众想要返回观看某一文物时，也可以利用移动设备来输入文物关键字，从而准确找到文物展品的位置，规划路线，为观众进行导航。

观众还可以通过在移动设备上登录博物馆的公众号，输入相应的文物编号，设备上显示出文物详细的资料。观众可以根据自身的需求去选择自行阅读文物资料或是语音播报。通过智能化的导览技术，博物馆能更好地发挥文化宣传和文化教育的职能，将文物中包含的文化精神内涵传达给观众。同时，智能导览技术还能对播报语言进行切换，不同国家的人来我国博物馆参观展览，都能切换语言来体验更智能化的导览服务。[7]

（四）增强现实技术在展览中的应用

增强现实技术主要是用于实体博物馆的展览中，其技术的核心是数字技术，利用技术形成仿真的触觉、听觉以及视觉呈现，让用户通过VR等设备与虚拟世界中的一些物体进行互动，通过虚拟物体与现实世界的交融，从而产生更逼真的虚拟效果，让参观者能够更加真实地感受文物艺术作品的魅力。

（五）多点触控技术在展览中的应用

多点触控技术主要用于触碰中，参观者可以通过触碰墙壁、桌面以及显示器，呈现出相应的效果。具体而言，其技术原理主要是在可触碰区域设置了大量的红外光源、光学感应器，通过在屏幕周围设置红外发射管和接收管，不同位置的接收管和触屏表面存在一一对应关系，当人们触碰画面时，阻挡了红外线的接收和反射，相关设备就会捕捉到反射的光线，从而将其传到计算机上，计算机再针对其位置做出相应的处理。这一过程非常迅速，因此人们触碰到虚拟仿真文物表面时，物体表面会产生相应的反应和波动，从而提高触控的真实触感，给观众以更加逼真的体验。

（六）巨幕投影技术在展览中的应用

巨幕投影技术应用于博物馆展览中，通常是搭建通道显示。人们可以在长长的通道中全方位地观看到各种动态展示效果，从而增加身临其境的感觉。将巨幕投影技术应用于展览中，通常是利用多个投影系统来组成较宽大的视觉表现系统，从而使其能够显示出更多的画面。在应用这一技术时，还需要配合使用边缘融合技术。因为巨大的投影效果呈现需要几个不同展板和系统合作完成，为了保证画面的连贯性和完整性，需要使用边缘融合技术，确保不同展板之间的画面衔接完整，色彩和亮度以及画面节奏保持一致。[8]

四、结语

综上所述，数字技术的发展速度在不断加快，其技术也在发展中不断优化，性能和应用方式也在不断被开发。数字技术在博物馆展览中的应用有效弥补了传统博物馆的短板，提高了文物展览的效果和质量，促进了文化的传播。因此，相关人员必须充分重视数字技术与博物馆展览的结合，不断深入研究数字技术在展览中的应用方式，丰富展览活动的效果，从而确保博物馆的社会职能得到更好地发挥。

---

[1] 曹昕彤. 历史主题性博物馆展陈空间氛围设计分析——以瑷珲历史陈列馆为例[J]. 东方收藏, 2022（1）.

[2] 张茬坤, 田甜. 构建博物馆数字沉浸式展览的研究与实践——以"运河上的舟楫"展览为例[J]. 中国博物馆, 2022（1）.

[3] 宋海霞. 浅谈博物馆智慧化互动平台的建设——以二里头夏都遗址博物馆为例[J]. 文物鉴定与鉴赏, 2022（2）.

[4] 王晓丽. 数字化展示在博物馆的应用和研究——以山西博物院为例[J]. 文物鉴定与鉴赏, 2020（22）.

[5] 闫升, 刘芳, 孙岱萌, 李华飘. 博物馆基于人工智能的甲骨文知识普及与活化传承[J]. 中国博物馆, 2021（3）.

[6] 刘文涛. 从分众传播的角度思考博物馆展览——以南京博物院的展览实践为例[J]. 中国博物馆, 2019（4）.

[7] 华心赟. 博物馆节庆展览中的数字化展陈设计原则初探——以《贺岁迎祥——紫禁城里过大年》展览为例[J]. 设计, 2020（13）.

[8] 齐宇清. 应用型人才培养模式下运用新媒体技术提升高校博物馆的核心价值——以北京联合大学手工艺博物馆为例[J]. 北京联合大学学报, 2020（4）.

基于Web3.0时代公众考古活动的数字化探索

谢娅明
重庆师范大学

摘要：从Web1.0时代到Web3.0时代，中国早已从网络化迈入数字化。随着数字化的到来，个性化、信息整合、融合型媒介、虚拟文化成为媒介传播前沿，也为各学科的推进注入新一轮技术支持。公众考古作为一个既年轻又古老的研究学科，如何生存于Web3.0时代之下并借助媒介浪潮激发其更深层次的传播活力，是现阶段公众考古学科面临的考验。

关键词：Web3.0时代；公众考古；云考古；虚拟数字人；数字藏品

高蒙河对公众考古这样定义："公众考古展示以向公众展示传播考古成果为特征，通过知识性、趣味性、体验性、沉浸性等手段，讲述考古故事，普及考古知识，传播考古思想。"在此基础上其将中国公众考古分为三个阶段：20世纪20年代为即时向公众展示最新发现的肇始期；20世纪50年代为公众考古从自发走向自觉的发展期；21世纪以来公众考古为向文化遗产保护和利用方面拓展的繁荣期。[1] 根据不同发展时期的特点，公众考古相应产生了不同的实践活动，姚伟钧、张国超的《中国公众考古基本模式论略》中，把中国公众考古的活动归纳为参观考古现场、模拟考古、科普考古图书、直播考古四种模式，其认为参观考古现场是基本形式。[2] 姚庆、张童心《"十三五"规划时期科技产业创新发展——以文化遗产保护与公众考古交叉关系为例》中，认为公众考古分为五种模式：走进考古发掘现场，近距离接触文化遗产；参与体验考古模拟现场；扩大宣传渠道，普及文化遗产知识，以此提高公众的保护意识；公众考古学走进高校，实现思想理论创新；政府行为建立文化遗产保护平台，鼓励公众参与。[3] 此外，马启辰在《公众考古活动的分类与传播策略》之中把公众考古活动分为，其一针对青少年和普通大众的普及型公众考古活动，主要活动形式为参观考古发掘现场；其二是针对对考古学有一定了解和兴趣的学生、高学历群体的文化型公众考古活动，主要活动形式为周末讲座、遗址考察等；其三为针对高校学生和与考古学相关的专业研究人员的准专业型公众考古活动，活动具体形式为参加田野发掘、开设专业考古课程。[4]尽管众多学者对公众考古活动划分的依据都不尽相同，但也不难看出目前公认的公众考古活动大致可分为两类：一类是对考古发掘过程的展示，与之相关的活动有组织现场参观、直播考古；另一类是对考古结果的阐释，如出版科普考古书籍、博物馆展览、设立遗址博物馆。

2021年扎克伯格宣布将公司名称改为元 (Meta)，意味着Web3.0时代又迈入了一个新纪元，即元宇宙时代。向元宇宙时代转型过程中产生了一系列以虚拟为中心的机制，如区块链、NFT、数字人、全息影像等。[5]虽然很多学者对于元宇宙的未来抱有不同意见，但不可否认的是虚拟化在不同领域渗透速度相当迅速，这其中也包括公众考古。数字化其实一直以来也是考古文博领域探讨的热点话题，2013年中国首个虚拟考古体验馆在四川成都正式开馆。2016年其在原来"探秘安丙墓"的基础上升级增添"万源马三品墓"和"高县半边寺摩崖石刻"，3.0版本又升级了高清投影成像技术，增设江口沉银纪录片，还有四川省目前最大水电开发工程向家坝水电站的文物抢救保护成果VR系统体验，以及观众可以亲自动手复原文物等游戏。无论是田野考古中运用的数字扫描、测绘，文化遗产中数字建模以及博物馆各类数字化展览、文物数字化信息管理，它们都在用数字化书写新篇章。陈胜前在《考古学如何重建过去的思考》中曾言："我们要重建什么样的过去，这样的需求并不来自过去，而来自研究者所处的时代。"[6]Web3.0时代最主要的关键词是"沉浸式体验"，公众考古也围绕两个关键词展开，即"交流"和"阐释"。那么在Web3.0时代公众考古活动又应该如何运用数字化给予观众沉浸式体验而达到交流与阐释考古学成果的目的，本文将以云考古、虚拟数字人、数字藏品为例加以简述。

一、Web3.0时代公众考古数字化活动案例

（一）云考古

"云"最初是一个计算机领域概念，因2020年新冠肺炎疫情暴发后观众线下活动受到极大的限制，此时基于网络支持的各种云活动便相继而出。考古文博领域较为流行的云活动有：云看展、博物馆云体验、云讲座、云评选以及云考古。起初各单位并没有将云直播当成一项日常业务来运作，大多抱有尝试态度去实施，真正让云考古成为公众考古实践新形式的事件是2021年中央电视台直播三星堆新发现祭祀坑考古发掘现场，这次直播线上累计播放量过亿，在全国乃至世界范围内都引起了轩然大波。在直播设备上，其采用了索道摄像机、全坑扫描技术、超景深三维视频显微镜、探入式鱼竿摄像机系统、4k微型摄像机等多种新设备新技术，摄像机像素能达到三亿以上以至于坑内铜丝、牙雕纹饰都能清晰地传达到直播间画面中。除此之外，此次直播还分为A、B两个直播系统，A系统为直播考古发掘现场，B系统为专家学者及时解读发掘成果平台。这一点可以说是比以往公众考古实践活动有了明显的进步，在以往的线下参观考古或

者博物馆对考古成果展陈中，涉及对考古现场的保护、不能打扰到工作人员发掘工作等因素，面向公众的参与名额非常有限，同时专业的讲解人员也有限，公众需要具备一定的学科基础或者观看现场提前准备的文字介绍，最终观众参与的可能只是一场因对考古工作的好奇心引发的走马观花式活动。反观三星堆云考古直播，首先，在已有设备支持下，公众通过这种形式及时关注到考古发掘进程，揭开了考古工作神秘的面纱，打破了类似于"三星堆是外星人""三星堆不来自中国"等传言。其次，云考古不存在现场参观与打扰发掘工作之间的矛盾，甚至增强了考古人员工作的自豪感和责任感。最后，云考古不仅给公众极强的参与感，世界各地的学者也可以同步关注并探讨新的发掘结果。全流程、全场景、伴随式记录的云考古做到了公众考古要求的"交流"与"阐释"。

（二）虚拟数字人

据量子位智库发布的《虚拟数字人深度产业报告》预测，2030年，我国虚拟数字人整体市场规模将达到2700亿元。其中，身份型虚拟数字人（多用于社交、娱乐）将占据主导地位，约1750亿元，服务型虚拟数字人（以功能性为主，替代真人服务）总规模超过950亿元。[7] 2022年国际博物馆日，国内首个文博虚拟宣推官"文夭夭"正式入职中国文物交流中心。"文夭夭"取名自《诗经·周南·桃夭》"桃之夭夭，灼灼其华"，外形为一个传统元素与现代元素结合的"唐风少女"。其是由中国文物交流中心与百度智能云、极幕科技联合打造的综合计算机图形学、动作捕捉、语音合成、深度学习技术并具有人类表演能力、人类交互能力等多重特征的虚拟数字人。入职中国文物交流中心以后，"文夭夭"将以多个"数字人分身"同时服务浙江省博物馆、山东博物馆、四川博物院等数十家博物馆，可承担导览、讲解、主持对话、直播等功能，还将跟随国家级展览奔赴海外出访交流。继"文夭夭"之后，敦煌研究院取材于敦煌壁画的虚拟人"伽瑶"形象故事也已经生成，将通过直播的形式上线与网友互动。与传统的线下人工讲解员不同的是，虚拟数字人不受时空限制并且通过人脑记忆的AI技术训练不断升级文物知识库，对于各类展陈内容、文物性质、历史知识、考古信息无需培训即可直接上岗。

众所周知，博物馆是考古成果阐释和考古内容交流的主要场所，从考古发现展览到遗址类博物馆再到考古博物馆，公众的视线逐渐由考古发掘结果转移到考古学科本身。博物馆对考古阐释专业化要求越高，对于专业工作人员的需求也越大，考古学科内容讲解也并非简单的电子导览能够概括完整，因而虚拟数字人的诞生无疑为讲解这一业务找到了更好的解决方案。一方面其能够快速将新知识与已有知识整合，从而更新完善知识链，在与公众交互的过程中有依据、有条理地为公众普及专业内容并及时沟通解答；另一方面其不受时空限制，在网络平台可以实现无限传播，低延时、融合型传播形式大大拓宽了考古知识传播的范围。

（三）文物数字藏品

2022年国际博物馆日之际，除国内首个文博虚拟宣推官入职，秦陵博物院与人民网联合发行了"博古通今 数字秦俑"国际博物馆日数字藏品。数字藏品近年来在国内外异常火热，更多时候其被称为NFT（Non-Fungible Token，非同质化代币）。2021年被学界定义为NFT元年，其发端有两个，一是艺术家Beeple通过佳士得拍卖行以6900万美元出售了他的数字艺术作品——《每一天：最初的5000天》；二是Twitter CEO Jack DorSey 2006年发布的第一条推特以300万美元的价格出售。[8]自从NFT从艺术领域发端，这个以区块链为依托的NFT一夜之间成了所有行业趋之若鹜的"新宠"。

在考古文博行业领域，NFT被称为数字藏品，数字藏品的爆发式增长最大契机来源于中国拥有庞大的文化遗产体系。目前与博物馆、文化遗产保护单位等合作开发文物数字藏品的第三方平台相当之多，以鲸探App为例，其前身为支付宝中小程序蚂蚁链粉丝粒，现已升级为数字藏品交易平台，进入此App内即可查看到所有预售及发售完毕的藏品。已经上线的数字藏品种类极其多样，包括按照文物原型等比例还原的3D数字文物、文物IP授权二次创作的数字藏品、难以被公众注意到的非遗文化、各类被记录的声音、影片等，几乎一切具有纪念价值的物品都可以被生成数字藏品，也就是说将来考古发掘出的成果、考古发掘的过程，只要是可以生成数字化的材料，都可以成为数字藏品以供公众查阅收藏。

文物数字藏品对公众具有吸引力主要有以下原因：其一，实体文物价值具有不可替代性，数字文物却解决了数量、保存等一系列困扰，不论是在博物馆展出的还是库房中未曾展出的藏品，都可以通过数字化的方式生成数字藏品，让公众成为"国宝守护人"中的一员；其二，文物数字藏品的价格低廉，公众获取成本低，然而每件藏品发行量少且需要抢购，这样一来每件数字藏品只有部分公众能够获得收藏凭证，而此通行证在区块链上拥有唯一编码；其三，鲸探App开发了一项用户自主创建博物馆的页面，即藏家可以利用已有藏品自主生成个人理想的博物馆和展览，藏品数量达到15件以上还可以解锁3D博物馆。个性化是Web3.0时代的中心议题，从主观上看，为公众开放自主陈设展览的线上平台无疑让其享有策展人一般的直接体验，从客观上看，公众设计的博物馆会反映出其对藏品的认知程度、对展陈方式的喜好等，从而为以后专业的展陈工作提供参考。

二、Web3.0时代公众考古活动数字化发展建议

除以上提到的几类活动案例，还有各类VR、AR、XR、MR等虚拟技术支持下的虚拟考古体验、虚拟策展体验、虚拟文物修复体验等一系列基于数字化的公众活动，这些活动都有一个共同特征，即重实践轻理论。例如NFT此类新兴概念从提出到实践不过短短一年而已，转瞬之间便成了全行业的风向标；数字藏品虽然在其概念上换了一种称谓，看起来各大平台如火如荼地进行着藏品开发，然而并未形成一套完整的机制；数字藏品的价值如何定义、数字藏品能否流通、谁拥有藏品开发权还没有定论，甚至连最核心的问题也就是其出发点是为考古文博行业服务，还是为金融行业服务，还混淆不清。目前而言，Web3.0时代公众考古活

动数字化存在的问题主要有三点：一是数字化需要多种综合技术支撑；二是没有权威的监管机构；三是受到商业因素影响过重。

（一）公众分层对话

根据公众对考古学认知程度不同，可将公众分为五类：分别是对考古并不了解单纯好奇的好奇型公众；对考古学有些许认识的文化型公众；对考古非常关注的专业型公众；以学生为主的研学型公众；与工作人员一起参与日常工作的志愿者型公众。[9] 公众考古实际是考古知识向一般学术知识转换，一般知识向文化层面转换。[10] 在设计活动之前应先考虑到不同观众对内容接受能力的差异，如2021年三星堆考古发掘，前后进行了发掘现场直播、邀请专家解读、探访文保场地、关注工作人员背后、打造全民性话题热度等活动，既有一般公众看得懂、能参与的线上活动，又充分向一直关心发掘进程的各方专业人员提供交流机会，这样一场持续时间长、涵盖范围广，几乎是全民共同关注参与的考古事件让考古与公众连接，让考古成果转化为社会知识，使学术研究最终发挥社会价值。

（二）建立专业学者和公众之间的沟通机制

公众考古的意义不只是在于叙述过去发生了什么，抛开科研、保护、展览这些问题，公众考古最终要落实到"传承"上，文化传承的主体恰恰就是广大公众。Web3.0时代另一个重要议题是去中心化，这意味着技术革新改变了公众对媒介的使用习惯，公众可以根据个人认知在网络媒介上自发生产、讨论、分享考古相关内容。公众自主广泛分享固然是对考古学认可的良性互动，同时上文也提到，公众的文化水平、对考古学认知程度是深浅不一的，从微博、公众号、哔哩哔哩等各种平台关于考古学内容的发言来看，公众表现多呈现为带话题的"蹭热度"行为，一些并没有系统学习过考古知识也没有参与一手发掘的博主通过话题引入，加上自我解释的方式来博得公众的注意，与此恰恰相反的是这些平台中专家学者的数量屈指可数。既然数字化是公众考古活动传播的必然趋势，首先应该解决以下几个问题，即：公众从哪里可以获取最新的考古学信息；谁有对专业考古学内容的绝对发言权；公众可以通过什么样的线上途径验证所获得内容的正确性。正如科林·伦福儒所说："考古学家有责任向自己的同行及公众解释我们在做些什么，为什么要这么做。"[11] 因此建立具有影响力且权威的专业学者与公众之间的沟通机制是Web3.0时代公众考古活动良性传播的有效途径。

（三）线上线下融合联动

近日，中共中央办公厅、国务院办公厅印发的《关于推进实施国家文化数字化战略的意见》提出，要发展数字化文化消费新场景，大力发展线上线下一体化、在线在场相结合的数字化文化新体验。[12] 数字化提倡沉浸式体验，文化也重在体验，受疫情影响，多种线下表演的艺术表现形式不断走向线上平台。以往考古研究成果都是转化为线下展览的方式，现在越来越要求用更丰富的线上形式更清晰、通俗、快速地传达研究成果，这些数字化文化资源长期积累可形成公众文化云系统。考古学承担着发掘、传承中华文明的重担，其更应该与新闻、电影电视、旅游、网络等不同领域的文化资源联合，丰富中华文明的当代表达，全景式呈现文明探寻成果。

三、小结

苏秉琦先生曾言："考古是人民的事业。"[13] 回顾中国公众考古的发展，似乎学者们公认的是，专业人员对考古学科进入公众视角的愿景大于公众对于考古的了解意愿。但各类线上平台映射的结果其实是公众对于考古学科的探索欲望增长过快，以至于没有相对权威、相对全面的平台来为公众解惑，更不用说主动引导公众进一步自主学习。在媒介转换如此频繁的时代，公众考古迎来的是机遇与挑战并存，考古相关单位及行业内专业人士有义务、有责任带领公众一起推动公众考古数字化的发展进程。

---

[1] 杨颖，高蒙河. 中国公众考古展示的实践历程[J]. 南方文物，2021（2）.

[2] 姚伟钧，张国超. 中国公众考古基本模式论略[J]. 浙江学刊，2011（1）.

[3] 姚庆，张童心. "十三五"规划时期科技产业创新发展——以文化遗产保护与公众考古交叉关系为例[J]. 理论界，2016（2）.

[4] 马启辰. 公众考古活动的分类与传播策略[J]. 文博，2015（2）.

[5] 张建中，西奥·坦尼斯. 2022年数字技术发展的六大趋势[J]. 青年记者，2022（3）.

[6] 陈胜前. 考古学如何重建过去的思考[J]. 南方文物，2020（6）.

[7] 12张PPT看懂中国虚拟数字人产业现状：应用不止于虚拟偶像，2030年市场达2700亿[EB/OL]. https：//mp.weixin.qq.com/s/aVYocNzFo8dzM6tI3UcL9A, 2021-8-31.

[8] 郭全中. NFT及其未来[J]. 新闻爱好者，2021（11）.

[9] 康予虎，甘甜，吕峰. 考古发掘现场的公众考古活动机制探析[J]. 中国文化遗产，2022（2）.

[10] 乔玉. 互联网时代公众考古传播的探索与实践[J]. 公众考古学，2020（1）.

[11] 科林·伦福儒，保罗·巴恩著，中国社会科学院考古研究所译. 考古学：理论、方法与实践[M]. 北京：文物出版社，2004.

[12] 中共中央办公厅，国务院办公厅. 关于推进实施国家文化数字化战略的意见[Z]. 2022-5-22.

[13] 苏秉琦. 中国文明起源新探[M]. 北京：生活·读书·新知三联书店，1999.

我国中小型博物馆发展困境与未来探微

娄森浩　梁昕月
中山大学历史学系

摘要：近年来，我国博物馆事业在快速发展的同时，博物馆两极分化的问题逐渐暴露。如何推动中小型博物馆"内涵式"发展，充分发挥中小型博物馆的社会功能，成为博物馆人的当务之急。本文试通过分析市县级中小型博物馆目前面临的问题和困境，结合国内博物馆优秀案例，从完善馆舍建设、立足地区文化、加强馆际合作、馆校合作和数字化建设五个方面，为中小型博物馆未来发展建言献策。

关键词：中小型博物馆；地区文化传承；馆际合作；馆校合作；数字化

近些年，在国家各部门政策的大力支持下，我国博物馆建设获得了显著发展，在场馆建设、文物保护、藏品研究、陈列展览、公共服务等方面均取得了巨大成就。随着社会对博物馆的关注度不断提高，其在社会经济文化发展中的作用也不断增强，各地博物馆联盟和"博物馆之城"建设方兴未艾。国家文物局发布数据显示：截至2021年年底，全国登记备案的博物馆数量达到6183家，排名全球前列。全国博物馆举办展览3.6万个，教育活动32.3万场。策划推出3000余个线上展览、1万余场线上教育活动，网络总浏览量超过41亿人次。[1]然而，在博物馆事业快速发展的同时，博物馆两极分化的问题也逐渐显露。博物馆发展不平衡、不充分的矛盾仍然存在，行业结构、布局不够合理，整体发展不全面、不均衡，特别是中小型博物馆在发展定位、体系布局、功能发挥等方面薄弱，制约了博物馆行业总体发展水平和社会贡献率的提高。[2]

2021年国家颁布的《关于推进博物馆改革发展的指导意见》和《"十四五"文物保护和科技创新规划》明确提出不断推进博物馆改革发展，实施中小博物馆提升计划，加强机制创新，有效盘活基层博物馆资源，为中小型博物馆加快发展，跟上时代步伐提供了政策保障。[3]因此，如何推动中小型博物馆"内涵式"发展，充分发挥中小型博物馆的社会功能，成为博物馆人的当务之急。本文拟通过分析市县级中小型博物馆目前面临的问题和困境，结合国内博物馆优秀案例，为市县级中小型博物馆未来发展建言献策。

一、中小型博物馆面临的问题与困境

随着国家综合国力的增强，发展理念不断创新，国家越来越重视文化产业和文化事业的发展，我国博物馆发展进入黄金时期。然而，由于历史遗留问题以及条件所限，中小型博物馆的发展仍然存在着诸多问题。

（一）馆舍落后、布局不合理

博物馆作为社会公共文化服务机构，肩负着藏品保存、陈列展览、学术研究和文化教育等重要职能，其设计和建造应集实用性和艺术性于一体，与城市街道、公园、广场等融为一体，相辅相成，成为一个地区独特的象征。

目前，我国大部分市县级中小型博物馆仍在使用旧有馆舍。由于历史上部分地区经济条件有限、地方政府重视不足、发展观念落后等原因，导致中小型博物馆馆舍落后，无法满足博物馆展陈的特殊要求。早期博物馆建设，仅将其看作一个单独的文化机构，孤立存在于城市之中，没有将之放置于本地区文旅事业整体布局中考量。以粤西某县级博物馆为例，该县博物馆位于县城某大院角落的四层楼房之中，常设展览仅占一个展厅，以展板的形式展示该地区近代历史。另一展厅大部分时间处于关闭状态，用于展出该地出土的古代文物。该县博物馆不仅馆内基础设施条件差，无法满足珍贵文物的展陈条件，所处位置也较为偏僻，给观众参观带来不便，难以对观众产生吸引力。这种情况目前在很多市县级博物馆中仍是普遍现象。

（二）博物馆专业人才短缺

当前中小型博物馆普遍存在学术研究、展陈设计、公共教育等方面能力不足的现象，专业人才队伍整体水平不高，呈现出管理体制薄弱，专业人才数量少、层次低、能力弱、流失快等问题。[4]

究其原因，主要有三。其一是我国市县级中小型博物馆为事业单位，在整体文化事业单位编制不足的背景下，分配至博物馆的编制数量则少之又少，造成博物馆专业人才数量短缺的局面。其二是目前市县级博物馆人员的主力军仍是老一辈文博工作者，新鲜血液较少。我国专业性文博教育起步于20世纪八九十年代，真正繁荣于21世纪初。老一辈文博工作者没有接受过系统的专业性文博知识和技能训练，大多是从图书馆、档案馆等其他文化事业单位流动至博物馆的人员，仅在工作中接受过短期、零散的培训，面对当下新式博物馆理念和要求，呈现出层次低、专业能力弱的问题。其三是招人难和留人难的问题。大多中小型博物馆基础条件有限、工资待遇不高、激励机制不足，导致对新生代专业人才吸引力有限；编制不足又意味着博物馆无法大规模招聘专业人才，吸引的少量新生代专业人才难以在日常工作中形成有效的学术研究和交流氛围。

（三）博物馆展陈观念落后，数量匮乏，创新不足

我国大多数中小型博物馆展陈观念落后，没有适应新博物馆学运动影响下由"以物为中心"向"以人为中心"的策展理念的转变。展陈形式单一，展览缺少和博物馆观众的有益互动，趣味性不足，使观众与展品难以产生共鸣，无法有效地满足博物馆观众更高层次的精神文化需求。加之中小型博物馆藏品资源有限，文物资源活化利用程度低，展览数量匮乏，很多中小型博物馆甚至常年不更换展览。在展览数量不足的状况下，

更是难以推出具有吸引力的高质量展览。后疫情时代的背景下，则暴露出了中小型博物馆领域存在的系统性缺陷，如博物馆技能和数字知识缺乏。[5]数字技术应用的不足，影响了中小型博物馆展陈的创新性和公共服务的水平，使得中小型博物馆对观众的吸引力下降。

二、解决措施

正是因为中小型博物馆存在诸多问题，所以才出现在我国大型博物馆"一票难求"，中小型博物馆"门可罗雀"的现象，博物馆的观众流量呈现出两极分化的局面。深究原因，大型博物馆与中小型博物馆对博物馆观众的吸引力具有天壤之别。想要改变此种局面，应从提高中小型博物馆的吸引力入手，努力提升其影响力，使博物馆"量"的增长与"质"的提高协同发展，最终实现博物馆行业总体发展水平的提高。

（一）完善博物馆基础设施，优化博物馆布局，推动文旅融合发展

基础设施是博物馆开展各项工作的先决条件之一。基础设施的完善与否，不仅关系到藏品保存环境和展陈效果的优劣，还直接影响博物馆公共服务质量的高低。在新馆建设短期难以实现的情况下，中小型博物馆应当根据本馆实际情况，制订详细规划，完善基础设施建设，提升公共服务水平。如优化基本陈列、升级展览形式、完善针对特殊人群的服务和配套设施、增加语音导览系统等措施。2021年成都武侯祠博物馆"明良千古——刘备与诸葛亮君臣合展"完成维护升级，升级后的展厅实现博物馆古典建筑、景观设计与展陈空间的深层融合，增添了场景式体验和多媒体技术，为观众营造了更加愉悦和亲切的观展氛围。[6]

2022年3月文旅部等六部门联合印发的《关于推动文化产业赋能乡村振兴的意见》，鼓励兴办特色书店、剧场、博物馆、美术馆、图书馆、文创馆。[7]在国家各部门的大力支持下，中小型博物馆将迎来新馆建设的高潮。作为大型民生工程，博物馆馆舍建设应当科学规划，优化布局，结合地区文旅资源优势，彰显地区文化特色。首先，博物馆选址应当交通便利，以便观众参观。其次，作为文化服务机构，博物馆馆舍外观应当体现地区文化特色，符合当地文化内涵。在内部空间上，博物馆不仅要满足当前展陈的实际要求，也应当考虑博物馆未来展陈和拓展其他业务的需求。再次，发挥博物馆的社会文化效益，与当地图书馆、美术馆、科技馆、剧场、特色书店、公园等公共空间相结合，打造市民休闲和城市公共文化集群。如厦门市博物馆新馆与当地图书馆、科技馆、艺术馆、演艺中心、电影城等共同构成厦门文化艺术中心，形成了集文化、休闲、旅游为一体的公共文化集群。最后，以文塑旅、以旅彰文，将博物馆与地区旅游资源有机结合，打造文化旅游产业链。将博物馆的社会功能和旅游的经济效益充分结合，用旅游的经济效益促进博物馆的发展和当地文化的传承，实现文旅融合发展。

（二）立足当地文化传承，发掘地区文化特色，提升展览独特性和吸引力

城市博物馆是保存城市记忆、发扬城市文化的理想文化机构。[8]作为城市记忆的容器，其负有系统搜集、保存城市记忆载体，并进行整理、研究和传播的使命。[9]作为城市博物馆的代表，

市县级博物馆的主要目标观众为辖区内的居民和体验本地特色文化的游客,其应在城市记忆的保持、特色形象展示、乡土情结维系、文化身份认同、生态环境建设等方面彰显其重要价值。[10]因此博物馆应该立足于地区文化传承,深挖本地文化特色,以人为本,将地区文化特色融入博物馆展览之中,以展览的独特性提升展览的吸引力。

首先,中小型博物馆应当注重对反映地区特色文化的文物、传统建筑以及考古遗迹的收集、保存、研究与展示。深入挖掘藏品、传统建筑以及考古遗存的内涵,梳理出藏品与藏品、藏品与本地居民、藏品与地区文化之间的关系,以微观的叙事和细腻的展示形式,补充宏大叙事所缺少的"温度",激发观众的情感共鸣[11],用以唤醒观众的城市记忆和乡土情结,增强观众的自我认同和文化认同。如洛阳博物馆"新·乡土志"系列展之一——"上洛"展以"乡土"为核心,选取洛阳出土文物、牡丹绘画作品和代表洛阳现代工业的拖拉机模型等88件展品,唤起大家对"故乡""异乡""他乡"的思考。秉持"开放博物馆"的理念,展览的最后设置"安乐窝"开放性空间,由观众自主创造、自主设计,描绘自己对家乡文化的记忆。[12]奉化博物馆"山海交响——奉化历史文明展",通过改造奉化热电厂工业遗存切入布展,用文物、文献、历史遗存的组合,重点叙述最具奉化地域特色的历史时段和文化特征,如浙东诗路、南宋石刻、越窑青瓷、宁波商帮与政要代表的镜像展示等,构建了一部奉化历史立体教科书,全面再现奉化的演变历程,使当地居民找到了情感归属。[13]

其次,中小型博物馆应当注重对地区传统节日习俗与特色艺术形式等非物质文化的研究、展示和宣传。博物馆可结合传统节日习俗,节假日期间在馆内进行特色习俗与庆祝仪式、传统戏曲、舞蹈、非遗技艺等展示,吸引当地居民参加。博物馆亦可借此机会让本地居民参与到博物馆的非核心业务,增强与本地居民的互动,拉近民众与博物馆的距离。吴文化博物馆推出"博物馆演绎"活动,在展览中为观众提供音乐、舞蹈、诗歌、戏剧、影像等不同形式的表演和体验活动,打破博物馆静态展示为主的呈现形态,吸引更多的观众进入博物馆的空间。[14]钦州博物馆每年在"文化和自然遗产日"举办盛大的"千年坭兴陶文化艺术节"系列活动,包含窑工拜师仪式、钦江古龙窑火祭仪式、钦江古龙窑开窑仪式等,全面传承和弘扬坭兴陶文化,展示钦州非遗文化与现代生活融合发展的成果。中小型博物馆应当跳出博物馆收藏和展示的传统认知框架,不断挖掘内在的文化驱动力,在持续变化的社会需求中重塑其形象和功能[15],真正做到弘扬地区特色文化、展示地区文明,与本地居民产生情感共鸣,增强其对本地文化的自信心和身份的认同感。

(三)加强馆际合作,促进优势互补,推动博物馆共同发展

鉴于中小型博物馆馆藏资源不足和人才短缺的局面,加强馆际间合作是走出困境的有效措施。大型博物馆具有馆藏资源丰富、专业人才齐全、策展能力强等优势,能够在藏品保护、展览陈列、人才培养等诸多方面为中小型博物馆提供帮助和指导。

在展览交流方面,首先可以采取联合办展的形式,以弥补中小型博物馆馆藏资源的不足。中小型博物馆馆藏资源有限,仅依托本馆藏品资源有时难以支撑整个展览。开展馆际合作,可以整合各馆藏品资源，共同举办展览，优势互补，达成合作共赢的发展目标。如东莞市博物馆（以下简称"莞博"）、法门寺博物馆、宝鸡青铜器博物院共同承办的"大唐宝藏——法门寺地宫文物精粹特展"于2022年6月在莞博拉开帷幕，共展示法门寺博物馆与宝鸡青铜器博物院精美展品60件。莞博将唐鎏金双蛾团花纹银香囊和唐鎏金鸿雁纹银茶碾置于独立展柜中，深入挖掘展品所反映的唐代茶文化与香文化，与东莞的"茶文化名城""莞香文化"文化符号相契合，无形之中架起一座让东莞观众理解唐代生活的桥梁，发现唐文化的审美与趣味所在。而且此展览是法门寺地宫文物首次大规模来到广东展出，是莞博推出的"东莞品质文化之都·大美中华文明"特展之一。借助这一特展对观众的吸引力，莞博提升了本馆的影响力，将馆藏文物与展览相融合，用联合发展的概念激活自身，打造莞博开放包容的文化IP。[16]其次，大型博物馆展览资源丰富、展陈更新频率快，中小型博物馆可以积极引进优秀临时展览，弥补本馆展览和吸引力的不足，以达成资源和服务共享的协作模式。

在人才交流方面，人才队伍建设与培养是博物馆重要业务工作之一，也是其提高展览质量与服务水平的重要保障。加强馆际交流与合作，开展专业人才再教育，有利于打造实践与理论并重的创新型专业人才队伍。如中小型博物馆可以派出馆内专业人才到其他博物馆访问交流、开展短期培训或挂职锻炼，与其他博物馆专业人才相互交流，以开阔眼界，丰富策展经验，提升专业能力与素质。另外，博物馆可以邀请其他文博单位的专业人才来馆开展专题讲座，针对本馆业务团队工作中的问题做专门性指导，从而提高本馆人才队伍的业务能力和素养。

加强馆际合作，促进各馆优势互补和藏品开发，提高文物资源的活化利用，推动博物馆行业共同发展，是目前博物馆事业发展的大势所趋。除展览交流与人才培养，博物馆可以在藏品保护、修复与研究以及文创产品开发等方面开展业务交流与合作。他山之石，可以攻玉，利用其他博物馆的先进技术和经验，全面提升中小型博物馆的业务水平和公共服务能力。

（四）加强馆校合作，推动社会联动，强化中小型博物馆社会教育职能发挥

博物馆作为公共文化服务的核心机构之一，社会服务与教育的作用日益凸显。自20世纪末以来，社会教育逐渐转变为博物馆的核心业务之一。2021年我国颁布的《关于推进博物馆改革发展的指导意见》（简称《意见》）和《"十四五"文物保护和科技创新规划》（简称《规划》），为中小型博物馆开展馆校合作提供了有力的政策保障与方向指引。《意见》与《规划》中强调博物馆深化与高等院校、科研院所合作，制定博物馆教育服务标准，丰富博物馆教育课程体系，为大中小学生利用博物馆学习提供有力支撑，共建教育项目库，支持博物馆参与学生研学实践活动，促使博物馆成为学生研学实践的重要载体。[17]由此可见，中小型博物馆开展馆校合作主要可分为三个方面：

一是与高等院校或科研院所等机构合作。目前，我国有众多高等院校开设考古学、文物学、博物馆学等相关专业。作为实践性要求较高的专业，能够参与到博物馆的展览策划、藏品研究、文物保护、志愿讲解、文创开发等活动，对于学生的专业培养大有裨益。中小型博物馆可以充分利用高校资源，与高等院校合作创办教学科研实习基地，以志愿服务或课程实践等形式让学生参与到博物馆服务和业务当中。联合高等院校开展专业人才培养，既可解决高等院校相关专业人才培养理论与实践结合不足的问题，也可缓解中小型博物馆人才队伍短缺的问题，实现高等院校智力资源与博物馆文化资源双向对接。

二是中小型博物馆可吸引高校教师到本馆参与学术讲座和挂职锻炼。高等院校相关专业教师作为我国博物馆学科建设、博物馆专业人才培养的主要力量，可以为中小型博物馆提供更专业与实际的指导。2022年3月30日，中国博物馆协会以线上会议形式召开"高校青年教师支持计划"启动磋商会，与复旦大学、上海大学、浙江大学等10所高校的文博专业相关老师共同商讨关于选拔优秀的高校青年博物馆学人到国家一级博物馆挂职锻炼的可行性、挑战与对策。[18]中小型博物馆也可参考此举，根据本馆实际情况制订方案，与高等院校的青年学者展开合作，使其参与到中小型博物馆建设当中，既有利于提升中小型博物馆的业务水平和服务质量，也有利于高校培育出更符合博物馆实际需求的专业人才。

三是与中小学开展合作。2020年教育部和国家文物局联合发布《关于利用博物馆资源开展中小学教育教学的意见》，明确提出各地教育部门和中小学健全与博物馆的合作机制，促进博物馆资源融入教育体系，推动中小学利用博物馆资源开展学习，提升中小学利用博物馆的学习效果。[19]2021年"双减"政策为青少年在课后利用博物馆、科技馆等社会资源开展兴趣活动提供了时间保障。中小型博物馆可以与当地中小学开展合作，了解当地学校教育内容与需求，以博物馆作为"第二课堂"，为青少年开展研学教育提供良好平台。馆校合作不仅通过博物馆的陈列展览与宣教活动为学生提供体验式教学，亦可积极探索博物馆进课堂的模式，以更灵活丰富的方式和手段与学校对接，以满足不同年龄学生的教育需求。

在课堂教学之余，中小型博物馆还可以面向中小学开发课后历史文化科普课程。如2022年4月，深圳市金石艺术博物馆与深圳实验学校中学部初一年级历史备课组，结合博物馆馆藏资源和初一年级历史教学内容，开展云观展活动。通过视频连线，带领学生观看并讲解金石艺术博物馆馆藏国家一级文物——东魏武定元年胡客翟门生石床及拓片中的图像与文字，以生动形象的授课方式结合文物实物的导览加深学生对于该历史时期艺术、历史和文化的认知。[20]除此之外，博物馆可以开展亲子实践活动，吸引家长与孩子共同走进博物馆，寓教于乐，实现博物馆的教育功能。如2022年3月，成都博物馆全新上线"周末儿童博物馆"升级版，针对不同年龄儿童开展不同类型的活动，以适应不同年龄儿童教育需求，如针对小学高年级和初中少年儿童的"项目式"活动，以探究学习、知识讲座为主，培养孩子们的探索精神和思考能力。[21]台州博物馆以"展品"为依托的教育理念，力求深度挖掘藏品背后的跨学科要素，设计出具有地域特色的"感受家乡风物之美""体验传统风雅之意""水墨意境诗画行"等STEAM系列主题课程，成了学校课程的有益补充。[22]

（五）加强博物馆数字化建设，增强智慧化和科技化

新冠肺炎疫情给博物馆的社会开放、财政状

况、业务布局、社会心理带来了持续且深刻的影响。在此特殊形势下，数字技术的综合应用成为博物馆走出困境、化危为机的重要选项。[23] 由于数字化建设不足，中小型博物馆在疫情期间大多处于闭馆的状态，或者仅能提供很少的公共服务。步入后疫情时代，博物馆学界正意识到数字技术的潜力：帮助博物馆更好地保存藏品，降低组织成本，扩大影响和可及性等。[24] 因此，中小型博物馆应当加强博物馆数字化建设，增强博物馆的智慧化和科技化水平，以提升公共服务能力和社会影响力。

1. 提升公共服务能力

随着科学技术的发展与进步，大数据、物联网、云计算、虚拟现实、5G、人工智能等数字技术日趋成熟，其运行成本也逐渐降低，使数字技术在博物馆场景中运用更加普及。中小型博物馆可将数字技术运用于博物馆展陈与建设等方面，提高自身公共服务能力。

数字技术的运用可以打破传统展览趣味性与吸引力不足的僵局，增添展览的交互性、科技感、沉浸感，从多维度为观众带来综合性的感官刺激和全新体验，拉近观众与展品间的距离。如利用多媒体资源情景再现，模拟历史事件的场景；在重要展品旁，利用触摸屏等设备，使观众能全方位观察藏品面貌以及了解文物信息。2021年洛阳博物馆打造的"河洛之光"数字馆，运用多媒体投影墙、多媒体互动、全息投影、触摸屏互动、VR投影、AI换脸、幻影成像等数字技术和手段，为观众打造沉浸式游览体验，提升参观的交互感、场景感、代入感，激发了大批观众参观的热情。[25]

将大数据、云计算等数字技术运用于博物馆藏品管理与保护，可以充分发挥数字技术强大的存储、运算、分析和分类能力，有利于避免文物受人为或自然因素影响而导致文物信息随之消失的困境。如常州市博物馆历时三年多基本建成以信息数据为基础、以一体化的信息管理为保障、以游客互动体验为中心的数字化服务体系。在文物数字化信息采集方面，其采集了337套立体文物的三维模型数据和470套（870件）平面文物的影像信息，同时配置用于文物色彩校验和文物信息数据处理的硬件设施设备，有效提升了博物馆文物数字化保护能力。在环境监测系统方面，采用无线传感技术，实时监测文物保存环境的温湿度、光照度、大气有机挥发物总量等数据，相关职能部门可以根据观测资料和分析数据及时制订应对措施。[26]

后疫情时代，线上展厅建设成为博物馆发展和服务观众的新方向。虚拟现实等数字技术用于线上展厅建设，能够极大程度跨越时空限制，解放观众，拉近观众与文物的距离，使观众能自由地参观展览，立体化、多维度、全方位地了解文物详细信息和价值。目前国内众多博物馆均有线上展览，但质量良莠不齐，中小型博物馆可以借鉴其他博物馆线上展览的优点，力求本馆线上展厅给观众带来良好的参观体验。如桂林博物馆的数字展厅设计，在展览动线方面，观众既可以从总体上观察参观路线，也可根据展厅地图结合个人需求快速选中展览的任意位置。在展品的展示与介绍方面，该馆将部分展品采用3D文物技术加以呈现，使观众360度观察展品的每一处细节。除此之外，在一些重要展品处会插入视频讲解，为观众讲解展品背后的故事和信息。观众还可使用测量功能，测量任意展品，以获取展品尺寸数据，对展品大小有更为直观的感受。

2. 提升社会影响力

中小型博物馆利用数字多媒体资源加强博物馆宣传，使博物馆走进普通民众的视野，提升自身吸引力与影响力。《国家宝藏》《如果国宝会说话》等节目的热播，调动了公众对历史文物与博物馆的兴趣与热情。公众不再仅仅满足于从新闻资讯文章、微信公众号等途径了解和获取文物知识，促使博物馆探索更多新型宣传推广途径。

随着网络技术与数字技术的快速发展，短视频以用户喜闻乐见的文化体验形式，在满足用户感官体验和叙事设计中发挥着重要作用，成为博物馆展示文化资源的重要媒介。[27] 中小型博物馆可以立足于馆藏资源，利用快手、抖音、微信视频号、B站、微博等短视频平台，开设官方账号，发布短视频或开展线上直播活动，提供内容独特、视角新颖的展品介绍，使更多的人能够了解到馆藏文物和历史文化，提升本馆的社会影响力。如松阳县博物馆推出的原创短视频《四季流转·松游记》，以四季为序，围绕松阳县博物馆的收藏、研究、展示功能，立足于文化遗产的保护，将博物馆、文保单位、传统村落、生态博物馆串联成线，致力于传统文化的传播，展现松阳深厚的历史文化底蕴。[28]

需要注意的是，强调博物馆智慧化和科技化的同时，更要注重现代科学技术在博物馆的利用率和效益。中小型博物馆应根据本馆的实际情况和需求，制定科学合理的规划，采取特定的数字化策略，有序开展数字化建设，以提供更加智慧化的博物馆展览与服务。

三、结语

突如其来的新冠疫情，使得全球博物馆运营经费与收入都面临大幅缩减的情况。根据联合国教科文组织和国际博协的三次调查报告数据显示：受新冠疫情影响，世界各国大多数博物馆正面临财政预算大幅削减、社会赞助严重萎缩、大型项目被迫暂停的困境。[29] 博物馆收入减少40%—60%，博物馆公共财政投入大幅收缩，波及近半数被调查的博物馆，更有甚者公共经费削减40%。[30] 在我国，2022年财政部《关于2021年中央和地方预算执行情况与2022年中央和地方预算草案的报告》中指出，受疫情影响，我国财政支出仍要牢固树立艰苦奋斗、勤俭节约的思想，坚持过紧日子的要求[31]，作为主要靠财政拨款支持的中小型博物馆，运行经费势必受到影响。然而，经费不足并不能作为阻碍中小型博物馆挣脱困境的理由。正因为博物馆运行经费受制约，所以中小型博物馆更应根据本馆实际情况，做出科学研判，制定长期目标和发展规划，将有限经费真正用到提高本馆发展水平上来。

中小型博物馆发展相对滞后的困境是多种原因错综复杂交织的结果。改变中小型博物馆发展现状，仅靠政府的政策和资金支持是不够的，还需要各级博物馆团结起来，共同推动博物馆事业的快速发展。相信在博物馆人和各界人士的共同努力下，在社会机构和单位的支持下，中小型博物馆将探索出一条属于自身发展的应行之路，提升展陈水平和公共服务质量，实现高质量发展，最终促进我国博物馆事业总体水平的提高。

[1] 2022年"5·18"国际博物馆日中国主会场活动在湖北武汉开幕[EB/OL]. http://www.ncha.gov.cn/art/2022/5/18/art_722_174346.html, 2022-05-18.

[2] 李瑞. 卢永琇委员：推动中小型博物馆"内涵式"发展[N]. 中国文物报, 2022-03-08（003）.

[3] 关于推进博物馆改革发展的指导意见[N]. 中国文物报, 2021-05-28（003）；"十四五"文物保护和科技创新规划[N]. 中国文物报, 2021-11-09（003）.

[4] 纪云飞. 推动"四个发展"，助力改革提升——关于中国博物馆事业高质量发展的几点思考[J]. 中国博物馆, 2021(4).

[5][23] 安来顺. 后疫情时代博物馆数字技术应用的初步观察与思考[J]. 科学教育与博物馆, 2021（6）.

[6] 八年磨砺，武侯祠邀您品鉴三国——"明良千古——刘备与诸葛亮君臣合展"国庆开幕[EB/OL]. http://www.wuhouci.net.cn/bwggg-detail.html#id=2032, 2021-10-01.

[7] 关于推动文化产业赋能乡村振兴的意见[EB/OL]. http://zwgk.mct.gov.cn/zfxxgkml/cyfz/202204/t20220406_932314.html, 2022-03-21.

[8] 苏东海. 城市、城市文化遗产及城市博物馆关系的研究[J]. 中国博物馆, 2007（3）.

[9] 李明斌, 魏敏. 传承·互鉴·共享——城市博物馆的展览之策[J]. 博物院, 2019（5）.

[10] 单霁翔. 博物馆的社会责任与城市文化[J]. 中原文物, 2011（1）.

[11] 朱歌敏. 城市记忆视域下的城市博物馆建设——以伦敦博物馆为例[J]. 中国博物馆, 2021（4）.

[12] "上洛"——向吾国吾民、吾乡吾土致敬的展览[EB/OL]. https://mp.weixin.qq.com/s/qg1W0PH-ep7LW8Elqt906w, 2021-09-30.

[13] 黄银凤, 胡学才. 奉化博物馆捧回中国博物馆展览"奥斯卡奖"[N]. 宁波日报, 2022-05-19（006）.

[14] 陈曾路. 更灵活和更智慧：中小博物馆的教育策略[J]. 中国博物馆, 2022（1）.

[15] 巨洒洒. 基于身份的博物馆体验——评约翰·福克"博物馆观众体验模型"[J]. 中国博物馆, 2021（4）.

[16] 马新杰, 何绮莹. "大唐宝藏"展掀起东莞"文博热"[N]. 南方日报, 2022-06-10（A04）.

[17] 关于推进博物馆改革发展的指导意见[N]. 中国文物报, 2021-05-28（003）.

[18] 中国博协召开"高校青年教师支持计划"启动磋商会[EB/OL]. https://www.chinamuseum.org.cn/detail.html?id=12&contentId=12170, 2022-03-31.

[19] 关于利用博物馆资源开展中小学教育教学的意见[EB/OL]. http://www.moe.gov.cn/srcsite/A06/s7053/202010/t20201020_495781.html, 2010-10-20.

[20] 深圳实验学校中学部云观展金石博物馆[EB/OL]. https://mp.weixin.qq.com/s/7JBj9_A1J1nyw0YHcK3YZg, 2022-04-22.

[21] "双减"之后玩什么？成都博物馆"周末儿童博物馆"全新升级版来啦！[EB/OL]. https://www.cdmuseum.com/xinwen/202203/2683.html, 2022-03-26.

[22] 程奕, 曹冰心, 王梦露. 用多学科思维助力博物馆教育——以博物馆STEAM课程开展为案例的思考[J]. 博物馆管理, 2022（1）.

[24] 安来顺. 在喀山俄罗斯数字周数字化与文化论坛开幕式上发言（线上）[R]. 喀山, 2021-09-21.

[25] 洛阳博物馆数字"黑科技"带您沉浸式体验文物[EB/OL]. http://www.lymuseum.com/bencandy.php?fid=81&id=1857, 2021-10-20.

[26] 朱敏. 中小型博物馆的数字化博物馆建设探析——以常州博物馆为例[J]. 东南文化, 2020（3）.

[27] 王春法. 智慧博物馆建设中的机遇和挑战[J]. 中国国家博物馆刊, 2019（1）.

[28] 创新宣传方式，让文物"活起来"——松阳县博物馆宣传片荣获全省博物馆十佳新媒体短视频[EB/OL]. http://www.lishui.gov.cn/art/2021/12/13/art_1229268126_57329843.html, 2021-12-13.

[29] Survey: Museums, Museum Professionals and COVID-19[EB/OL]. https://icom.museum/en/covid-19/surveys-and-data/survey-museums-and-museum-professionals, 2020-06-28. 转引自安来顺. 后疫情时代博物馆数字技术应用的初步观察与思考[J]. 科学教育与博物馆, 2021（6）.

[30] Museums, Museum Professionals and Covid-19: third survey[EB/OL]. https://icom.museum/wp-content/uploads/2021/07/Museums-and-Covid-19_third-ICOM-report.pdf, 2021-07-01. 转引自安来顺. 后疫情时代博物馆数字技术应用的初步观察与思考[J]. 科学教育与博物馆, 2021（6）.

[31] 关于2021年中央和地方预算执行情况与2022年中央和地方预算草案的报告[EB/OL]. http://www.gov.cn/xinwen/2022-03/13/content_5678838.htm, 2022-03-13.

河南红色文化遗产保护与传承研究

韩佳佳

郑州二七纪念馆

摘要：河南地处中原腹地，在革命斗争时期和社会主义建设时期都留下了灿烂的红色文化遗产。对河南代表性红色文化遗产进行数据分析，了解当前红色文化遗产的数量、分布、类别、级别、年代等基础信息，分析保护与传承的现状及目前存在的一些问题。当下可以从重点文物保护单位的申报、红色资源的整合、博物馆联盟的建立等方面入手，为河南省红色文化遗产的保护和传承提供思路。

关键词：河南；红色文化遗产；保护；传承

河南地处中原腹地，是无产阶级革命家进行伟大革命实践的沃土，留下了灿若星辰的红色文化遗产。国内学者对于红色文化遗产的研究始于2004年前后，伴随着中央提出大力发展红色旅游规划的号召而兴起。目前河南省内研究的热点主要集中在红色文化遗产的价值内涵、发展红色旅游两个方面，其中大量的研究成果主要体现在红色文化资源的开发方面，论文较多，且有一定质量。但缺乏对河南红色文化遗产的系统梳理，侧重于研究物质的红色文化资源，对于非物质的红色文化精神所涉甚少，对于红色文化遗产的保护和传承都是一笔带过、着墨不多。

本文以河南省内代表性红色文化遗产为主要研究对象，依据目前红色文化遗产的研究成果，以红色文化遗产的保护与传承为主要研究内容，以当前河南省红色文化遗产的现状为现实依据进行研究。依据公开发表或公布的基础信息和省市文物部门等单位公布和提供的大量资料，对河南红色文化遗产的现状进行数据分析，发现当前红色文化遗产保护和传承面临的困境，力图找到适合河南省情的有效结合点，进而对当前河南红色文化遗产的保护和传承提出建设性意见。

一、河南红色文化遗产的概况

红色文化是指在革命战争及建设年代，由中国共产党人、先进分子和人民群众共同创造的极具中国特色的先进文化，它蕴含着丰富的革命精神和厚重的历史文化内涵。红色文化遗产作为一种重要资源，具体内容包括物质和非物质两个方面。物质的红色文化遗产指中国共产党领导中国人民在新民主主义革命时期到社会主义革命和建设过程中形成的革命文物、文学作品、革命战争遗址、纪念地等；非物质的红色文化遗产则指中国共产党领导中国人民在新民主主义革命到社会主义建设时期，指导群众运动、革命斗争的知识、信仰和规范系统，本文主要指红色文化精神。

（一）红色文化遗产灿若星辰

从革命斗争时期到社会主义建设时期，广阔的中原大地上发生过很多影响深远的历史事件，留下了灿若星辰的红色文化遗产。通过对八个批次的全国重点文物保护单位名单和七个批次的河南省重点文物保护单位名单进行梳理，从近现代重要史迹和代表建筑中筛选出134处河南省红色文化遗产代表（表1），筛选依据为：需是中国共产党成立以来，党领导各族人民在新民主主义革命时期、社会主义革命和建设时期、改革开放和社会主义现代化建设新时期、中国特色社会主义新时代所形成的具有历史价值、纪念意义、教育意义的革命遗址、纪念馆、名人故居等。这些红色文化遗产既是具象的红色文化资源，同时也是红色文化精神的物质依托。

经统计，134处代表性红色文化遗产中有19处全国重点文物保护单位，115处河南省重点文物保护单位。按照时代划分，可将红色文化遗产分为新民主主义革命时期（1921-1949）、社会主义革命和建设时期（1949-1978）两个阶段，其中新民主主义革命时期的红色文化遗产有118处，占比88.1%。

按类别划分，可将红色文化遗产分为革命旧址、名人故居、纪念建筑、陵墓陵园、社会主义建设工程五大类。（图1）经统计，134处代表性红色文化遗产中有革命旧址89处，如鄂豫皖革命根据地旧址、中共中央中原局旧址、八路军驻洛阳办事处旧址；有名人故居16处，如邓颖超祖居、刘青霞故居、宋学义故居；有纪念建筑13处，如郑州二七罢工纪念塔和纪念堂、彭雪枫烈士殉国纪念地、豫东特委纪念塔；有陵墓陵园11处，如吉鸿昌烈士墓、焦裕禄墓、峡口抗日忠烈墓；有社会主义建设工程5处，如红旗渠、人民胜利渠渠首、石漫滩水库大坝旧址。

在地域分布上，134处代表性红色文化遗产在省内十八个地市均有分布。集中分布于信阳、南阳、驻马店所在的豫南地区，豫东和豫北地区零散分布，豫西和豫中地区分布较少。（表2）

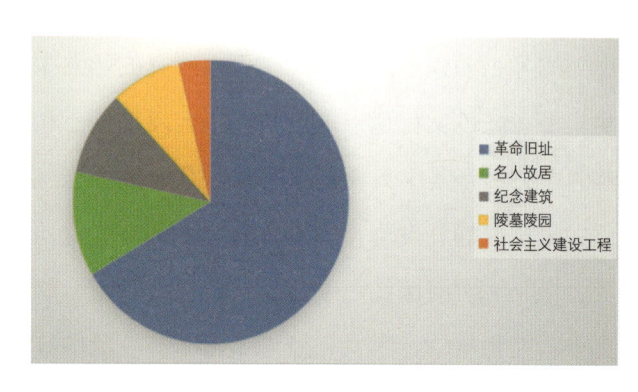

图1 河南红色文化遗产分类图

表1 河南红色文化遗产统计表

序号	名称	建立时间	地点	级别	是否建立纪念馆或景区
1	鄂豫皖革命根据地旧址	1931年	信阳市新县	第三批国保	是
2	中共中央中原局旧址	1938—1939年	驻马店市确山县	第三批国保	否
3	邓颖超祖居	清	信阳市光山县	第六批国保	是
4	刘青霞故居	清末民初	开封市尉氏县	第六批国保	是
5	吕潭学校旧址	民国	周口市扶沟县	第六批国保	否
6	中国工农红军第二十五军司令部旧址	1933年	信阳市新县	第六批国保	否
7	八路军洛阳办事处旧址	1938—1942年	洛阳市老城区	第六批国保	是
8	冀鲁豫边区革命根据地旧址	1941—1946年	濮阳市范县、清丰	第六批国保	是
9	嵖岈山卫星人民公社旧址	1958—1983年	驻马店市遂平县	第六批国保	是
10	红旗渠	1969年	安阳市林州市	第六批国保	是
11	郑州二七罢工纪念塔和纪念堂	1971年、1952年	郑州市二七区	第六批国保	是
12	国共黄河归故谈判旧址	1946年	开封市禹王台区	第七批国保	否
13	豫陕鄂前后方工作委员会旧址	1947年	平顶山市鲁山县	第七批国保	否
14	商丘淮海战役总前委旧址	1948年	商丘市睢阳区	第七批国保	是
15	中国工农红军第一军司令部旧址	1930年	信阳市新县	第八批国保	否
16	鄂豫皖边特区苏维埃政府旧址	1930年	信阳市新县	第八批国保	是
17	晋冀鲁豫野战军指挥部旧址	1947—1948年	濮阳市范县	第八批国保	否
18	豫陕鄂军政大学旧址	1948年	平顶山市鲁山县	第八批国保	否
19	滑县县委县政府早期建筑	1959年	安阳市滑县	第八批国保	否
20	杞县农民革命起义旧址	1926年	开封市杞县	第一批省保	否
21	内黄县农民革命起义旧址	1928年	安阳市内黄县	第一批省保	否
22	新县白沙关农民革命起义旧址	1929年	信阳市新县	第一批省保	否
23	扁担会革命旧址	1935年	信阳市平桥区	第一批省保	否
24	鄂豫皖边区兵工厂旧址	1929年	信阳市新县	第一批省保	否
25	鄂豫皖边区列宁高级学校旧址	1931年	信阳市新县	第一批省保	否
26	鄂豫皖边区苏维埃政府	1931年	信阳市新县	第一批省保	否
27	鄂豫皖特区苏维埃政府航空局旧址	1931—1932年	信阳市新县	第一批省保	否
28	吉鸿昌烈士墓	1934年	周口市扶沟县	第一批省保	否
29	八路军兵站旧址	1938年	三门峡市渑池县	第一批省保	否
30	抗日军政大学四分校旧址	1939—1940年	商丘市永城市	第一批省保	否
31	淮海战役总前委后勤机关旧址	1948年	商丘市睢阳区	第一批省保	否
32	中共豫陕区委旧址	1928年	信阳市新县	第二批省保	否
33	吴焕先烈士故居	1907—1935年	信阳市新县	第二批省保	否
34	中国工农革命军第七军司令部旧址	1928年	信阳市新县	第二批省保	否

续表

序号	名称	建立时间	地点	级别	是否建立纪念馆或景区
35	吉鸿昌烈士故居	1930年	周口市扶沟县	第二批省保	是
36	鄂豫皖边区工农民主政府旧址	1930年	信阳市新县	第二批省保	否
37	赤城县苏维埃旧址	1932年	信阳市商城县	第二批省保	否
38	杞县大同中学旧址	1932年	开封市杞县	第二批省保	否
39	中国工农红军第二十五军司令部旧址	1934年	信阳市新县	第二批省保	是
40	杨靖宇烈士故居	1905—1940年	驻马店市确山县	第二批省保	否
41	李馆地道战旧址	1940年	开封市民权县	第二批省保	否
42	"四一二"阵亡将士暨殉难同胞公墓碑	1942年	安阳市内黄县	第二批省保	否
43	豫西抗日先遣支队司令部旧址	1944年	郑州市巩义市	第二批省保	否
44	彭雪枫烈士殉国纪念地	1944年	商丘市夏邑县	第二批省保	否
45	中共中央平原分局冀鲁豫军区司令部旧址	1944年	濮阳市清丰县	第二批省保	否
46	《罗山协议》谈判旧址	1946年	信阳市罗山县	第二批省保	否
47	晋冀鲁豫野战军渡黄河纪念地	1947年	濮阳市台前县	第二批省保	是
48	王大湾会议旧址	1947年	信阳市光山县	第二批省保	否
49	中共中央中原局扩大会议旧址	1949年	商丘市睢阳区	第二批省保	否
50	英烈楼旧址	1949年	安阳市安阳县	第二批省保	否
51	焦裕禄墓	1966年	开封市兰考县	第三批省保	否
52	刘少奇逝世处	1969年	开封市鼓楼区	第三批省保	否
53	团中央潢川"五·七"干校旧址	1969年	信阳市潢川县	第三批省保	否
54	一机部博爱"五·七"干校旧址	1970年	焦作市博爱县	第三批省保	否
55	许世友故居（含墓）	1905年、1985年	信阳市新县	第三批省保	否
56	彭雪枫故居	1907年	南阳市镇平县	第三批省保	是
57	洛阳吴佩孚司令部旧址	1920—1924年	洛阳市西工区	第三批省保	否
58	确山临时治安委员会旧址	1927年	驻马店市确山县	第三批省保	是
59	红四方面军后方总医院第一分院旧址	1931—1932年	信阳市新县	第三批省保	否
60	列宁小学旧址	1930—1932年	信阳市新县	第三批省保	否
61	鄂豫皖省苏维埃石印科旧址	1931年	信阳市新县	第三批省保	否
62	白雀园殉难烈士纪念地	1931年	信阳市光山县	第三批省保	否
63	鄂豫皖特委特苏机关旧址	1931—1932年	信阳市光山县	第三批省保	否
64	红二十五军独树镇战斗纪念地	1934年	南阳市方城县	第三批省保	否
65	焦竹园革命旧址	1935—1937年	驻马店市泌阳县	第三批省保	否
66	红二十八军军部旧址	1935—1937年	信阳市罗山县	第三批省保	否
67	颜村铺革命旧址	1937—1946年	濮阳市范县	第三批省保	否
68	七七工作团诞生地	1938年	南阳市桐柏县	第三批省保	否

续表

序号	名称	建立时间	地点	级别	是否建立纪念馆或景区
69	红军桥	1941年	信阳市平桥区	第三批省保	否
70	卫河县抗战烈士陵园	1945年	濮阳市清丰县	第三批省保	否
71	中共桐柏区委机关旧址	1947年	南阳市桐柏县	第三批省保	否
72	华野濮阳整军司令部旧址	1948年	濮阳市濮阳县	第三批省保	否
73	郑州铁路职工学校旧址	1921年	郑州市管城区	第四批省保	否
74	鲁山邓小平旧居	1948年	平顶山市鲁山县	第四批省保	否
75	石林会议旧址	1947年	鹤壁市山城区	第四批省保	是
76	太行军区第七军分区司令部旧址	1943—1944年	新乡市卫辉市	第四批省保	否
77	中共平原省委旧址	1949—1952年	新乡市牧野区	第四批省保	否
78	人民胜利渠渠首	1952年	焦作市武陟县	第四批省保	否
79	卢氏红二十五军军部旧址	1934年	三门峡市卢氏县	第四批省保	否
80	中共鄂豫边省委旧址	1935年	南阳市桐柏县	第四批省保	否
81	中原野战军高级干部会议旧址	1948年	南阳市社旗县	第四批省保	否
82	红十一军三十一师司令部旧址	1928—1930年	信阳市新县	第四批省保	否
83	光山吉鸿昌旧居	1931年、1932年	信阳市光山县	第四批省保	否
84	红军洞	1935—1937年	信阳市商城县	第四批省保	否
85	359旅指挥部旧址	1945—1946年	信阳市光山县	第四批省保	否
86	鄂豫区党政军机关旧址	1948—1949年	信阳市商城县	第四批省保	否
87	国家计委五七干校旧址	1969—1976年	周口市西华县	第四批省保	否
88	确山刘店农民暴动指挥部旧址	1923年	驻马店市确山县	第四批省保	否
89	栾川抱犊寨红色旅游区	不详	洛阳市栾川县	第五批省保	是
90	宋学义故居	1960年	焦作市沁阳市	第五批省保	否
91	跃进渠	1960年	安阳市安阳县	第五批省保	否
92	中共直南特委旧址	1937年	濮阳市清丰县	第五批省保	否
93	清丰抗战烈士祠	1946年	濮阳市清丰县	第五批省保	否
94	石漫滩水库大坝旧址	1975年	平顶山舞钢市	第五批省保	否
95	中原军区第一纵队司令部旧址	1946年	信阳市光山县	第五批省保	否
96	峡口抗日忠烈墓	1938年	信阳市商城县	第五批省保	否
97	高敬亭故居	1860年	信阳市新县	第五批省保	是
98	晋冀鲁豫野战军司令部旧址	1947年	信阳市新县	第五批省保	否
99	鄂豫皖边区第一次工农兵代表大会旧址	1930年	信阳市新县	第五批省保	否
100	抗战教育工作宣讲团旧址	1938年	信阳市潢川县	第五批省保	是
101	李之龙革命活动旧址	1922年	周口市淮阳区	第五批省保	否
102	引沁渠工程	1965年	济源市五龙口镇	第五批省保	否

续表

序号	名称	建立时间	地点	级别	是否建立纪念馆或景区
103	柏石崖豫西抗日先遣支队后方医院旧址	1944—1945年	郑州市登封市	第七批省保	否
104	董天知故居	1911年	郑州市荥阳市	第七批省保	否
105	新密禹抗日民主政府旧址	1945年	郑州市新郑市	第七批省保	否
106	虎头山新四军烈士陵园	1945年	平顶山市舞钢市	第七批省保	否
107	中共中央中原局中原军区宝丰旧址群	1947年	平顶山市宝丰县	第七批省保	否
108	广阔天地大有作为知青村旧居	1968—1982年	平顶山市郏县	第七批省保	否
109	中共河南区第六地委六专署六军分区旧址	1945年	平顶山市郏县	第七批省保	否
110	四棵树军事工程旧址	1968—1971年	平顶山市鲁山县	第七批省保	否
111	安阳县抗日民主政府旧址	1940—1947年	安阳市安阳县	第七批省保	否
112	中共卫西工委旧址	1940年	鹤壁市浚县	第七批省保	否
113	延浚汲淇四县边抗日办事处旧址	1943年	新乡市延津县	第七批省保	否
114	太行区第四专区及焦作市党政军机关旧址	1939—1940年	焦作市博爱县	第七批省保	否
115	中共博爱县工委旧址	1939—1940年	焦作市博爱县	第七批省保	否
116	丁鉴塘烈士碑	1944年	濮阳市濮阳县	第七批省保	否
117	汪洋烈士故居	1942年	濮阳市台前县	第七批省保	否
118	陈德馨烈士墓	1938年	许昌市鄢陵县	第七批省保	否
119	赵伊坪故居	1929年	漯河市郾城区	第七批省保	否
120	苏进故居	1907年	漯河市郾城区	第七批省保	否
121	豫鄂陕党政军机关旧址	1946—1949年	三门峡市卢氏县	第七批省保	否
122	四望山新四军五师旧址群	1938—1945年	信阳市浉河区	第七批省保	否
123	商城县第四区苏维埃政府旧址	1929年	信阳市商城县	第七批省保	否
124	鄂豫皖苏区消费合作社旧址	1929年	信阳市新县	第七批省保	是
125	花山寨会议旧址	1934年	信阳市光山县	第七批省保	否
126	周家口抗战指挥部旧址	1938年	周口市川汇区	第七批省保	否
127	豫东特委纪念塔	1956年	周口市西华县	第七批省保	否
128	豫中抗日根据地旧址	1944年	驻马店市遂平县	第七批省保	是
129	冀鲁豫军区四分区烈士陵园	1944年	安阳市滑县	第七批省保	否
130	淮海战役陈官庄战斗纪念地	1948年	商丘市永城市	第七批省保	是
131	鲁雨亭故居	1940年	商丘市永城市	第七批省保	否
132	大荒坡农民暴动十八烈士墓	1928年	信阳市固始县	第七批省保	否
133	固始县苏维埃政府旧址	1931年	信阳市固始县	第七批省保	是
134	辛亥革命烈士祠	1940年	驻马店市新蔡县	第七批省保	否

表2 河南红色文化遗产分布表

区域	行政区划	红色文化遗产数量	总计
豫中	郑州市	6	18
	平顶山市	9	
	许昌市	1	
	漯河市	2	
豫东	开封市	7	21
	商丘市	7	
	周口市	7	
豫西	洛阳市	3	6
	三门峡市	3	
豫南	南阳市	6	59
	驻马店市	8	
	信阳市	45	
豫北	新乡市	3	30
	安阳市	8	
	焦作市	5	
	濮阳市	11	
	鹤壁市	2	
	济源市	1	

（二）红色文化精神凝练内涵

河南地区丰富的地域文化、悠久的历史和波澜壮阔的革命历程孕育出了忠义朴实、忠诚担当、开放包容、乐观拼搏的红色精神，其中代表性的红色精神有红旗渠精神、二七精神、焦裕禄精神和大别山精神。

1. 红旗渠精神的内涵。红旗渠工程始建于1960年，是林州30万劳动人民仅仅依靠双手和简单的工具在太行山的悬崖峭壁上修成的，共历时十年。其间削平的山头共1250座，架设渡槽151座，开凿隧洞211个，修建建筑物12408座，发掘土石2225万立方米，红旗渠总长70.6公里，这是林州人民创造的奇迹。红旗渠精神的内涵是"自力更生、团结协作、艰苦创业、无私奉献"，是河南红色精神的代表，是永恒的旗帜，是推进改革开放和现代化建设的强大动力。

2. 二七精神的内涵。二七精神是从1923年京汉铁路工人运动中凝练出来的，湖北省社会科学院的党史专家曾宪林对"二七精神"进行了总结，概述为"高度的革命自觉性、团结斗争相互支持、高度的组织纪律性、不怕流血牺牲"。[1] 饶庶将"二七精神"总结为"团结、纪律、觉悟、奋斗"。[2] 唐正芒将"二七精神"内涵归纳为"英勇、团结、牺牲、奉献"。[3] 郑州大学马克思主义学院武艳敏教授认为"二七精神"的核心是"拼搏、奉献、进取"。[4] 2021年，以建党100周年为契机，郑州市召开数场"二七精神"研讨会，邀请中央党史研究室、中国工运研究所等专家学者深入挖掘"二七精神"，最新提炼出新时代"二七精神"的内涵为：千里同轨、万众一心的团结精神；坚定信念、追求真理的创新精神；顽强拼搏、勇为前锋的斗争精神；忠诚为民、不怕牺牲的奉献精神。提炼"二七精神"，在全国尚属首次，有助于新时代释放出更大的凝聚力和感召力。

3. 焦裕禄精神的内涵。焦裕禄同志是党的优秀干部，是时代的楷模，曾担任河南省兰考县县委书记，在任职期间，兰考县遭到了非常严重的自然灾害，焦裕禄同志奋不顾身，毅然和自然灾害做斗争。焦裕禄精神的内涵是"亲民爱民、艰苦奋斗、科学求实"。新时期进行伟大斗争需要像焦裕禄同志那样坚定理想信念、不怕困难、不惧风险、敢闯敢干。

4. 大别山精神的内涵。大别山是红军的发源地，自1927年起，持续到新中国成立，大别山地区人民一直进行着顽强的武装斗争，对于新中国的成立有着非凡的意义。大别山精神正是在武装斗争期间形成的，总结起来即"革命、斗争、奋斗、献身"。大别山精神，是一种由革命精神、民族精神和时代精神融合的产物，在中原大地上形成、发展，并被传承弘扬。

二、河南红色文化遗产保护和传承的现状及存在的问题

对汇总信息进行统计分析和梳理，找出目前河南省红色文化遗产保护和传承存在的问题与不足，探讨存在问题的原因。

（一）河南红色文化遗产保护传承现状

在河南省134处代表性红色文化遗产中，全国重点文物保护单位19个，占比14.18%，河南省文物保护单位115个。就全省的人口规模和观众的文化需求而言，以上数量的红色文化遗产数量还略有不足。

截至2020年河南省共有14处红色旅游景区入选《全国红色旅游经典景区名录》，主要有驻马店市确山县竹沟镇确山竹沟革命纪念馆、信阳市红色旅游系列景区、洛阳市八路军驻洛办事处纪念馆、鹤壁市石林会议旧址等。14个红色旅游景区在河南省内分布较均衡，基本能辐射到全省的游客。如何使现有的14个红色旅游景区发挥最大价值，同时将更多的红色文化遗产纳入红色旅游经典景区的范畴中来，是下一步需要思考的问题。

非物质红色文化遗产的践行与宣传工作也并不乐观，没有树立有鲜明特色的河南精神，且在红色精神宣传过程中并未与河南历史文化资源充分结合，只有把精神的内容与丰富的自然人文资源、爱国主义教育资源、新时代河南社会发展状况有效结合，才能使红色精神更好地继承和发扬。

（二）河南红色文化遗产保护传承存在的问题

1. 河南红色文化遗产总体水平有待提高。自2006年以后，河南省的全国重点文物保护单位数量显著增加，但在全国范围内并不突出，与河南省人口大省、文物资源大省的定位尚有一定差距。近现代文化遗产在现有重点文物保护单位中所占的比重从第三批开始有所上升，但其受重视程度仍与古墓葬、古遗址等古代文化遗产相差甚远。相关文博单位和工作人员要积极认真按照《文物保护单位申报指南》组织申报国家、省级文物保护单位，完善文保单位结构体系，重点申报反映河南人民创造力与精神追求的红色文化遗产；将与历史上重大事件、重要人物存在直接联系，反映新中国和改革开放成就的重要文物遗存纳入重点文物保护单位的范畴中来。

2. 红色文化遗产地域分布不均。目前河南的红色文化遗产集中分布于南阳、驻马店、信阳所在的豫南地区，其中以大别山地区的信阳最为密集；豫北次之，集中分布于濮阳、安阳；豫东各地市间分布均衡；豫中集中在平顶山和郑州；豫西红色文化遗产最少，仅6处。18个地市中许昌市和济源市代表性红色文化遗产仅1处。有趣的是，四个代表性的河南红色精神：二七精神、焦裕禄精神、红旗渠精神和大别山精神，产生区域分别为豫中、豫东、豫北和豫南地区，分布均衡。

3. 现有红色文化遗产未得到有效利用。通过比对《2019年度全国博物馆名录》和红色旅游经

典景区名典，对134处代表性红色文化遗产进行分析，在此基础上建立红色纪念馆或红色旅游景区的仅有23个，有效利用率为17.16%。现有利用较好的红色文化遗产有以红旗渠为依托建立的红旗渠纪念馆，以郑州二七罢工纪念塔和二七纪念堂为依托建立的郑州二七纪念馆，以晋冀鲁豫野战军渡黄河纪念地为依托建立的台前县将军渡纪念馆，以抱犊寨为依托建立的栾川抱犊寨红色旅游区等。

4.缺乏资源整合。有些距离接近、内涵相似的红色文化遗产在利用方面"单打独斗"，没有连点成片，实现资源利用最大化。如冀鲁豫边区革命根据地旧址处于濮阳市清丰县和范县交界地，在红色文化遗产利用方面分别建立了清丰县冀鲁豫边区革命根据地旧址纪念馆（简称清丰县旧址）和冀鲁豫边区革命根据地范县旧址（简称范县旧址）两个纪念馆，其中清丰县旧址有藏品1万件，而范县旧址仅有藏品63件，清丰县旧址无论是陈列展览、社教活动数量，还是年参观人数，都远超范县旧址。在地理位置相近的地区开放两个主题相同的纪念馆，一定程度上增加了人力资源和资金成本，如果两个纪念馆能够开展合作与交流，进行资源共享，整合藏品和人力资源，共同建设一个主题鲜明、辐射周边的纪念馆，对于公众和纪念馆自身都大有裨益。

5.非物质红色文化遗产定位不清。对红色精神的定义确立不清楚，往往被焦裕禄精神、红旗渠精神、二七精神、大别山精神所代替，导致人们理解不到位，出现种种偏差。

6.宣传不到位。宣传整体性不强，河南各地市宣传重视不够，一般注重宣传本地精神，所举办研究及纪念活动也具有很强的地域性。宣传形式多样但内容单一，宣传资料和活动与群众需求差距大。宣传形式大多局限于内容表面，研究多趋于学术，不能使其内涵化于每个河南人民心中，并以此为精神动力。

三、河南红色文化遗产保护与传承的有效路径

针对目前河南省红色文化遗产的发展现状和存在问题，指出红色文化遗产保护和传承的合理性，提出具体的保护传承思路与建议，实现文化遗产保护与经济建设协调发展，为河南红色文化遗产保护与传承提供参考。

（一）重视申报工作，拓展文化遗产发展新渠道

通过对现有省级以上红色文化遗产代表进行统计分析，目前做得较好的有信阳市、濮阳市和平顶山市，比较欠缺的是济源市、许昌市、漯河市。各地市可通过查阅地方志、实地走访等形式，积极摸清本地域内具有自身特色的红色文化遗产，建立台账，为今后的保护利用工作打下基础。2019年国家文物局修订了博物馆定级评估标准，适当降低藏品数量、开放时长和年观众量等硬性指标，对于红色纪念馆更加有利。截至2020年，河南省共有三级以上红色纪念馆7家，还有很大的上升空间。未来，希望有更多的纪念馆进入国家一、二、三级馆行列。

只有将有重要意义的红色文化遗产纳入重点文物保护单位中去，才能进一步完善记录档案，设立保护标志，划定保护范围和建设控制地带；深入研究文物保护措施，确保文物安全，才能深

入推动红色文化遗产的活化利用工作。创造条件让社会各界参与文化遗产的保护，与公众分享保护成果，让文化遗产活起来，进一步传承和弘扬红色精神，坚定文化自信。

（二）整合红色资源，打造河南文化遗产新形象

政府部门要牵头整合文化资源，开展部门合作，深化红色文化遗产的保护利用。梳理现有的红色文化遗产资源，通过对单个或集中连片的红色文化遗产进行内涵分析，调研当地的交通、餐饮、停车场、卫生间等基础配套设施，形成建立博物馆（纪念馆）或红色旅游景区的可行性报告，使更多优秀的红色文化遗产得到有效利用。

整合红色文化资源，将红色资源转换成具有可操作性的体验课程，开设新学堂；整合抗战历史、素质拓展、嵩山地质科普等资源，建设红色旅游体验区；制作教具、完善展板，建设室内外科普展教场所，将旅游体验和宣教课程结合起来。举办红色研学培训班，因地制宜，结合景区特色，开展现场教学、专题教学、访谈教学、体验教学、情景教学、社会实践、学员研讨等特色教学，更好地传承红色精神。

（三）开展馆际合作，开创事业发展新局面

为更好地贯彻实施区域一体化发展战略，发挥红色博物馆传承红色基因的时代使命，2021年1月5日，中国共产党杭州历史馆（杭州市方志馆）、中共一大会址纪念馆、南湖革命纪念馆、渡江胜利纪念馆、渡江战役纪念馆五家博物馆在杭州成立了以学术研究、发展事业、互帮互助为原则的"长三角红色博物馆合作联盟"。[5] 该联盟的成立有利于实现长三角地区红色博物馆和场所资源共享，有利于推动长三角地区革命文物和红色资源保护利用工作，对于河南红色纪念馆发展有很好的借鉴意义。

河南现有红色博物馆（纪念馆）要增强行业使命感与责任感，构建良好的沟通合作机制，打造交流互动平台，实现人才、技术、场所等资源互补，完成陈列展览的提质升级，开创河南红色文化遗产发展的新局面。

（四）突出创新引领，培育社教发展新动能

针对不同的群体，规划设计不同类型的活动载体，满足不同群体的需求，举办精彩纷呈的社教活动，结合重要时间节点、重大历史事件、重要革命人物，举办宣传教育活动。如利用红色文化资源举办少先队员入队仪式、共青团员入团仪式、党员入党仪式，增强教育活动的仪式感和参与感；每年2月，在京汉铁路工人运动纪念日，开展祭先烈活动，弘扬和传承二七精神。进一步深化细化各项活动方案，充分体现思想性、政治性、文化性，更好展现河南精神。要精益求精，精心策划，用精品佳作激发全球华人对中华文明的高度认同、高度自信。要注重宣传好河南，充分展示红色精神，提高城市的影响力和美誉度。

与新媒体相结合，创造出更多符合时代特征且富有特色的文化产品，利用官方网站、微博、微信公众号、短视频平台等，将文字、图片、科普视频等融为一体，吸引公众的目光。

（五）深度文旅融合，践行红色旅游发展新理念

红色旅游已成为我国旅游业的重要组成部分，要适应游客发展需求，注重公众参与性设计，逐步由观光型旅游向"观光＋体验"型旅游转变，提高公众参与的积极性和满意度。依托革命文物资源，策划推出主题鲜明的红色旅游项目，丰富红色旅游产品的文化内涵,提高红色旅游服务质量。

发展红色旅游、实现文化产业项目落地,不仅能够提高公众文化素养、丰富群众业余文化生活;打造红色旅游品牌与精品路线,科学构建适合河南省情的红色文化遗产保护、开发、传承新体系,对于解决就业、实现农民增收、助力脱贫攻坚同样具有现实的经济效益。开展农旅复合开发,积极探索旅游开发模式,做大做强旅游市场。鼓励村民通过开设周边文化产品商店,种植、售卖应季农副产品,发展农家乐、民宿等方式参与红色旅游经营,实现发展红色旅游与促进农民增收的双赢。打造红色文旅项目,整合红色文化、绿色生态、古色乡风等资源,形成以红色旅游为核心,田园风光为主体,果蔬采摘园、鲜花基地观光为辅的多维度发展格局。如信阳市可结合区域内鸡公山、南湾湖、黄柏山等自然景观,茗阳阁、贤隐寺等人文景观,打造红色旅游精品路线,整合旅游资源。

开展商旅融合发展,规划建设商业街、文旅小镇、文创产品中心,将窗口效应实现最大化,精心策划红色教育、休闲观光、果蔬采摘、农事体验的精品路线。以新密市为例,与西部伏羲山大峡谷、红石林景区、伏羲小镇等景点强强联合,实现资源共享、优势互补,促进旅游产业升级,提升旅游品质,为红色旅游发展提供新动能。

四、结语

保护和利用好河南红色文化遗产对于全面展示真实的河南和现代河南意义深远,有助于提升河南文化软实力。目前已知的河南红色文化遗产种类丰富、时间跨度久,在豫南分布较为集中,但总体质量有待提高,缺乏连点成线的立体构架,区域分布不均,红色文化精神传承的践行和宣传工作较为滞后。

要做好红色文化遗产保护利用工作,首先要摸清家底,尤其是豫西和豫中地区需加大文物普查力度,将符合条件的红色文化遗产纳入文物保护单位的范围中来,及时建立文物档案,划定保护范围,对意义重大但保存情况较差的文化遗产要进行抢救性维修;其次,要进行资源整合,将相同地区、相同类型的红色文化遗产串联起来,提升吸引力和竞争力;最后,要实现产业创新,不论是活动内容还是传播方式,都要与时俱进,使红色文化遗产焕发出新的活力。同时注重开展馆际合作,实现资源共享,推动河南革命文物和红色资源的保护利用工作。

资料来源:省级以上文物保护单位名单、2019年度全国博物馆名录、红色旅游经典景区名单

[1] 曾宪林. "二七"斗争的革命精神[J]. 江汉论坛, 1990(6).
[2] 饶庶. "二七精神"续写新光荣[N]. 工人日报, 2011-06-30(2).
[3] 唐正芒. 中国共产党革命精神巡礼[M]. 湖南:湘潭大学出版社, 2015.
[4] 武艳敏, 左新粮. 新时代"二七精神"的传承和弘扬——以郑州市为例[J]. 河南工业大学学报(社会科学版), 2020(3).
[5] 许舜达. 长三角红色博物馆合作联盟在杭州成立[N]. 中国文物报, 2021-01-08(2).

浅析博物馆IP塑造与文化创意新思维

赵 乐
河南博物院

摘要：文旅融合的发展，促进了博物馆IP塑造与新思维宣传模式的再度提升，激励了博物馆文化创意产品的研发和文化创意活动的组织实施。博物馆职能发挥的基础是藏品研究，宣传方式需要通过相关联专业技术的交互运作，静态的基础信息是远远不够的。如何让文物活起来，要树立文创新理念，缜密规划与实施，其目的是将丰富的藏品通过科学立体的专业技术创意，灵活的推广宣传形式，将其转型聚合为陈列展品空间、文化创意产品、经典品牌后，构建成生动的博物馆IP，从而达到博物馆高效的文化信息传播功能，充分发挥博物馆藏品的社会价值。

关键词：藏品；文化创意；产品

博物馆是人类社会文明的载体和集聚地，即博物馆藏品承载着丰富的历史文化信息，始终发挥着提供实物印证和陈列宣传的作用。博物馆IP是其拥有的知识产权，包括藏品的科研成果、陈列方案、文化创意品牌、特色建筑等。博物馆IP通过再创意的发力，搭建起更具广深文化含义的社会交流平台，实现运营空间多种元素之间的方向律动。在博物馆业务交互运营的模式中，文化创意活动占据前沿位置，其分量从直观层面直接地影响着博物馆的外在整体形象。创新文化项目的合作形式，吸纳与整合社会市场资源，从而进一步发挥好博物馆IP的社会价值。

博物馆文化创意成果表现出各个职能的科研活动发达程度和实际状况，这其中文化创意担负起引导大众认识历史文化发展过程的宣传责任，即"文化创意体系"能够准确传递出博物馆IP所要表达的信息。创意活动整合内部研发的资源，不断开发出文化产业体量，最终提高文化创意项目的社会效益。我们如何"内外兼修",在场馆等硬件设施不断升级的过程中,更加注重内涵提升,为公众提供优质的文化内容,为社会营造良好的文化氛围,这一直是我们努力的方向。[1]博物馆研发文化创意产品的宗旨就是让更多的观众加深对博物馆藏品的记忆,体验人类文明的形成之源,以达到增强观众对博物馆IP的认同感、收获感和心灵共鸣的一致反应。

一、博物馆文化创意的根本

博物馆是收藏与展示人类历史遗迹、遗物的公共场所,是为大众提供探秘前世今生、认知历史、了解生存空间变化过程的生动课堂。博物馆不断努力谋求自身创新的方式和发展的方向,不停地完善创新的宣传方法,不断加快传播文化信息的步伐,拓展宣传主题的渠道。在文旅产业大发展的时代,博物馆里收藏的科学、文化、艺术等方面的藏品所体现的社会价值的重要性显而易见,即文化创意研发的根本。藏品是具有特定和具体概念的,文化创意活动则是从藏品属性的基础上提炼出来的。

(一) 文化创意的物质根基

藏品是物质基础,其本身所具备的真实性、历史与考古价值、美学特征是文化创意活动研究的重要内容,即藏品的基因。博物馆不同展厅里的展品,通过创意陈列的流程,由藏品转型为展品,即博物馆收藏的遗物在收藏保管期间为"藏品",但这些文物从藏品库房被陈列在展厅里,其身份转化为"展品"。一方面创意环境决定了藏品的功能概念,另一方面藏品在变化着的展示区域即宣传空间中,展现出文化创意活动的成效。说明创意环境因素营造着藏品的视觉吸引力和文化感染力。

藏品是历史的积淀,博物馆里收藏的每一件藏品都有其自身携带的历史信息即社会背景及其使用功能。其中包括了藏品的来源、年代、材质、社会背景以及可以提供给各种学科的参考价值。藏品是博物馆研究、陈列和服务社会大众的根本,更是重塑博物馆IP的基础条件和基石。

(二) 文化创意的基本保障

藏品被界定为博物馆职能发挥的物质基础,它也是人类社会物质与精神文明发展的见证物。所有的藏品都具有重要的历史、科学和艺术价值,是全人类宝贵的历史财富。博物馆的价值,离不开藏品的数量以及保管规模、陈列展示和文化创意项目。科学保护、多元化研究是博物馆职能的发展方向。博物馆是宣传文化信息的重要机构,需要专业的交互研究,研究是建立在基础信息资料之上的,仅有基础信息是远远不够的,其最终是将藏品合理地创意转型为展品、品牌后,构建博物馆IP,从而达到博物馆高效的文化信息传播。只有通过文化创意的方式,才能够充分展现出博物馆藏品的研究成果和故事情节的多元风貌,才能够形成一种流行的文化效应,即多元化的吸引力。

科学打造博物馆IP宣传历史文化信息,秉承以物为证,最终是为了更好地利用藏品的文化价值服务于当今的社会,满足社会大众精神与物质的需求,使得大众文化生活更加丰富多彩,即博物馆IP的社会价值。博物馆发挥着科学保护藏品和多元宣传展示人类文化与自然遗产、开展社会教育、提供休闲娱乐的作用，是广大人民群众精神文化生活中不可缺少的一部分。近几年国潮来袭，博物馆和传统文化不断受到社会大众的关注，博物馆基于弘扬中华优秀的传统文化、审美情趣，将传统与当代的观念糅合在一起，让停留在博物馆中的传统文化焕发出时代的光辉。

二、文化创意营造博物馆的艺术魅力

（一）增强文化创意手段

文化创意的营造已经成为宣传博物馆IP文化的重要艺术手段。在博物馆学中，文化创意即IP设计手段发挥着重要的作用。博物馆IP综合体现出一座博物馆的艺术魅力，即面对公众的整体形象。文化创意的目的是宣传揭示从古至今社会发展的背景，从而担负起引导大众认识社会新旧文化的宣传责任，搭建起一座更具广深含义的交流平台，营造出更具有高雅艺术氛围的视觉享受的殿堂。

从美学的概念上讲，任何一件藏品都离不开工艺美术设计，这其中包括所处同时期的创意定位、使用功能、美学构思、造型设计、视觉传达、生产制造等的流程步骤。这些操作步骤与理论被应用到当今的文化创意活动中，是博物馆精准宣传文化信息的重要参照实例，同时更是博物馆文化创意活动搭建起与大众沟通的一种博物馆语言的桥梁，是激活藏品文化创意的重要因素和手段。

（二）提高文化创意的认知度

博物馆藏品可印证一个历史时期的故事，一种造型形象，一个历史时期的流行文化。文创产品就是在博物馆IP中进行文化创意项目活动的成果，是博物馆历史文化信息的创意延伸，具有文创产品的特殊属性即社会价值（例如文具、装饰、生活用品等与人们生活密切相关的文创产品）。所以说每一款文化创意产品不仅具备历史文化信息，还具备完整的世界观、价值观、义利观，有着属于自己的生命力、传播力以及吸引力。

自20世纪80年代初始，博物馆人致力于博物馆学的社会宣传教育价值的研究，只有不断地创新思维模式，将理论转化为可行性的实践活动，博物馆的文化创意方式才能收获更大的社会效益。"IP"意为知识产权，近几年进入大众视野。博物馆IP也可以解读为在当今新媒体时代中的博物馆运营的一种跨界的文化创意活动的经营模式，这种模式的特征体现在创意方式的交互协作，有着多元次活动空间以及跨界后形成的新业态形式，能够对其IP的内涵进行创意研发，实现丰富多彩的宣传形式和博物馆IP的文化教育价值，从而引领时尚潮流。

文化知识授权涵盖了文物知识产权授权，具体包括LOGO使用授权、技术发明专利授权、品牌宣传授权、音视频授权、文物图像授权、传统工艺技术授权、著作出版授权、产品研发设计授权等类型。2013年，世界知识产权组织（WIPO）发布了新版《博物馆知识产权管理指南》，明确指出博物馆拥有版权、商标权、专利权和商业机密、工业设计权、网络域名及其他社交媒体相关标识五大类知识产权。[2]博物馆是全供事业单位，职能主体在文化研究、文创研发上。坚持做好博物馆文物的知识产权保护，是博物馆开展各类文化创意活动的基础保障。树立知识产权战略，增强自主创新的意识，减少知识产权侵权概率，始终是博物馆IP研发的基本保障。

（三）发挥文创产品的社会价值

博物馆的文创产品是文化创意活动的成果之一。文创产品研发秉承"以义为上、重义轻利"的义利观。做好博物馆文创产品的研发，更好地服务于社会大众，就是文创产品发挥出的社会价值。当今社会知识经济的发展给了博物馆文创产品研发比较广阔的施展空间，不同区域文化特征的各异风貌成了文旅文创产业兴起的基础。加之现今互联网的快速发展，使国内外的人们更多地了解到不同文化与不同地域特色的文化创意产品，进一步证明了文创产品的研发一方面秉承以彰显地域特色和准确传递文化信息为基准，另一方面是将文物的历史、美学元素进行精准提炼。文化创意产品业态的发展，能够推动文旅产业的发展和促进优秀传统文化的发扬与传承。具体到博物馆文创产品的研发工作上，文化创意产品打造的标准是要接地气的，就是说每件研发出来的产品都要得到消费者的认可，即有广阔的社会市场。

实践证明，在文创产品研发的过程中，只有坚持"让文物活起来"的指导思想，才能在创意中深挖博物馆文物承载的文化知识价值。博物馆IP具备较强的吸引力，这种吸引力源于古老的历史遗迹与遗物。博物馆以藏品为基础，打造出传播历史文化信息的平台，使更多的观众通过创意项目认知藏品的内涵，加深对历史影像的记忆。总之，有效塑造博物馆IP，就必须应用藏品讲好历史故事，即准确传递历史文化信息。大力倡导并实践"把博物馆记忆带回家""精致美学"的文创研发宗旨，让每一项文化创意活动项目和成果能够携带着具有博物馆特色的文创产品走进千家万户且深入人心。以博物馆藏品数字化为根本，以文化创意研发活动为技术支撑，以多元的互联网宣传形式为保障，以社会化大平台为基础，以社会大众为核心，以社会大众的互动关系为传播机制，以采集统计大量的数据为创意动力，实现研发、宣传、服务、公关、运营有机结合的博物馆文化创意宣传新模式，创造新时期博物馆的社会价值。

三、结语

大数据时代的5G技术、人工智能等现代信息技术的迅速发展，推动数字技术赋能博物馆文化文旅产业，让文化信息成为带动国人崇尚历史的重要动能，让博物馆的文化创意活动深入人心，加快文化创意宣传形式的合理调整，优化文化创意的研发思维模式，实现文旅融合再造新技术、新业态和新路径。综观文旅融合的成功，为博物馆IP的重塑拓宽了宣传空间，博物馆文化创意活动的社会影响力不断增加，其本质势必成为引领当今社会文化发展的主流。

---

[1] 宋娴. 技术与数字化创举 博物馆的创新之道[M]. 上海：上海科技教育出版社，2017.

[2] 陈凌云. 博物馆文化创意产品开发研究[M]. 上海：上海社会科学院出版社，2019.

论博物馆讲解员弘扬红色文化的途径和技能

王文博 曲 乐
河南博物院

摘要：博物馆、纪念馆是传承红色文化、赓续红色基因的主要载体，优秀的讲解工作者能够高效广泛地传播红色文化。为了更好地培养讲解员，从20世纪60年代开始，国内举办了不同规模的讲解比赛。通过大赛短期内迅速提升讲解员写作能力、语言表达能力、共情能力及综合素质，培养出众多能力强、素质高、敢担当的讲解员。本文通过笔者自身参赛经验，从讲解词的编写、语言表达、讲解技巧三个方面，阐述博物馆讲解员弘扬红色文化的途径和技能。

关键词：博物馆；讲解员；红色文化；技能

博物馆、纪念馆是传承红色文化、赓续红色基因的主要载体，优秀的讲解工作者能够高效广泛地传播红色文化。为了更好地培养讲解员，从20世纪60年代开始，国内各类博物馆、纪念馆先后举办了不同规模的讲解比赛。通过大赛短期内迅速提升讲解员写作能力、语言表达能力、共情能力及综合素质，培养出众多能力强、素质高、敢担当的讲解员。因大赛而出现的红色讲解员培训班、"全国红色五好讲解员"培训项目等，让一代代优秀的红色讲解员更专注地投身传承红色文化、赓续红色基因的伟大事业中来。

如何通过比赛取得良好的成绩、提升工作能力，是众多讲解员努力的方向。笔者结合自身参赛经验，阐述博物馆讲解员弘扬红色文化的途径和技能。

一、讲解词深挖红色文化内核

讲解比赛核心在于内容，一份主题鲜明、重点突出、逻辑严谨、层次清晰、朗朗上口的参赛讲解词是前提。

1. 优秀的选题是关键。革命人物、革命事迹、革命遗址、革命文物众多，如何选择？需要了解不同地域蕴含的红色精神，确定主题。河南诞生了焦裕禄精神、红旗渠精神、大别山精神、二七精神；山西诞生了太行精神、吕梁精神；陕西诞生了延安精神、毛泽东思想、南泥湾精神；江西诞生了八一精神、苏区精神、井冈山精神；甘肃诞生了长征精神、南梁精神、铁人精神、航天精神、莫高精神等。以此为基准，结合所在博物馆进行特色选择。主题明确后还需要挖掘时代价值，红色精神随着时代的变迁被赋予不同的时代意义。习近平总书记在党的十九大报告中指出，推动中华优秀传统文化创造性转化、创新性发展，继承革命文化，发展社会主义先进文化，不忘本来、吸收外来、面向未来，更好构筑中国精神、中国价值、中国力量，为人民提供精神指引。按照社会大方向提炼红色精神中的民族精气、国家精魂，突出中国故事的时代价值。

2. 良好的结构是基础。红色文化讲解比赛注重揭示人物事件，注重故事及其所体现的精神。笔者认为一篇优秀的红色文化参赛讲解词应具备四个层次。一是抓住细节展开描写，并与党史契合，让情节更加鲜活。二是用故事传递红色精神，揭示时代价值。三是结合实际点出红色精神在工作、生活中产生的作用。四是可适当增加互动语言，如以设问开篇等。"庆祝中国共产党成立100周年全国博物馆讲解员大赛"赛场上，湖北省博物馆讲解员魏来开篇设问，讲到"湖北省博物馆收藏了一件破旧的军大衣，它的主人就是1955年被授予大将军衔的徐海东。提起徐海东，今天很多人对他并不熟悉，他甚至没参加过解放战争，凭借怎样的战勋让党中央把他排在开国大将的第二位？这还得从毛泽东向徐海东借钱的故事说起"。一件军大衣和与毛泽东发生的故事引出讲述人物徐海东。中国人民抗日战争纪念馆周耐，讲到"在抗战馆的展厅里有这样一件珍贵文物，是1939年6月4日旅菲华侨王雨亭在儿子王唯真回国抗战前，写给儿子的临别赠言。让我们一起走进文物背后的故事"，通过一封临别赠言引出故事。延安革命纪念馆讲解员白婷围绕《东方红》乐曲展开讲解，在结尾处唱响歌曲。在白婷引领下，现场评委及观众逐渐融入其中，重回那个峥嵘岁月，共情共景形成大合唱。整个赛场氛围高涨、激情澎湃。

3. 合适的体量是根本。用词精练简洁、通俗易懂，做到点面结合、亮点突出。首先红色讲解比赛时长一般在5～10分钟，所以讲解词的字数通常控制在900～1600字。个体语速有所差别，可结合自身特点确定参赛讲词字数。其次参赛讲词应精确策划到重点词、句、段表达所需时间。省部级以上的讲解员比赛，没有因时间问题导致扣分的，但在地厅级的讲解比赛中经常出现选手因超时或时间不足导致扣分。"2020年河南省红色故事大赛"决赛选手60人，因讲解超时扣分5人，时间不足扣分2人，占总人数的11.7%；"2019年河北省红色故事大赛"决赛选手32人，因讲解超时扣分2人，时间不足扣分1人，占总人数的9.37%；"2020年陕西省文博系统讲解比赛"专业组决赛共24人，因讲解超时扣分1人，时间不足扣分1人，占总人数的8.3%。此类失误严重影响选手赛场成绩，因此合适的讲词体量极其重要。

4. 卓越的价值是灵魂。讲解比赛展示时间短，讲解词类型丰富多样，需开场点题。如点出讲解词的红色精神、时代价值。例如笔者参加"庆祝中国共产党成立100周年全国博物馆讲解员大赛"时，半决赛参赛讲解词描述20世纪60年代河南林县严重缺水，水贵如油。为了摆脱千百年来缺水的难题，林县人民在县委书记杨贵带领下修建引漳入林水利工程，十年的时间削平了250座山头，架设152座渡槽，凿开211个隧洞，砌土石

1515万立方米，钢铁般的信念铸就红旗渠精神。决赛参赛讲解词描述红二十五军政委吴焕先率领部队在长征途中血战独树镇，危难时刻他振臂高呼"共产党员跟我上"，令红军士气大振，这种力量让平均年龄不到18岁的红二十五军大获全胜，并指导部队在随后的渡泾河、打镇原、攻庆阳战役中屡战屡胜。虽然吴焕先牺牲在长征胜利前夕，但他的精神凝结出"坚守信念、胸怀全局、团结一心、勇当前锋"的大别山精神。时代价值则是通过英烈故事反映到对现在工作生活的影响，不同的时代，红色精神有不同的时代价值，在增加与观众共情的同时，让红色精神在新时代产生新动力。

二、苦练思辨和表达能力

严谨的思辨能力对于讲解词的理解、记忆和二次创作具有重要意义，恰当的表达有助于塑造选手赛场风格，二者皆离不开苦练。

1. 边练边改，反复锤炼讲解词并流利表达。良好的记忆能力可满足博物馆讲解员日常繁重的工作，参赛更是如此。备赛过程中讲解词会不断修改、调整，以便结构更清晰，语言逻辑更严谨，总体内容更精彩。死记硬背会导致记忆混乱，造成赛场忘词。按照逻辑分段记忆，可使记忆效果事半功倍。若思辨地对讲解主题与内容广泛搜集针对性的资料，对讲解内容进行分层解读，自身与讲述的人物或事件有灵魂的碰撞，融入讲解过程，便可水到渠成，充分用真情实感影响观众。

2. 借助视频及语音，由"讲"而"讲"变"听"而"讲"。笔者发现，很多讲解员在讲解过程中使用惯性思维，将自己语言表达习惯套用在所有讲解内容上。可借助智能手段，从受众角度去听自己讲解。如录制视频，培养镜头感的同时，增加对讲解词的整体把握，能够站在第三方角度找出自身语言表达、肢体表达方面存在的不足。

3. 模拟实战，练声练胆。通过大学生报告会、博物馆文化进校园等形式模拟实战，与讲解内容"共情""共景"，达到练声练胆的目的，增加讲述感，强化赛场驾驭能力。

三、巧用技能和人格魅力点亮讲解艺术

俗话说："台上三分钟，台下十年功。"讲解赛场得分高低并非一蹴而就，需要平时坚持语言表达与基本功练习，包括高低音调、语速快慢、断句停连、情感运用、讲解仪态与举止等，赛场中方能运用自如，用人格魅力点亮讲解艺术。

1. 声音运用自如且做到先声夺人。大多讲解比赛现场不允许使用辅助发声设备，这要求平时须加强发声基本功训练。笔者参加"庆祝中国共产党成立100周年全国博物馆讲解员大赛"和"河南省红色故事讲解员大赛"的赛场，可容纳200～600人，很多选手因气息控制不当，出现声音忽大忽小、强拉高音导致现场劈音、讲解未结束嗓子出现干哑的情况。这些失误影响选手参赛成绩。因此先声夺人可给评委留下好的印象。如果赛制要求使用辅助扩音设备，更需要选手对于语音的控制，因为语音扩放设备，很容易放大发声缺点，如口水音、爆破音、喷麦等，要注意口腔控制及话筒与口腔的距离。（图1、图2）

2. 真情实感支配节奏与呼吸，从而产生代

入感。讲解中起伏、变化、语调高低要根据内容而定，讲究语言的韵律美。字正腔圆，发声位置准确，自如地运用胸腹式联合呼吸法，让声音有磁性、有美感、悦耳动听、穿透力强。娓娓道来，亦可排山倒海。烘托故事情节以引领听众同频共振。

3. 加强应变能力训练，提升心理素质。强大的心理素质，能在赛场发挥最佳水平。首先在备赛的过程中，保持精神放松，做到泰山崩于前而色不变，麋鹿兴于左而目不瞬。其次在赛场如果忘词，要保持冷静，语速放慢，根据对参赛讲词的理解，现场组织语言。最后是注重眼神交流。眼睛是心灵的窗户，坚定的眼神是体现讲解员在赛场上内心素质的重要因素，目光坚定、平视赛场，特别是给评委足够的目光交流，以神传神。

红色文化讲解大赛是展示博物馆管理水平和业务水平的平台。通过讲解比赛讲解员能与来自全国各地的同行进行专业交流并搭建起新的共享平台，对未来的工作和学习起到重要作用。

红色文化讲解大赛是选拔优秀讲解工作者和广泛传播红色文化的有效途径。激荡人心、英勇悲壮的故事都珍藏在全国各地红色遗址及文物里。通过红色讲解大赛，传播红色故事，从采风、选题、定稿、锤炼，每一个呼吸，每一个眼神，每一个举手投足都成为赛场的加分项。传承红色文化，赓续红色基因，成就职业梦想。激励更多中华儿女坚定理想信念，不忘初心，牢记使命，在平凡岗位，为新时代续写出彩篇章。（图3、图4）

图1　河南省红色故事大赛赛场1

图2　河南省红色故事大赛赛场2

图3　庆祝中国共产党成立100周年全国博物馆讲解大赛一等奖颁奖仪式

图4　庆祝中国共产党成立100周年全国博物馆讲解大赛集体合影

万里茶道沁阳段：太行山仙神口古道的考察与研究

牛永利

焦作师范高等专科学校　覃怀文化研究院

摘要：仙神口古道是豫晋太行山山间众多古道中的一条，由南向西北横穿太行山，山路全长约15公里。20世纪80年代以前，它是山西省凤台县（晋城市）与河南河内县（今沁阳市）西部、西北部之间的主要交通路线之一。该道遗存有古坂道、庙宇、水池、房屋、碑刻等遗迹和遗物。此古道对明清时期豫西北晋东南的军事布防、商业贸易、人口迁徙、文化交流起着一定的作用。

关键词：豫晋；太行山；仙神口古道；考察

2020年12月11日，为进一步加强"万里茶道"申遗工作的整体协调和有序推进，万里茶道联合申遗城市联席会议暨万里茶道八省（区）文物局局长在武汉举行申遗工作座谈会，八省（区）节点城市政府代表在武汉签署了《万里茶道保护和联合申报世界文化遗产城市联盟章程》，并启动万里茶道联合申报世界文化遗产三年行动计划。河南省是万里茶道八省（区）之一，其节点城市包括沁阳市。沁阳市现存"万里茶道"古道段有两处，一处是"太行陉"，一处是"仙神口古道"。目前，关于豫西北与晋东南太行山之间的古道研究，多集中于"太行八陉"[1]，而山间的小道研究不足。仙神口古道至今没有专门研究。

仙神口即河南省沁阳市西北太行山二仙庙[2]的出山口，一名仙人口。出了此口，便是一马平川的沁河冲积平原。仙神口古道是沟通沁阳市西部、西北部、孟州与山西省晋城市泽州县[3]的重要道路之一。明清时期，乃至20世纪80年代，此条古道在豫西北与晋东南之间的人口流动、商业交流、军事布防、文化交流中起到了一定的作用。

本文结合笔者在仙神口古道考察收集的资料与相关历史文献，对仙神口古道在豫西北晋东南的军事布防、商业贸易、人口迁徙、文化交流中所起的作用进行综合分析，以期对沁阳市申请

"万里茶道"世界文化遗产有所帮助。

一、古道的历史

（一）文献记载

关于仙神口古道，明清以来历次编修的《怀庆府志》《河内县志》及民国《沁阳县志稿》均没有记载。

最早记载此道的官方文献是《凤台县续志》。《凤台县续志》载有仙人口关隘图，图中标注："（仙人）口为入境小道，在县西南八十里。守口，山岭可以下礧，又可掘路断行。南三十里为河内县二仙庙，北鸦（衙）道村接凤台壤，仙人口又呼仙神口。"[4] 仙人口古道西不远即是白涧古道、愁儿沟古道，三条古道在营房口会合。《凤台县续志》记载："仙人口、白涧、愁儿沟三口北距腹里十五里，三口之道会合一路，曰营防口（营防口南距三口各十五里），地势逊险于三口。"[5]

沁阳首次记录此古道的官方文献是《沁阳县交通志》，其书载："纵三道：为商道，亦为神道，此路由河阳（孟州）入沁阳县，经崇义、二郎庙集、柏香集、馆集（东阳馆）、伏背，渡沁阳爻头[6]登岸，直指宋寨、紫陵、仙神口，循七十二盘，旋经五华里之山径梯道，直指三晋之凤台县。这条路辟于隋唐。"[7] 文中记载此路修于隋唐，不知据何史料。

《晋城市交通志》载："自（泽州县）周村起，经……东庄、蓄粮掌、衙道……从207国道南出境处东侧池根村出境，入河南省博爱县紫林村。古称清化二大道。"[8] 此路入河南省，并非是博爱县紫林村，而是沁阳市紫陵村。清化二大道也不是沁阳人的称呼。[9]

（二）现状

仙神口古道南起于孟州市，经孟州市谷旦镇，沁阳市崇义镇、柏香镇、紫陵镇由仙神口进入太行山。在仙神河西边还有两条入山线路，一是宋寨—恶水站—石庙，二是西紫陵—卧羊沟—石庙。另外是由仙神口入山，沿阳洛山沐涧寺后七十二墈盘山古道而上，过一线天，到石庙。石庙是三条路线的交会处，此后合为一路，过银窑坑到道宝河，在衙道村入山西，然后到达泽州县周村。从仙神口到衙道全长约15公里，步行来回需要8小时左右。

此道东距"太行陉"主道沁阳常平羊肠坂古道15公里，东距赵寨村云阳古道3公里左右、义庄村九里口古道约6公里，西距济源白涧古道、愁儿沟古道约10公里。向南在柏香镇与豫晋"太行八陉"之"轵关陉"沁阳段[10]（今312省道）相交。

1949年后，因沁阳与晋城开通了铁路和一些省道，此路慢慢失去了昔日的作用，被生长在路边的荆棘笼罩，灌木覆盖，再加上年久失修，山雨冲刷，有些路段坍塌较为严重。

二、遗迹和遗物现状

笔者于2012年开始对此道进行了多次实地考察，在古道上发现遗存有关口两处，清乾隆年间碑刻两通，水池一眼，石庙一处，房屋数间，以及未破坏的石坂道。

（一）关口

1. 仙人口

仙人口位于二仙庙南约2公里处，西边是仙

神河河道，东边是崖壁，是唯一一处进入二仙庙的入山口。在此守关，居高临下，视野开阔。

2. 仙人口凤台守口处关口

《凤台县续志·仙人口图》图上标注有"仙人口凤台守口处"，此口位于仙神口古道向北进入山西的出口处。在此口南边还有一处"掘路旧迹"被标注在图上。[11] 这也说明了仙神口古道的军事性质。

（二）石坂道

进仙神口，循仙神河谷向北走十里，循阳洛山山坡上，到小垻，因有七十二弯，又名七十二垻。由于常年的大雨冲击，七十二垻的某些路基已被冲毁。就保存完好的路况来看，路基宽1～3米，路面用大片石、小片石头铺砌，相距数米则于路中横砌一石，以防滑和抵御洪水冲刷路基。沿悬崖的路边设置有约30厘米高的条石以保护行人安全，靠山路边用巨石或卵石垒砌而成，由低到高，低者几十厘米，高者1～3米，其路牲畜驮煤亦可通行。

（三）庙宇与碑刻

仙神口古道沁阳山区段沿途庙宇有：静应庙、真谷寺、沐涧寺、石庙等。在这些庙内的碑刻与古道相关的共4通。[12]

1. 元至元十九年（1282年）《元紫虚元君庙地记》

《元紫虚元君庙地记》载："维大元国紫陵村上清紫虚元君庙地壹段，东至沟道，北至沟，南至官道，西至杨家沟，计地五十亩，至元十玖年叁月十九日。"[13] 从碑文的表述中看，"官道"或者就是此条古道。

2. 清乾隆十五年（1750年）《重修垻路创建池庙碑》及《创修石庙水池施财善人功德碑记》[14]

在古道的朱圈处遗存有一座石庙，面阔三间，单檐前廊式无梁建筑，全石构造。大殿前廊东西山墙上各镶嵌一通碑，东墙为《重修垻路创建水池石庙碑记》，西墙为《创修石庙水池施财善人功德碑记》。《重修垻路创建水池石庙碑记》记载，"仙神口西北十里许地名小垻，陡崖壁立，势甚危险，□□□名大垻，大小异名……束于万石林立中。所传羊肠路者，毋乃谓是地介豫晋间，行旅……乙丑春，遂创水池一眼、石庙三间，并奉龙王、土地、山神于殿内，□镇一方。迄今□客困乏有室可栖、溽暑烦渴有泉可饮，行人重有赖焉"。

碑文未载此路创修于何时。从碑文内容可知，紫陵村牛世官与族侄牛相尧等率领附近村民于乾隆乙丑年（1745年）春重修此路，同期创修石庙三间、水池一眼。通过碑文可以推测，入清以后，此路商旅往来频繁。因此才增建了庙宇、水池，方便行旅休息、补充水源。另外，参与修路的村有：紫陵镇、东逯寨、宋寨、西紫陵、南高村、郜庄、辛村、期城、郑村、坞头村、窑头村、长沟村、王村、范村、赵寨等。[15] 参与修路的村庄均位于古道沿线上，由南向北依次为东冯桥—郜庄—杨林—南高村、辛村—郑村—期城、葛村—坞头、窑头—宋寨—紫陵—泽州县，由东到西依次为长沟—范村—王村（三村位于紫陵镇南）、赵寨—紫陵—西紫陵—宋寨—东逯寨。由此可知，仙神口古道主要服务于沁阳西、西北部的村庄。

3. 清咸丰四年（1854年）《修路序》

此碑现镶嵌在济源市东逯寨村关帝庙卷棚西

山墙。碑文载：" 太行山有村曰东逯寨……与山西岭东等处，相隔只一山耳。然由仙神口而往者五十余里……往往夏阻于水、冬阻于水……壬子夏，大雨时行，仙神……路被水冲，行人苦之。时有李公文信、(李公)家昌、耿公复兴、傅(公)颐温、孟公长春、李(公)道用等相聚而言曰：村西北蚕丛小路可通山西，倘有人焉从而开扩之，则适晋者不患崎岖，来豫者亦庆康庄矣。于是公举李公道五董其事。……道五迫于不容已，纠众募化，共捐资一千余串，犹恐财不敷用，又请凤邑闫公正西等妥议成规，以九堑为界，九堑以北凤邑修之，九堑以南逯寨修之，……经始于二年冬月，至四年而工告竣。当是时，往来行人络绎不绝，皆以道五等为伟人矣。而道五于此又虑历年久远，此路或有破损之虞。复请煤行帖张，以每年所获用钱为异日补修之资。"[16]

由碑文可知，清咸丰二年（1852年），东逯寨村民重修了仙神口古道。文中所载"煤行"，位于二仙庙前。另外据碑文可知，还有山西潞府商号天福堂、中和堂以及凤台县南村商号万生堂捐资。[17]

4. 清光绪十九年（1893年）《河内县堂断碑》

此碑现存于二仙庙紫虚宫大殿东侧的碑刻平台上。原立于二仙庙牌坊前的煤场旁边。碑文载："仙神口，旧有驼煤、驼炭牲口，数百余年并未有支差帮柜之说。至光绪十七年间，忽有张振盛、李芳□、李芳素等将仙神口庄农牲口抗不支差捏禀在案。蒙贤邑侯高断令驼煤、驼炭俱属庄农牲口，仍当率由旧章，永不准帮柜支差、节外生枝。嗣后轮至紫陵镇充办骡柜，又有宋如元、张春田、宋得荣等搅赖仙神口庄农牲口不取图记，伊亦抗不支差。又蒙贤邑侯黄讯明，仍照高公前断。"[18]

由碑文看，二仙庙煤场当是官方经营，周边村镇的乡民轮流支办差役。其中仙神口的农户牲口没有支差的规定。这个并不重要，重要的是，二仙庙煤场的煤炭是由豫晋太行山两边的乡民从山西运回来的。[19]据出生于民国时期的紫陵镇村民讲，他们走"七十二堎"古道去山西担煤，然后在二仙庙煤场过秤领钱，煤场将煤转卖给山下村民。[20]二仙庙煤场于1949年后不存。

三、沿途集镇

仙神口古道沿线的集镇，具有商品贸易及军事防卫两种性质。山西地界有周村镇、李寨乡、梨川镇，河南地界有紫陵镇、柏香镇、崇义镇、谷旦镇等。明万历二十五年（1597年）《河内县志》载："贸易辐辏，市井骈阗，非落落数家村比也……柏香镇……崇义镇。"[21]清道光五年《河内县志》载："国朝……分防柏香镇守兵四名，紫陵镇守兵四名。"[22]据《河北采风录》记载："河内县西南崇义、西之柏香、西北之紫陵是商民积聚之所[23]；孟州北路禹寺（谷旦镇辖）等均系通商，人烟稠密。"此段说明，紫陵镇、柏香镇、崇义镇、谷旦镇是具有商品贸易性质的镇店，其中紫陵镇、柏香镇还具有军事防卫性质。据李嘎对晋东南明清民国交通的研究可知，周村镇、李寨乡、梨川镇均具有商业集镇的性质，另外周村镇还具有军事防卫的性质。[24]

1. 泽州县周村镇

周村镇是仙神口古道山西的起始点，位于泽

州县西约 20 公里，距离沁阳紫陵镇约 36 公里。其镇东接南村镇，西与阳城、沁水两县接壤，南临李寨乡，北为川底乡，素有"行山重镇""丹水名区"之称，是泽州县的西大门。清代，周村镇商业繁盛，商贾云连，在此营业的商号 100 多家，涉及行业约 17 个，是明清时期晋东南商业重镇之一。[25]

2.泽州县李寨乡

李寨乡位于周村镇东南约 7.5 公里，是仙神口古道进入山西后经过的第一个商业集镇。据 1924 年《山西省各村户口调查表》可知，当时李寨村有商户 20 家，人口达 1164 人。[26]

3.沁阳紫陵镇

紫陵镇位于沁阳市西北约 16 公里处，是仙神口古道南出太行山的第一站，是沁阳西北山区较大的集镇。唐武德三年（620 年），于此置紫陵县。明清时期，是河内县主要集镇之一。[27]

4.沁阳柏香镇

柏香镇位于沁阳西约 15 公里处，紫陵镇南，与紫陵镇隔沁河相望。明清时期，是河内县主要集镇之一。境内有商品集散地东阳馆[28]、兴隆集。[29]

5.沁阳崇义镇

崇义镇位于沁阳西南约 15 公里处，北临柏香镇，南接孟州谷旦镇。唐武德三年，于此置忠义县。明清时期，是河内县主要集镇之一。[30]

6.孟州谷旦镇

谷旦镇是仙神口古道向南达黄河孟津渡口的中间一站，过了谷旦镇便是孟州城。其镇位于沁阳崇义镇南，南距孟州城北约 8 公里。明清时期，是孟州主要集镇之一。[31]明正德八年（1513 年）《谷旦镇石桥记》载："谷旦镇在怀庆郡治西南五十里许，桥南有镇名曰谷旦，近孟县十余里。路接京师，为秦、晋、滇、蜀之要冲，往还使命，殆无虚日。"清康熙二十七年（1688 年）《重修谷旦镇石桥碑记》载："吾邑当孟津渡口，路达秦、楚、巴、蜀、滇、黔数省，行旅往来，肩背相望，盖冲要之区也。邑北二十里，镇曰谷旦，溴水横其北，有石梁以便行人，其来旧矣。"由上述碑文来看，为陕、山、川、蜀商旅往来必经之地。以至于"民居安堵，颇有小邑之象"。

四、古道的功能

（一）军事

《凤台县续志》载："按绘图为修志要义，关隘则图中之要，关隘在凤台尤要。盖太行毗连豫晋，如堵如屏，实为全晋门户。……毛吏国琳者，亦多艺，相与步山陬、访里老，凡诸隘之形势曲折，道里远近，皆详辨。"[32]由此可见，山西凤台县比河内县更加重视军事关隘。

《沁阳县交通志》载："据传说，唐王李世民自少林逃出，渡黄北上，循抵此处，曾解难数日于二仙庙中。此庙规模可与唐李世民长安宫殿媲美。"当地乡民传说，"李世民困于庙中，得到紫虚元君的救助脱难。李世民登基后，按长安宫修了此庙"。此文献不见于正史记载，不足为据。不过，唐武德三年，李渊在紫陵镇置县，主要还是从军事上考虑。武德三年，李渊为了夺取中原，派李世民征讨居于洛阳的王世充，王世充派王泰镇守怀州（今沁阳）。唐武德四年，唐军与窦建德在洛阳、荥阳汜水发生了著名的虎牢关之战。

是年四月，窦建德因大将军张青被俘，粮道又被唐军抄袭，窦建德部下凌敬建议："不如率主力渡河，攻取怀州、河阳，再翻越太行山，入上党，攻占汾阳、太原。"[33]仙神口古道，在孟州（河阳）正北的太行山中。说明豫西北地区太行山中的古道在战争年代军事地位的重要性。《沁阳县交通志》所载虽是传说，然而虎牢关之战是唐军统一中国的关键性战役。紫陵镇设县不到一年，也就废止了。可见，李渊在此地设县主要是从军事角度考虑的。

刘令誉《按豫日记》载："崇祯五年，七月十六日溃贼近河内柏乡镇，予料贼必犯紫陵，紫陵距郡城十五里，为太行山通清化必由之路，即面促曹帅文诏邀击，惜兵行稍缓，未扼其吭，第击其尾，尚斩级二百五十二颗。……刘令誉会剿晋寇，檄仙神口西北有磨子滩乃晋地也。其始藏乐伶，贼五十人不时犯口，而沿山天井关等处走为熟径，今数已满千，修营于圣皇屏，深沟高垒，日遣马贼百余混扰晋豫间。……六年三月，贼从河内上太行，临洮总兵曹文诏大败之。……四月，贼犯州西秋萝李寨村。副将李卑驻周村，兵单不前。……六月辛巳，左良玉破贼于怀庆，贼尽奔太行山。"[34]

《风雨征程（1919—1949）》一书之"仙神庙事件"载："仙神庙位于紫陵正北约八里的太行山南麓的仙神河内，东西两座大山，河口是通往山西的要塞。站在河口的山上，真是一夫当关，万夫莫开。午后，工委、特委一行30余人进入仙神庙口以后，按照一般军事习惯，就在刚进山口路边一高地布哨设岗……同志们赶快搀扶住王毅之慢慢上山，腿窝口的鲜血，还顺腿往下流……王毅之和张玉英到前洪水时，天还不亮……沿着崎岖山路，向北经逯河、岭东，前往晋城犁川。"[35]1938年春，刚在紫陵成立的豫北人民抗日游击队第三支队因受到紫陵村黄枪会的突然袭击，就顺此道撤退到了晋城。《沁阳县革命历史回忆录》载，"1943年秋天，郭全儒由衙道村出发从仙神口下山，深入紫陵村去瓦解伪军。……1943年冬天，太岳二地委武工队为了摧毁伪军在仙神口南的炮楼，郭全儒带领5人下山，在仙神口东坡埋上4个石地雷，将伪军炮楼炸毁，震慑了驻扎在紫陵镇的伪军，使其逃到紫陵镇东的义庄村据点"。[36]由上述记载可知，此路在军事上起着非常重要的作用。

另外紫陵镇在清代时设有守兵四名，说明其军事地理位置的重要性。

（二）人口迁徙

紫陵村《黄氏家谱》载："我黄氏由山西洪洞肇迁仙神庙北一里，有山地界名白道峪：东至紫金坛，西至石河，南至车光檐，北至磨杆峪。"[37]《七十年的见证》载："郭玉兴出生于山西离石县（离山县）郭家沟村……1897年春节，在山西汾阳、离石一带走街串巷做生意的紫陵韩姓商人，要赶牛回老家，需要雇一赶牛的短工。……就这样郭玉兴独自一人，随紫陵韩氏走出了山西黄土高原，来到太行山下一望无际的豫西北平原紫陵村。"[38]

由上述家谱及家史等文献记载可知，仙神口古道在豫西北晋东南人口迁徙中的作用。

（三）商业贸易

河内县（沁阳）西有轵关陉（济源）、中有羊肠坂（沁阳）、东有白陉（修武），三条路间隔过大，由北向南延伸路线较长，对于位于沁阳西、西北的商民来说，不如选择仙神口古道。从进山到出山，徒步来回不过七八个小时，一天之内即可来回。正如《万里茶路话常家》所写："清代晋商贩运茶叶的万里茶道路线，经洛阳途经济源通往山西的路有两条。一条是轵关道……大批的茶叶并不走这条路线，而是走位于东部的太行山路，由济源出发东行……乘船过沁河，进入山区，路夹在山谷之间……这条路线比之沁阳羊肠坂古道，艰难程度相差无几，只是因为在大方向上为直，能省去半日多的行程。"[39]

《沁阳县交通志》载："纵三道（仙神口古道）为商道……一则通商：元明清以来，河南之生姜、大蒜、水烟、编竹、棉花、布匹、鞭炮、食盐等大量北上，以用三晋之民度岁，三晋之煤炭、铁器、粮食等土特产骡驮马载，更兼担挑，大量下山，成为沁阳县以至温、孟二县人民度岁之所赖。"

1956年，沁阳县委委员、供销社主任宋保礼和紫陵工作组组长潘复龙等领导，为了在紫陵村重启新的物资交流大会，向尚庄、辛庄、梨林、柏香、崇义、王曲、木楼、西向、西万、山王庄和博爱等地的供销社下请帖，让各地供销社的百货、生活日用品、地方土特产品到紫陵参加物资交流大会。晋城衙道的供销社商队，赶着骡驴驮着铁铸的锅、铞、蒸笼、大鏊、小鏊、不翻鏊和犁铧等物品，便沿着仙神口古道大墚小墚山路，也来参与紫陵的物资交流大会。晋城商队平时也常在紫陵供销社将百货、生活用品运回衙道。同时，远近数十里的个体商贩也来参加，比如山王庄的姜、许良的竹货、盆窑的黑陶盆、月山的缸、景明的荆货、沁南王曲东乡的苇席等。[40]

仙神口古道还是晋煤外运的通道之一。清代，二仙庙前设置有煤场。据清光绪十九年《河内县堂断碑》和清光绪三年《堂断碑》[41]可知，晋煤外运主要靠牲口。当地乡民也人工挑担运输。将运来的煤炭卸到仙神庙煤场，然后转卖到山下。1938年紫陵村小学创建时，其部分经费就来源于二仙庙和紫陵集市秤煤的手续费。[42]

（四）文化交流

清道光五年（1825年）《河内县志·山川志》载，"又东五里为悬谷山……东二里有仙神口，上有二仙庙。庙岁二月，士女云集，四方来会，颇称胜观"。二仙庙庙会直到民国年间，仍吸引着周边县市的游客商旅。《痛哭静应庙》载，每年三月三庙会，"男女老幼，密密如蚁，层层如织，昼跻途中，夜休盈院，前者呼而后者应，男者歌而女者和乎。香烟缥缈……伛偻提携，来往而不绝者"[43]。其书又载，"每年三月，两省香客，来庙焚香，不计其数"。《沁阳县交通志》载："纵三道（仙神口古道）……亦为神道。……二则拜庙：在仙神口西，有隋代开修的真谷寺与唐宋以来的摩崖造像，现为省级文物保护单位。在仙神口东有紫金坛，上置庙宇十一座，并设三道天门，为香客岁临之地。仙神口处，赐建静应庙，曰二仙庙。每岁三月三庙会，时长半月。周围县邑以致黄河南北两岸七十二道水路拜庙支派，届时整装，传锣执事，旌旗飘展，相继蜂拥而至，真乃人海满山谷，香烟不散云，气氛浓郁，盛景百般。"通过庙会，周边县既交流了文化又交换了物资。二仙庙的称呼也是豫晋文化交流的产物。二仙庙在明代之前，称"魏夫人祠""紫虚元君庙"。随着晋东南二仙信仰的传入，紫虚元君信仰受到影响，其庙宇名称也随之改变。关于紫虚元君显灵救助李世民军队的传说，也深受晋东南二仙传说的影响。[44]

在晋东南地区，男孩子长到12岁，要举行开锁仪式。[45] 在沁阳西、西北部的成人礼亦在12岁。两地的名称也一样，都称"开锁"。两地"开锁"仪式也基本一样。

除此之外，沁阳方言也被归入晋语系。[46] 距离沁阳紫陵较近的山西衙道村、罗河村等乡民发音与沁阳西、西北发音十分相似。

五、结语

仙神口古道是豫西北晋东南众多山间羊肠小道中的一条，在豫晋军事布防、商业贸易、人口迁徙、文化交流上起到了一定作用。仙神口古道对于官方来说，其主要价值在于军事防守。对于商民来说，是他们交流物资的商道。明清时期，随着商业的发展，晋煤、泽州的铁器、河东食盐的外运，南方茶叶北上，怀庆府的面粉、怀药等商品走仙神口古道可以缩短大半路程，是"太行陉"的主要交通辅助线。因此，又被晋商及泽潞商帮称为"清化二大道"。

仙神口古道又不同于其他商道，在入口处有规模宏大的建于隋唐时期的静应庙、沐涧寺、真谷寺等寺庙，是商旅行人祈福的地方。

随着豫西北晋东南铁路的开通、公路的修建，仙神口古道失去了往昔的作用。但是，其文化旅游价值却凸显出来。仙神口古道山区段，风景优美，鸟语花香，又有一些国家级、省级文物保护单位，摩崖石刻等文物古迹，是集人文景观与自然景观为一体的景区。开发二仙庙古道沿线的人文景观和自然景观，可使古道重新焕发生机，从而为焦作全域旅游及经济发展做出新的贡献。

---

[1] 郭永平. 太行八陉与山西传统文化景观构成探析 [J]. 广西民族大学学报（哲学社会科学版），2019（2）；王晓敏. 文化线路遗产视角下的太行山陉道研究 [D]. 哈尔滨：黑龙江大学，2018.

[2] 二仙庙，历史上又称仙神庙、静应庙、紫虚元君庙等，是古道南出太行山必经之地，因地势险要，历史上曾有关隘。此古道有多个称呼。本文采用《续凤台县志》记载的"仙神口古道"名称。

[3] 晋城市，清代为泽州府凤台县。民国3年（1914），废府设道，凤台县复改晋城。1996年8月，晋城郊区改为泽州县。

[4][5][11][32] 张贻管. 凤台县续志 [M]. 刻本，1882（清光绪八年）.

[6] 爻头：即紫陵镇窑头村，紧临沁河北岸。

[7] 河南省沁阳县交通局. 沁阳县交通志（1922—1985）（征求意见稿）[Z]. 沁阳，1985.

[8] 郑跃峰. 晋城市交通志 [M]. 北京：人民交通出版社，1999.

[9] 关于此道的称呼，还有以下两种：猴岭道、紫道，此两种说法均源于清乾隆五十四年《怀庆府志·图经说》的记载。清乾隆五十四年《怀庆府志·图经说》载："河北为古河内郡，太行峙其西北，黄流绕其东南。形胜所据，为古用武地。而史传所载……紫金、猴岭……诸险要，俱近在怀郡。"紫金坛、猴岭地势险要，均在豫晋太行山山间小道上。《乾隆己酉年重刊怀庆府志·校注本》（中州古籍出版社，2013年，第39页）在注解"猴岭"时写道："猴岭：即猴岭道，在怀川沁阳紫陵北部，绵延五十公里，从紫金山和阳洛山之间穿过，通往山西晋城凤凰头。"《文化沁阳》（科学出版社，2011年，第113-114页）载："（怀庆府）志云紫陵'形势险阻'，主要原因是紫陵位守南太行古羊肠坡西支出入口，此道亦称紫道。紫道南起紫陵，北入仙神河河谷，从车馆岩盘上沐涧山，向西北30公里接山西衙道。今旧道仍存，依山势盘旋起伏，宽

2-3米。"不过笔者并不认同此两种称呼。因为《怀庆府志·图经说》并不是从交通角度来记载的,是书《山川·济源县》载,"猴岭山,在县西北五十里"。另外,猴岭在修武,明正德十三年《怀庆府志·山川·修武县》载,"猴岭在县西十五里"。紫金指的是紫金坛,云阳山古道经过此坛,云阳山古道和仙神口古道在太行山北凤台县山河镇才相汇。山西衙道一带的村民称呼此道为"小垭、大垭、七十二垭"。

[10] 轵关陉是"太行八陉"之一,以济源轵城镇为中心,向西北达山西垣曲,向南达河南洛阳,向东达河南沁阳。

[12] 仙神口古道泽州段也有三通修路碑。据《晋城市交通志》(人民交通出版社,1999年)记载,"泽州县西凤头村北原有一通修路碑,碑文记载,此路曾于明万历三十年(1602)和清康熙四十六年(1707)被重修过。另外在坂河村有一通修路碑,碑文记载此路于清道光二年(1822)重修,并有山东、河南、湖北等地的商人捐资"。

[13] 清道光五年《河内县志·金石志》载:"(《元紫虚元君庙地记》)正书,至元十九年三月,共七行,在唐魏夫人祠碑阴。"

[14]《紫陵镇金石录》首次对这两通碑进行了著录。

[15] 参考《创修石庙水池施财善人功德碑记》,碑文见《紫陵镇金石志》(第212-213页)。

[16] 清咸丰四年(1854)《修路序》,碑存济源市东逯寨村关帝庙卷棚西山墙。

[17] 清咸丰四年(1854)《修路功德碑》,碑存济源市东逯寨村关帝庙卷棚东山墙。

[18] 清光绪十九年(1893)《河内县堂断碑》,碑文见《紫陵镇金石志》(第223-224页)。

[19] 二仙庙古道东边不远的云阳山古道,古道上立有一通清光绪三年(1877)《堂断碑》,文载:"赵家村后旧有云阳口羊肠鸟道,谨容小驴驮煤行走,并未充支差役,忽有骡局胡志林弟兄攀扯贴修钱文。众情不服,控票在案。蒙欧阳公天断,谨依旧章,驴头永不贴修骡局钱文。……堂谕讯得旧章:云阳口驴头向不贴修骡局钱文……"由此两碑看,当时运输煤炭的人当不在少数。走云阳口古道运到河内县(沁阳)的煤炭,均在二仙庙煤场集中卸货。

[20] 紫陵村原村委委员任青虎回忆。1962—1982年,任青虎是紫陵村委委员之一。另外,还有紫陵村退休教师任必谦,也曾走此路到山西担煤炭。

[21] 明万历二十五年(1597)《河内县志·卷一·镇店》。

[22] 清道光五年(1825)《河内县志·卷十七·兵防》。

[23] 清道光六年(1826)《河北采风录·河内县水道图说·集镇》。

[24][25][26] 李嘎. 古道悠悠 明清民国时期的晋城交通与沿线聚落[M]. 太原:山西人民出版社,2016.

[27][30] 袁通,方履篯. 河内县志[M]. 刻本,1825(清道光五年).

[28] 李长吉. 河南省沁阳市地名志[M]. 郑州:中州古籍出版社,1991.

[29] 清乾隆二十一年(1756)《创建伽蓝殿并重修太子殿碑》载:"寿圣寺……离城三十里许,东有宽平村兴隆集。"碑在柏香镇肖寺村。

[31] 乔腾凤. 孟县志[M]. 刻本,清康熙三十四年(1695).

[33] 熊剑平. 虎牢之战:李世民军事才能的集中展现[J]. 文史天地,2019(10).

[34] 原文见《山西通志·卷五十三·武事·凤台县》。《河南通志·卷十二》载,"曹文诏,山西大同人,智略,积功至游击。流寇蜂起……多流河北。庄烈帝命文诏追讨击之于怀庆紫陵村,馘其魁滚地龙"。

[35] 中共沁阳市委党史研究室. 风雨征程(1919—1949)[M]. 郑州:河南人民出版社,1998.

[36] 沁阳县革命历史回忆录编写组. 沁阳县革命历史回忆录(征求意见稿)[Z]. 沁阳,1980.

[37] 宋寨黄氏三修族谱编审委员会. 宋寨黄氏三修族谱(1555—2005)[Z]. 沁阳,2005.

[38] 郭再任. 七十年的见证[Z]. 沁阳,2010.

[39] 常士宣,常崇娟. 万里茶路话常家[M]. 太原:山西经济出版社,2009.

[40] 2017年,笔者访问紫陵村退休教师任必谦(71岁),根据其讲述及撰写的《紫陵村物资交流会》稿件整理。

[41] 此碑立于二仙庙古道东边不远的云阳山古道上。

[42] 中国人民政治协商会议沁阳市委员会文史资料委员会. 沁阳文史资料第五辑教育专辑[Z]. 沁阳,1992.

[43] 无名氏. 痛哭静应庙[M]. 焦作华新石印局,1939.

[44] 李留文. 豫西北与晋东南二仙信仰比较研究:兼论区域文化之间的互动[J]. 世界宗教研究,2010(5).

[45] 孙俊杰. 晋东南地区"开锁"仪式研究[J]. 哈尔滨学院学报,2012(6).

[46] 沁阳县志总编室. 沁阳方言志[Z]. 沁阳,1987.

浅谈历代治河机构与河官制度的演变

薛 华
黄河博物馆

摘要：河官制度经历了五个阶段：夏商周时期为河官制的尝试阶段，秦汉至宋金时期为河官制的探索阶段，元明清时期为河官制的形成阶段，近代治河时期为河官制的嬗变阶段，人民治黄时期是河官制的发展时期。河官制发展的总体趋势为：由中央治水机构以治河为主向中央层级更高的治河机构演变；河防工程由地方负责向专司治河队伍相结合演变；由传统治河机构与河官称谓向现代机构设置演变；由带有强烈政治官属功能向专业机构与技术特色鲜明的科学功能演变。

关键词：黄河；治河机构；河官制度

历代治河机构与河官制度是行政机构官制史的重要组成部分。其发展经历了五个阶段，一是"尝试时期"。主要是夏商周时期，经历了较大规模的治水工程，以管理水利工程的"司空"为代表的中央机构的设置与官制的形成为重要特征。二是"探索时期"。秦汉至宋金时期，中央专门设置治水机构都水监，但却不是专设的治河机构。三是"形成时期"。元明清设立了专职治河机构，职权不断提升，反映了治河任务的加重。四是"嬗变时期"。西方治河技术的引入，治河机构与官制近代化。五是"发展时期"。1946年拉开了人民治理黄河的新阶段，治理黄河方略的确立，治理黄河技术的提高，治理黄河队伍的稳定，达到了治河的最高水平。

一、夏商周时期：治河机构与河官制度的尝试

夏朝的建立，是从治水开始的。《孟子·滕文公章句上》有"当尧之时，天下犹未平，洪水

横流，泛滥于天下，草木畅茂，禽兽繁殖，五谷不登，禽兽逼人，兽蹄鸟迹之道交于中国"这种情况。在《吕氏春秋·爱类》也有反映，如"昔上古龙门未开，吕梁未发，河出孟门，大溢逆流，无有丘陵沃衍，平原高阜，尽皆灭之，名曰鸿水"。从尧开始的这场洪水，对整个平原地区造成了极大的影响。为了举荐治水的贤者，"群臣皆曰鲧可"。《史记·夏本纪》有云："于是尧听四岳，用鲧治水。九年而水不息，功用不成。于是帝尧乃求人，更得舜。"舜在"巡狩"中发现鲧治水没有效果，于是举荐鲧的儿子大禹领导治水。从尧舜时的大水来看，洪水已威胁到各个部落的生存，治水成为部落首领的大事，但无论尧舜都没有直接治水，而是选择能者为之。

大禹应该是出自治水世家，"禹乃遂与益、后稷奉帝命，命诸侯百姓兴人徒以傅土，行山表木，定高山大川。禹伤先人父鲧功之不成受诛，及劳身焦思，居外十三年，过家门不敢入"。（《史记》）以上反映了这次治水的艰辛，《水经注》也有"昔禹治洪水，山陵当水者凿之，故破山以通河。河水分流，包山而过"。大禹治水，调动了所有的力量，并在治水中形成了权威，也为由"禅让制"向"家天下"转变创造了条件。

大禹治水的范围非常广泛。《尚书》专列有"禹贡"篇，涉及河水、洛水、济水、淮水、渭水、汉水、江水等，但应该是以河水为代表的中原水系为主要治理对象。

从以上情况看，治水开启了中国的王朝历史。治水活动以治河为主，当时有擅长以治水为主的部落，从共工氏、鲧到大禹，他们既是治水能手，也是部落首领，在当时享有较高威望，甚至大禹成为中国国家的建立者。

从《周礼》等文献看，当时设有"司空"，主要负责水利为主的各类工程，这类职务一直保存到东周列国，其下还有"都匠水工"等官职，专司治水，反映了早期对治水（河）的重视。总体而言，这一时期治河机构的设置与河官制，还处在尝试与萌芽中。

二、秦汉至宋金时期：治河机构与河官制度的探索

秦汉时，国家统一，由于秦都咸阳、西汉都城长安、东汉都城洛阳都位于黄河或黄河主支渭河的附近，治河问题成为中央王朝的大事。

秦朝中央设立有都水监，都水长丞。西汉中央也设有都水监，设水衡都尉与左右都水使者。东汉时设有"司空"一职，不过水利事务由地方负责，负责治河工程的官员称河堤谒者，大量的河堤修防设有专门的人员，也由地方郡县负责。曹魏时，中央设有水部，设置六品官的水衡都尉。西晋、南齐、北齐时设都水台，设都水使者，北魏则设水衡都尉，这一阶段水官级别为五品或从五品，总体看职级不高。隋朝中央有都水监，设有正五品的都水使者与从七品的都水丞。唐朝中央设立水部，设正五品的水部郎中及正六品的水部员外郎。宋代的都水监，设正六品的都水使者1人、都水臣2人，还设有监丞、提举等官若干。辽代的都水监官员则称太监、少监、丞。金代都水监设正四品的都水监与从五品的少监。而在河道事务上，隋唐称河堤谒者，不过遇到重大河务工程，有时皇帝会令三个州的刺史直接负责，并

派按察使"总领其事"。五代则多为兼职的河堤使。宋代称外都水使者、河堤判官，还有监埽官、堰官等，体系庞杂。金代沿河地方官兼管河务，兼河堤使。金代主管河防诸埽事务，为从七品的都巡河官。

从以上情况可以看出，在封建王朝设置都水监已成为官制的传统，但由于都水监设在工部之内，其级别都不太高，但其总治黄河的任务，占十之八九。这一时期大量的防洪任务，主要分担给地方的郡县或州县，所以河务官的常设虽然已成传统，但总体来说为郡县或州县下边的具体的事务性官吏。河防的任务越来越大，但还没有专门的负责河务的机构。治河机构与河官制处于探索阶段。

三、元明清时期：治河机构与河官制的形成

元代黄河南流，宋金对峙时的河务混乱局面得到了改善。元代工部下设都水监，有监与少监。还有监丞、判官、经历、知事、笔帖式、通事、掌印等一众官员。另设有河道提举司专管治河，这是历史上中央政府正式设立的专门治河机构。元朝还专门下诏命工部尚书、正二品的贾鲁为总治河防使，主持治河，开启了高官主持治河的局面。

明朝则在工部设置水部，后称都水清吏司，有郎中、员外郎、主事，职级均在五、六品间。明代治河与治运相结合，所以漕运都兼理河道。永乐时，工部尚书宋礼治河，朝官主持河务呈常态。成化时，王恕总理河道，开启了治河事务专任高官之始。其他的总理河道，有正德时的张凤、刘恺（右都御史）、赵璜（工部右侍郎）、龚宏（右副都御史），嘉靖时章拯（工部侍郎兼金都御史）、盛应期（右都御史）、潘希曾（工部右侍郎兼左金都御史）、李绂（右副都御史）、戴时宗（金都御史）、朱裳（副都御史）、刘天和（副都御史）、李如圭（右副都御史）等，以上兼职的总理河道，监察院右副都御史、副都御史为正三品；工部侍郎亦为正三品；金都御史为正四品，但多为兼职。概括明代的总理河道，多为正三品官。但担任工部尚书的宋礼、孙慎、朱衡、吴桂芳、杨一魁、张九德、朱光祚，以及兵部尚书凌云翼，均为正二品，反映了明朝中央政府对治河保漕的重视。

清代的治河机构与河官达到了封建时代的顶峰。顺治时，在山东济宁设立了河道总督衙门。康熙时，驻地在清江浦、济宁两地变动。雍正时，设立副治河总督衙门在河南武陟，负责山东、河南河务。其后，分设江南河道总督（驻淮安府清江浦）、河南山东河道总督（河东河道总督，驻济宁州），总督下设道、厅、汛、堡等层级。总督为正二品级，下属有文、武两套机构。文职负责核算钱粮、采购材料；武职负责防守工程，后设河营，有参将、游击、守备，以及千总、把总、外委等官。文武有连带职责，相互牵连。清咸丰五年（1855年），黄河在铜瓦厢改道后河势发生很大变化。光绪时逐渐裁撤了河道总督，但在地方设立黄河官工局与民工局。宣统间改设河防公所，黄河河防机构逐步向近代演化。

明清时，治河机构的强化与河漕相连的特殊情况连在一起。尤其是清代治河官员层级高、体

系完整，成为独立完整的治河队伍，甚至带有军事化色彩。清代治河与王朝命运连成一体，治河与治国成为有机的统一。

四、民国时期：治河机构与河官制的嬗变

民国初年全国没有统一的治河机构，河务工作归地方管辖。民国18年（1929年），公布了"国民政府黄河水利委员会组织条例"，委任冯玉祥担任委员长，但因经费未着，委员会并没有成立。以后虽有朱庆澜为委员长之说，但经费无着。黄河水利委员会直到1933年，归属行政院才正式宣告成立，张含英为秘书长，李仪祉为委员长。

黄委驻地初定于南京，在西安、开封设办事处。其后还议改设洛阳、西安，最终还是在1933年11月在开封正式办公。抗战期间，先后迁至洛阳、西安办公。抗战胜利后，正式回迁开封办公。

黄委下设总务、工务两处，工务处有测绘、设计、工程、河防管理、林垦等组，还设河防处。1934年成立导渭工程处，1938年成立防泛新堤监防处，1939年成立整理沙河工程委员会，1940年成立河防特工临时工程处，之后还成立双洎河工程处等。这些机构因事设立，有的成立1年就遭裁撤。

黄委会先后隶属全国经济委员会、水利委员会。1947年改称"黄河水利工程局"，隶属水利部。除李仪祉，孔祥榕、王郁骏、张含英、赵守钰先后任委员长，陈泮岭任局长。

民国时期河南治黄机构代表了地方治黄机构的变迁。民国初，设河南省黄河河务局，归属河南都督管辖，下设开归道、彰卫怀道，道下设厅、汛和河营。其后两道事务由豫东、豫北观察使分别兼理，以后又分设河防局、河防分局（厅）、河防支局（营）、河防营（都司、守备为营长）。1919年改河南省黄河河务局为河南河务局，工程支队长为工巡长，沁河由民修民守改为官守。1929年，河南河务局下设总务、工程、财务三科。局下设上南、下南、上北、下北、西沁、东沁6个分局，分局下设汛23个。1937年改河南河务局为河南修防处，归黄河水利委员会管辖，6个分局改为6个总段。抗战期间，修防处也从开封相继迁郏县、南阳、洛阳、镇平、洛阳、西安、洛阳、郑州、洛阳、许昌、内乡、蓝田，直到战后重回省会开封，1948年正式被人民政府接管。

民国时的治河机构与现代机构设置对接，其机构设置、官职称谓、事务分类，也都逐步与现代机构对接，为新中国治河机构设置与制度职能的确定奠定了科学基础。

五、中华人民共和国：治河机构与河官制的发展

中华人民共和国建立之前，从1946年便拉开了人民治黄的序幕。为黄河归故，冀鲁豫解放区成立了黄河水利委员会。1949年华北、中原、东北三大解放区成立了统一的"黄河水利委员会"；1950年将其改为全流域机构，明确归属水利部管辖。20世纪50年代，委内设有办公室、人事处、行政处、保卫处、监察室、工务处、水文处、计划财务处、水土保持处。下设有山东黄河河务局、河南黄河河务局、西北黄河工程局、勘察设计院、水利科学研究所等。这种委内设处，委下设局的

情况一直延续至今，其规模也不断扩大。1993年，委内设办公室、河务局、水政水资源局、农村水利水土保持局、水利水电局、人事劳动局、计划财务局、科教外事局、审计局、监察局等。委下设山东黄河河务局、河南黄河河务局、水文局、黄河水资源保护局、黄河上中游管理局、金堤河管理局、三门峡水利枢纽管理局、故县水利枢纽管理局、机关事务管理局、综合经营管理局、黄河河口管理局、水利科学研究院、黄河中心医院、移民办公室以及引黄灌溉局、黄河小北干流山西管理局、宣传出版中心、黄河档案情报中心等。这种委局机构的模式一直延续到现在。1989年，黄河水利委员会主任为副部级，其直属局最高为副厅级，全河流域现有在职职工近30000人。所属机构遍布黄河流域九省（区），黄委会作为水利部派出的流域管理机构，成为全国水利系统历史最为悠久、最为庞大的队伍。

总之，中国历代治河机构与河官制度发展的总体趋势，由中央治水机构以治河为主的功能向中央层级极高的治河机构演变；河防工程由地方负责向专司治河队伍相结合演变；由传统治河机构与河官称谓向现代机构设置演变；由带有强烈政治官属功能向专业机构与技术特色鲜明的科学功能演变。

清涧辛庄遗址出土陶器的红外光谱分析

宫 鑫[1] 孙战伟[2] 刘思然[1] 陈坤龙[1]
1.北京科技大学科技史与文化遗产研究院 2.陕西省考古研究院

摘要：本研究对清涧辛庄遗址出土的60件李家崖文化陶器样品进行了傅立叶变换红外光谱分析。结果显示，这批陶器可依其光谱特征分为A、B、C三组，分别对应不同的制陶原料与烧制温度。李家崖文化陶工可能根据陶器功能有针对性地选择不同类型的黏土原料和相应的烧制温度。B组陶器普遍含有碳酸钙，为适应这一制陶原料的特征有意识地选择了较低的烧制温度。C组陶器主要为炊煮器，需要陶器在高温下保持稳定物理性能，因此其烧制温度普遍较高。C组陶器与A、B组陶器的黏土类型差异明显，说明陶工可能根据产品类型进行了专业化分工。

关键词：清涧辛庄；陶器；红外光谱；矿物组成；烧制温度

清涧辛庄遗址位于榆林市清涧县李家塔镇辛庄村东侧，地处无定河下游支流川口河的上游。陕西省考古研究院和榆林市文物考古研究所、清涧县文物管理所对该遗址进行了全面调查及多次发掘，发现了李家崖文化建筑基址、灰坑、墓葬、石墙等遗迹，出土了大量陶器、石器、骨器等遗物。[1] 遗址顶部有一组由主体建筑和两级回廊组成的总面积约为6000平方米的大型建筑遗址，根据出土的层位及遗迹、遗物形制特征判断，建筑遗迹的年代为商代晚期，是目前陕北地区发现的这一时期最大的建筑遗址。[2] 本研究对辛庄遗址发掘出土的60件陶器样品进行了红外光谱分析，

---

*本文为国家重点研发计划课题"金属文物价值认知及关键技术研究"（2019YFC1520201），国家社会科学基金重大项目"中国冶金史"（17ZDA178），"先秦时期中原与边疆地区冶金手工业考古资料整理与研究"（17ZDA219），国家万人计划青年拔尖人才项目"商周时期高温手工业生产遗存的科技考古研究"（WRQB202101）和中央高校基本科研业务费（FRF-IDRY-19-001）阶段性成果。

以期对李家崖文化陶器选料和烧制工艺进行初步考察。

一、样品与方法

60件陶器碎片主要来自2012—2014年发掘的建筑与灰坑等遗址。2012年的发掘区为大灰坑，2013年发掘区为老爷盖顶的大型建筑遗址，2014年发掘区为山腰上的小型建筑区。大灰坑和小型建筑区的陶器碎片数量最多，主体为实用器。主要器型依据用途可以分为炊煮器和盛储器两类。炊煮器主要为夹砂陶，包括鬲和甗以及未能确定器型的腹片；盛储器主要为泥质陶，包括豆、簋、罐、盆、三足瓮等。（图1，表1）

无机矿物具有特征不同的红外光谱吸收峰，因此可通过陶器的红外谱图对其矿物组成进行初步判断。此外，黏土矿物特定红外光谱吸收峰的消失、位移和出现与待测样品的受热温度有关，可用于判定其烧制温度。这一方法在考古沉积物的热历史研究中已经得到了广泛应用[3]，并已开始用于陶范[4]和早期陶器[5]的烧制温度测定。

本研究使用傅立叶变化红外光谱对陶器的矿物组成与烧制温度进行表征。首先用取样针挑取约0.1mg样品，与100—200倍质量的溴化钾（分析纯）在研钵中研磨至均匀混合。将适量混合样品转移至模具，在10吨压力下压制直径约7mm的样片。使用赛默飞世尔科技（Thermo Fisher Scientific）公司的IS5型傅立叶变换红外光谱分析仪和iD1透射附件进行测试，扫描范围为$4000cm^{-1}$-$400cm^{-1}$，扫描次数16次，光谱分辨率为$4cm^{-1}$，采集时间约23秒。红外光谱数据使用Thermo Scientific OMNIC软件进行分析。每个样品分别取样、制样三次，测量三次红外光谱，确保三次谱图基本相同。

为确定样品的原始烧制温度，将陶器粉末装入刚玉坩埚，使用德国Nabertherm L9/14/B410马弗炉进行重烧，所选样品于500℃、600℃、700℃、800℃、900℃、1000℃每个温度重烧一批，升温速率5℃/min，保温时长3小时。加热、保温完成后自然冷却到室温，随后对重烧样品进行红外光谱分析。

二、分析结果

首先依据光谱特征将样品分为具有不同矿物组成的A、B、C三组。A组样品具有明显的$1080cm^{-1}$峰，而蒙脱石和伊利石等黏土矿物特征的$1030cm^{-1}$峰不明显，在$1012cm^{-1}$处有一不明显的肩峰。$575cm^{-1}$峰尖锐突出，$522cm^{-1}$峰较弱，说明黏土矿物的Si-O-Al弯曲振动已经基本消失，而其转化形成了Al-O四面体。B组特征与

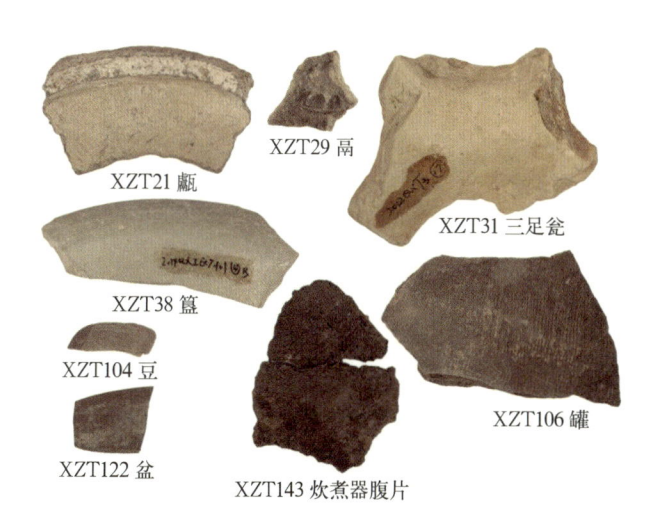

图1 清涧辛庄遗址部分陶器样

XZT21 甗　XZT29 鬲　XZT31 三足瓮　XZT38 簋　XZT104 豆　XZT106 罐　XZT122 盆　XZT143 炊煮器腹片

表1 清涧辛庄遗址红外分析陶器取样

样品编号	考古编号	器物类型	残片部位	陶色	陶质	纹饰
QXH1	2014QXⅠ区T0102：④B	鬲	裆部	灰	夹砂	素面
QXH2	2012QXT4H2④	三足瓮	口沿	灰	泥质	绳纹
QXH3	2012QXT1H1⑤	甗	腰部	灰	夹砂	绳纹
QXH4	2014QXⅠ区T0002③	簋	口沿	灰	泥质	素面
QXH5	2014QXⅠ区T0102③	甗	腰部	灰	夹砂	绳纹
QXH6	2014QXⅠ区T0101③	簋	口沿	灰	夹砂	素面
QXH7	2014QXⅠ区T0002③	簋	口沿	灰	泥质	素面
QXH8	2014QXⅠ区T0101③	三足瓮	底部	灰	泥质	绳纹+刻画纹
QXH9	2014QXTG11A③	簋	口沿	褐	夹砂	素面
QXH10	2014QXTG11A③	鬲	口沿	灰	夹砂	指窝纹
QXH11	2014QXTG11A③	鬲	裆部	灰	夹砂	附加堆纹
QXH12	2014QXTG11A③	鬲	足	灰	夹砂	绳纹
QXH13	2012QXT3⑰	三足瓮	足	褐	泥质	绳纹
QXH14	2012QXT1H2	三足瓮	足	灰	泥质	绳纹
QXH15	2014QXⅠ区T0101④B	鬲	口沿	灰	夹砂	绳纹+指窝纹
QXH16	2014QXⅠ区T0101④B	簋	口沿	灰	泥质	素面
QXH17	2014QXⅠ区T0002⑤	鬲	口沿	灰	夹砂	素面
QXH18	2014QXⅠ区T0002④A	罐	底	灰	夹砂	绳纹
QXH19	2014QXⅠ区T0002⑤	甗	口沿	灰	夹砂	素面
QXH20	2016QXTG2①	鬲	裆	褐	夹砂	素面
QXH21	2014QXⅠ区T0101④B	簋	口沿	灰	夹砂	素面
QXH22	2014QXⅠ区T0002④A	罐	腹部	灰	泥质	素面
QXH23	2014QXⅠ区T0101④B	鬲	袋足	灰	夹砂	绳纹
QXH24	2014QXⅠ区T0102⑤	鬲	颈部	灰	夹砂	绳纹
QXH25	2014QXⅠ区T0102⑤	鬲	口沿	灰	夹砂	绳纹+指窝纹
QXH26	2014QXⅠ区T0102⑤	鬲	裆部	灰	夹砂	绳纹
QXH27	2014QXⅠ区T0102⑤	簋	口沿	灰	泥质	素面
QXH28	2014QXⅠ区F18	鬲	颈部	灰	夹砂	绳纹+指窝纹
QXH29	2014QXⅠ区T0102⑤	三足瓮	袋足	灰	夹砂	绳纹
QXH30	2014QXⅠ区T0102⑤	甗	口沿	灰	夹砂	绳纹

续表

样品编号	考古编号	器物类型	残片部位	陶色	陶质	纹饰
QXH31	2012QXT1H1①-④	三足瓮	袋足	褐	泥质	绳纹
QXH32	2012QXT4H2①	三足瓮	袋足	褐	夹砂	绳纹
QXH33	2014QXⅠ区T0002④:1	三足瓮	口沿	灰	夹砂	素面
QXH34	2015QXT3西部断面	鬲	袋足	灰	夹砂	绳纹
QXH35	2012QXT1H2⑥	鬲	口沿	灰	泥质	绳纹+指窝纹
QXH36	2012QXT1H2①	鬲	口沿	灰	夹砂	绳纹+附加堆纹
QXH37	2012QXT1H2	甗	口沿	灰	夹砂	绳纹+指窝纹
QXH38	2012QXT4H2④	甗	口沿	褐	夹砂	绳纹+指窝纹
QXH39	2014QXTG11A②	甗	腹片	灰	泥质	绳纹
QXH40	2013QX遗址北断崖石头房址	豆	柄	灰	泥质	素面
QXH41	2012QXT1H2①	豆	盘	灰	泥质	素面
QXH42	2012QXT4H2④	豆	柄	灰	泥质	弦纹
QXH43	2012QXT4H2③	豆	盘	灰	泥质	三角画纹
QXH44	2012QXT1H2⑥	罐	肩	灰	泥质	绳纹
QXH45	2012QXT1H2⑥	罐	口沿	褐	夹砂	素面
QXH46	2012QXT3⑩	罐	口沿	褐	泥质	绳纹
QXH47	2012QXT1H2⑥	罐	口沿	灰	夹砂	绳纹
QXH48	2012QXT1H2⑥	罐	口沿	灰	泥质	绳纹
QXH49	2014QXⅠ区T0101④B	罐	肩	灰	泥质	云雷纹
QXH50	2012QXT4H2④	罐	小口口沿	褐	夹砂	三角画纹
QXH51	2014QXⅠ区F6	盆	口沿	灰	夹砂	绳纹
QXH52	2013H2西南角①大层	盆	口沿	灰	泥质	素面
QXH53	2012QXT3⑪	盆	腹片	黑	泥质	绳纹
QXH54	2012QXT1H2④	盆	腹片	灰	泥质	绳纹
QXH55	2012QXT3③	簋	口沿	红	泥质	素面
QXH56	2012QXT1H2⑥	簋	口沿	灰	泥质	素面
QXH57	2012QXT3⑯	簋	口沿	灰	泥质	素面
QXH58	2014QXTG11②	簋	折腹	灰	泥质	素面
QXH59	2013TG8③2	未定	腹片	灰	夹砂	绳纹
QXH60	2014QXⅠ区T0002④A	鬲	裆部	灰	夹砂	素面

A组较为相似，但存在明显的1410cm^{-1}峰碳酸根吸收峰。其575cm^{-1}峰不如A组尖锐，且仍能观察到522cm^{-1}峰，说明其仍然保存有一定量黏土矿物中包含的Si-O-Al结构。C组样品的红外光谱特征明显不同于A组和B组，其1053cm^{-1}吸收峰最为突出，可能显示样品中含有一定量的微斜长石（K[AlSi$_3$O$_8$]），642cm^{-1}和575cm^{-1}峰尖锐，不见525cm^{-1}峰，显示黏土矿物结构已基本完全分解，且形成了尖晶石（Al$_2$O$_3$）。综上可知，三组样品的矿物组成与化学成分具有一定差异，其中B组中明显存在的碳酸根，显示样品中包含一定量碳酸钙（CaCO$_3$），整体的Ca含量较高，C组中具有的微斜长石则说明其K含量可能高于其他两组。

根据陶器中黏土矿物的分解程度可以判断三组样品的烧制温度也存在明显差异。为进一步精确判断各组样品的实际烧制温度，对各组样品在不同温度下进行了重烧，并通过观察其重烧过程中红外光谱特征的变化规律判断其原始烧制温度。A组样品在重烧至800℃时仍观察不到明显的红外光谱特征变化；重烧至900℃时出现了较为明显的642cm^{-1}峰，而522cm^{-1}峰基本完全消失；重烧至1000℃时在500cm^{-1}左右出现多个新峰，同时642cm^{-1}峰消失，显示尖晶石矿物分解，另有其他新矿物产生。因此推测样品的原始烧成温度应不高于1000℃，可能在800℃—900℃之间。

B组样品重烧至500℃时525cm^{-1}峰消失，1010cm^{-1}峰更加突出，600℃重烧样品的红外谱图与500℃近似。重烧至700℃时，样品的1010cm^{-1}峰开始减弱，575cm^{-1}峰逐渐突出，522cm^{-1}峰轻微突起，800℃时575cm^{-1}峰明显凸起，920cm^{-1}峰重新变为尖峰，522cm^{-1}峰更加明显，总体特征已与A组样品较为接近。综上判断，B组陶器原始烧成温度为700℃以下，甚至可能低至500℃—600℃区间。

C组样品在较低温度下重烧时红外光谱特征未见明显变化，直至1000℃时才观察到642cm^{-1}峰消失这一变化。此外根据前述重烧实验，C组样品中575cm^{-1}峰所代表的Al-O四面体结构一般仅在较高温度下产生。综上判断，C组陶器原始烧成温度为900℃—1000℃。（图2）

三、讨论

陶器的制作原料和烧制温度是古代陶器制作工艺的重要组成部分，能够反映出陶工的技术选择和陶器的制作工艺演变。本研究提出了一种通过红外光谱一次性快速获取样品矿物与烧制温度信息的研究方案，并将其应用于清涧辛庄陶器的表征与研究，揭示了其材质与烧制工艺的分组情况。将红外光谱的分组情况与陶器样品的器类进行对照可以发现，豆、簋、罐、盆、三足瓮等盛储器与鬲、甗等炊煮器的红外光谱特征具有明显差异，其中盛储器主要为A组（62%）和B组（24%），而炊煮器大部分为C组（74%）。（图3）A组和B组器物的主要区别在于B组含有大量碳酸钙而A组基本不见，且A组陶器的烧制温度也明显高于B组。这一现象可能显示陶工对于不同类型制陶原料在高温烧制时的行为具有较明确的认识。当含有大量碳酸钙陶器的烧制温度超过碳酸钙的分解温度（750℃）时，碳酸钙会迅速分解为氧化钙与二氧化碳。在温度降低后氧化钙又

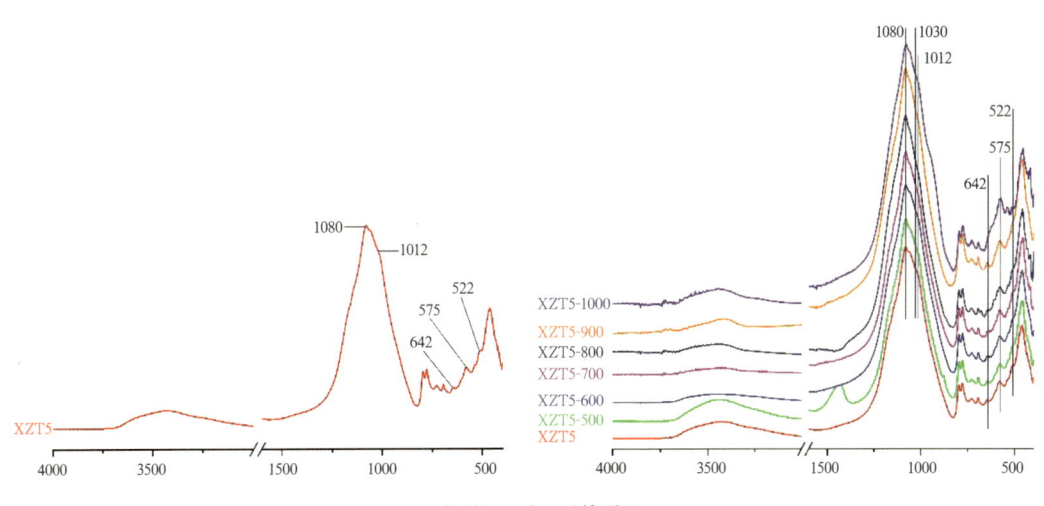

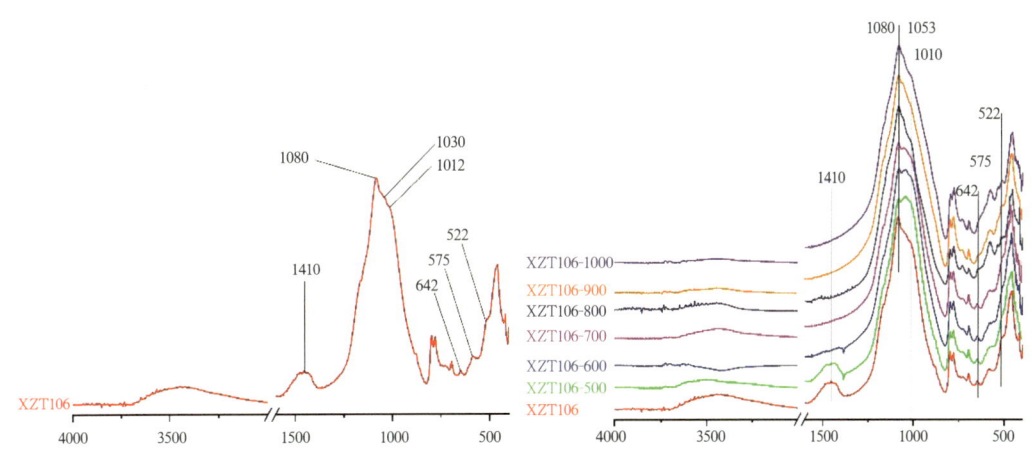

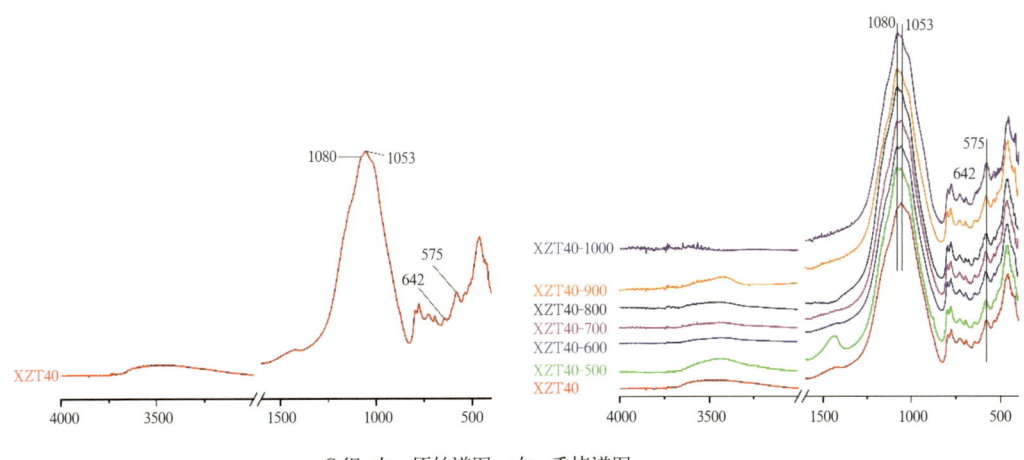

图2 傅立叶变换红外光谱结果

逐渐吸收空气中的水分生成氢氧化钙，体积显著膨胀，最终使得陶器产生裂隙破碎[6]，因此含有大量碳酸钙陶器的烧成温度一般控制在600℃—800℃的区间内。[7] B组陶器的烧制温度被控制在700℃以下，说明李家崖文化陶工对于黏土中碳酸钙在烧制后的变化已经具有较为丰富的经验，可以根据黏土类型的差异选择适宜的烧制温度。

炊煮器在使用时需要承受较高温度，必须提高陶器的抗热震性以防止使用时开裂。一般可以采用添加羼合料与提高烧制温度等方法。[8] 烧制温度达到900℃—1000℃时可以显著提高陶器的耐温度急变性能。此外高温烧制过程也是对陶器热稳定性的检验，制作时存在缺陷的陶器可能在这一过程中就发生破裂损毁，通过检验的陶器则应具有较好的使用性能与寿命。综上可见，这一时期的陶工已经掌握了相当的陶器生产知识，可以按照陶器用途和需求，采用含钙的黏土基质制作耐热性不需要很高的盛储器，烧制时将温度控制在低温区间。针对耐热性需求较高的炊煮器则采用低钙黏土及高温烧制，提升陶器的耐温度急变性能。

此外，C组陶器的黏土矿物组成明显与A、B组不同，其红外光谱显示了微斜长石的特征吸收峰。这些微斜长石可能是在烧制过程中产生的，具有较高的热稳定性，在高温重烧过程中基本不发生变化。微斜长石是钾长石系列中的一种，一般具有较高的钾含量，可能是黏土原料中的云母与其他黏土矿物在高温加热过程中反应产生。由此推测，C组陶器所用黏土原料中应该含有较多的云母，这与A组和B组陶器的黏土原料的成因具有明显差异，两类原料可能并非在同一地点采集。一般来讲，陶工偏向于选择较为熟悉的黏土原料制陶，且不会轻易改变。使用C组原料与使用A、B组原料的可能是两组相互独立的陶工，他们主要生产的器物分别为炊煮器和盛储器。由此可见，李家崖文化陶工可能已经具有了较为明确的产品分工，体现了较高的专业化水平。

四、结论

清涧辛庄遗址出土陶器可依据其红外光谱特征分为A、B、C三组。A、B两组陶器主要为盛储器，B组的碳酸钙含量较高，烧制温度低于700℃；A组陶器的碳酸钙含量较低，烧制温度在800℃—900℃区间。C组陶器主要为炊煮器，其制陶黏土为含有较多云母的高K黏土，与A、B

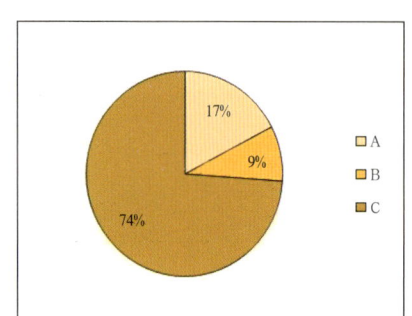

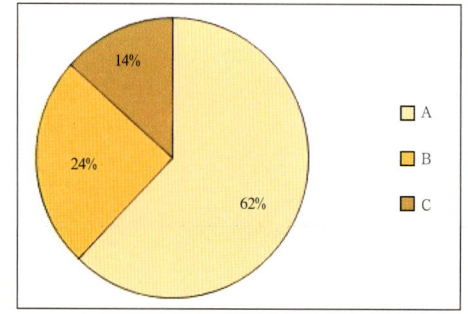

图3 炊煮器（左）与盛储器（右）中红外各组所占比例

组差异明显。C 组陶器的烧制温度可达 900℃—1000℃，烧制工艺选择与炊煮器需要较好热稳定性的功能需求相符。本研究显示，辛庄遗址陶工可依据陶器功能和黏土性质选择合适的烧制工艺，且可能存在盛储器与炊煮器生产者间的分工，显示了较高的专业化水平。

---

[1] 吴晓丛. 清涧辛庄遗址考古发掘 [Z]. 西安：陕西人民出版社，2014.

[2] 吴晓丛. 陕西省考古研究院清涧辛庄遗址考古调查 [Z]. 西安：陕西人民出版社，2013.

[3] Francesco, Berna, et al. 2007. Sediments Exposed to High Temperatures: Reconstructing Pyrotechnological Processes in Late Bronze and Iron Age Strata at Tel Dor (Israel). *Journal of Archaeological Science*, 34 (3); Shoval, S. & Beck, P. 2005. Termo-FTIR Spectroscopy Analysis as a Method of Characterizing Ancient Ceramic technology. *J. Term. Anal. Calorim.* 82 (3).

[4] Yan B., Liu S., Chastain M.L., et al. A New FTIR Method for Estimating the Firing Temperature of Ceramic Bronze-Casting Moulds from Early China. *Scientific Reports*.

[5] Park K.S, Milke R, Efthimiopoulos I, et al. 2019. Pyrometamorphic Process of Ceramic Composite Materials in Pottery Production in the Bronze/Iron Age of the Northern Caucasus (Russia). *Scientific Reports*, 9 (1); D Barilaro, G Barone, V Crupi, 2008. FT-IR Absorbance Spectroscopy to Study Sicilian "Proto-majolica" Pottery. *Vibrational Spectroscopy*, 48 (2); Ravisankar R, Kiruba S, Chandrasekaran A, et al. 2010. Determination of Firing Temperature of Some Ancient Potteries of Tamil Nadu, India by FT-IR Spectroscopic Technique. *Indian Journal of Science & Technology*, 3 (9).

[6] Hoard, R., O'Brien, M., Khorasgany, M., Gopalaratnam, V. 1995. A Materials-science Approach to Understanding Limestone-temper Pottery from the Midwestern United States. *Journal of Archaeological Science* 22.

[7] 李文杰. 中国古代制陶工艺研究 [M]. 北京：科学出版社，1996.

[8] 马林. 中国史前制陶工艺流程 [J]. 文物鉴定与鉴赏，2011 (1).

昆明太和宫金殿材质原位检测及相关问题*

樊伟[1] 田凡[2] 李峻红[3] 汤文燕[3] 张遥[4]
1.北京科技大学科技史与文化遗产研究院 2.昆明市盘龙区文物管理所 3.昆明市金殿名胜区
4.北京国文琰文物保护发展有限公司

摘要：为了解昆明太和宫金殿构件材质使用情况，我们使用便携式X射线荧光仪（p-XRF）对金殿701件金属构件进行了原位分析。结果表明，昆明太和宫金殿构件材质种类丰富，使用了红铜、青铜（铅青铜、铅锡青铜）、黄铜（简单黄铜、铅黄铜、锡黄铜、锡铅黄铜）以及铅和铁等5类9种不同材质，体现了材质选择的多元化。昆明太和宫金殿构件材质整体上以铅黄铜为主，其次为铅青铜、红铜以及铅锡黄铜，其他类型合金材质占比较少，且材质的构成与构件类型具有一定的相关性。

关键词：昆明太和宫；金殿；原位检测；p-XRF；铜合金

一、引言

昆明太和宫金殿坐落于云南省昆明市盘龙区的凤鸣山。清康熙九年（1670年）至康熙十年，由吴三桂主倡并率领属下和信众捐资修建昆明太和宫金殿。金殿为仿木结构的铜铸殿，重檐歇山，面阔三间，通面阔6.15米；进深七檩，通进深6.12米，平面形状接近正方形。[1] 殿内供北极真武像，四周由砖城保护。其造型精美，冶铸技术高超，为研究明清时期的建筑和金属加工技术提供了重要的实物例证。

1998年昆明冶金研究院受云南省文化厅及园林局委托，为清洁金殿表面而做过殿身材料成分

---

*本文为国家文物保护专项项目"太和宫金殿、石质台明、焚帛炉和紫禁城城墙保护前期研究"的阶段性成果。

分析[2]，并发表了报告。此次研究是第一次采用现代科学分析手段对昆明太和宫金殿进行取样分析，研究采用扫描电镜及X射线衍射分析检测。分析结果表明，昆明太和宫金殿基本材质为含铜60%、含铅32%的铅青铜。表面成分为：二氧化硅、氧化铜、硫化铜、氧化铅、碳酸铜、氢氧化铜、氧化铁及大量的油污、尘埃等。此后，张剑葳对金殿重新进行了材料成分分析[3]，采用便携式X射线荧光仪对金殿下檐所有梁、枋、柱、桶扇，以及对下檐部分斗拱、瓦、椽子等构件的随机抽取，做了材料成分分析检测（无损检测）。分析结果表明，金殿的建造材料实际上并不是铅青铜这么简单，而是由青铜、红铜、黄铜和铁共同组成。

二、分析方法

本研究使用便携式X射线荧光仪（p-XRF）在现场对昆明太和宫金殿构件进行原位无损检测分析。检测范围原则上覆盖金殿全部构件。由于各类瓦构件（板瓦、滴水瓦、勾头瓦、筒瓦）以及椽子构件数量过多，本研究采取对金殿东、西、南、北四面，每面分上、下檐共8个区域，每个区域每种类型瓦及椽子选取5件构件作为代表进行分析检测（实际分析检测数量由于现场环境影响稍有出入，但不影响数据的整体覆盖性），共计分析检测金殿构件701件，样品统计见表1。本文中的柱构件包括金柱、檐柱、角檐柱、擎檐柱和草架柱等；柱础构件根据所处位置的不同，分为柱础和擎檐柱柱础两大类。梁构件包括角梁、桃尖梁、斜桃尖梁、踩步金等（踩步金在古代木构件建筑中主要代替五架梁下的七架梁或三架梁下的五架梁的特殊构件，并同时承担山面屋檐椽子重量的桁构件的作用，故本文将其归类为梁构件）[4]；桁构件根据所处位置的不同包括正心桁、挑檐桁、金桁和脊桁等；枋构件根据所处位置不同以及承担的作用不同分为平板枋、正心枋、挑檐枋、承椽枋、随梁枋、额枋、拽枋、穿插枋和井口枋等；斗拱构件包括平身科、角科、柱头科和丁头拱的各个零构件；瓦构件根据功能不同分为板瓦、筒瓦、勾头瓦和滴水瓦等。

便携式X射线荧光仪（p-XRF）具有低成本高效率的优点，可用于铜器成分的半定量分析或定性分析。近期，国内学者在相关研究中指出，p-XRF虽然对于原子序数或质量分数较低的元素的测量精度不尽如人意，但选取基本保存较好区域，对于原子序数较大的元素特别是金属元素基本可以做到定量分析。[5]本研究使用THERMO公司的便携式NITON系列XRF检测设备T2-500，在现场对昆明太和宫金殿构件表面的元素成

表1 昆明太和宫金殿分析检测构件统计表

构件名称	柱	柱础	梁	桁	枋	斗拱	椽子	隔扇	抱框	槛	脊
件数	26	19	20	19	80	106	40	36	27	15	11
构件名称	板瓦	筒瓦	勾头	滴水	脊兽	楹联	匾额	挑斡	连接件	其他类型	总计
件数	40	51	34	37	23	12	11	22	22	50	701

分进行原位无损分析，每个构件根据其表面形貌和保存情况平均测试2～6个点，测试时间统一控制在60秒以上，采集信号较弱的样品将时间延长至90秒。

三、分析结果

对昆明太和宫金殿构件分析检测的701件构件的主成分进行归一化处理，为了便于分类，参照冶金史研究的2%界定标准，统计合金材质。（图1）结果显示，红铜74件，占比11%左右；青铜142件，占比20%左右，其中铅青铜106件，占比约15%，铅锡青铜36件，占比约5%；黄铜461件，占比66%左右，其中简单黄铜41件，占比约6%，铅黄铜361件，占比约52%，铅锡黄铜58件，占比约8%，锡黄铜1件；铁器22件，占比3%左右；铅器2件，占比0.3%。总的来说，昆明太和宫金殿构件材质整体上呈现以铅黄铜为主，其次为铅青铜、红铜、铅锡黄铜等，以及少量铁器和铅器。

除去2件铅器和22件铁质构件，昆明太和宫金殿铜合金构件共计677件，按照铜合金构件的Sn、Pb和Zn含量进行统计，如图2所示，昆明太和宫金殿构件整体Sn含量很低，582件（占比86%）构件Sn含量在2%以下。Pb含量分布范围极为分散，且存在147件（占比在22%）构件Pb含量高于20%。Zn含量分布较为分散。

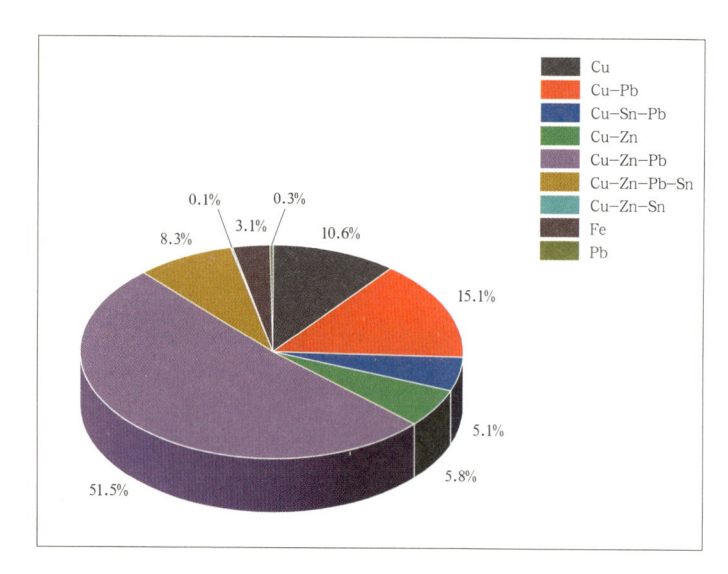

图1　昆明太和宫金殿构件材质占比（p-XRF）

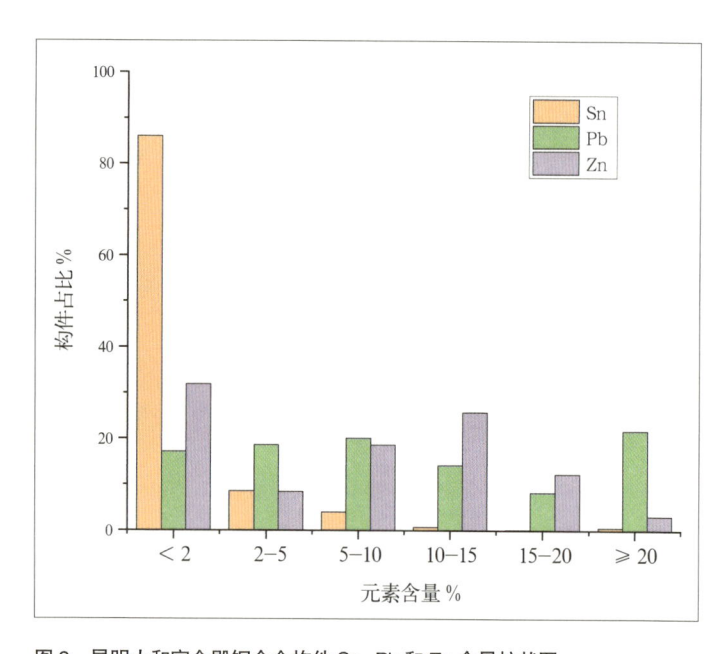

图2　昆明太和宫金殿铜合金构件Sn、Pb和Zn含量柱状图

四、相关问题讨论

根据构件在金殿建筑中的不同功能，本文将所检测分析的构件分为五类，即主要结构构件、次要结构构件、围护构件、装修构件以及连接固定构件。主要结构构件包括各类柱、柱础、梁、

桁、斗拱以及部分起主要承重作用的枋构件（平板枋、额枋、正心枋、挑檐枋）等；次要结构构件包括部分枋构件（拽枋、井口枋、随梁枋、穿插枋）、挑斡、脊、夹牙等；围护类构件主要包括各类瓦构件（板瓦、筒瓦、滴水瓦、勾头瓦）、山花板等；装修类构件主要包括隔扇、抱框、槛、雀替、匾额、楹联、脊兽、鸱吻等[6]；连接固定类构件主要包括铁钉、门轴、铁销、铁钎、角铁等。

由表 2 可以看出，昆明太和宫金殿的主要结构构件、次要结构构件、围护构件、装饰构件以及连接固定构件五类构件的材质构成呈现出较为明显的特征。主要结构构件由 7 种材质构成，其中铅黄铜占绝对主导地位，占比为 66% 左右，其他材质中铅青铜 12% 左右，铅锡青铜 9% 左右，铅锡黄铜 8% 左右，简单黄铜 4% 左右，另外有 1 件红铜构件和 2 件铅构件。次要结构构件由 5 种材质构成，也是铅黄铜占绝对主导地位，占比高达 76%，其他材质中，铅锡黄铜为 10%，简单黄铜为 7% 左右，铅青铜为 5% 左右，铅锡青铜为 2% 左右。总的来看，主要结构构件和次要结构构件在材质构成上较为接近，除去结构构件中的 2 件铅构件（皆为历史修补材料，此处可不作构件本体材质考虑）以及 1 件红铜柱础构件外，都主要由铅黄铜、简单黄铜、铅锡黄铜、铅青铜和铅锡青铜这 5 种材质构成，且都是铅黄铜占绝对主导地位。不同的是主要结构构件中的青铜材质占比总体高于次要结构构件，主要结构构件中的青铜占比为 20% 左右，而次要结构构件中的青铜占比只有 8%。且铅锡青铜在结构构件中的占比（9%）也高于在次要结构构件中的占比（不到 3%）。装修构件的材质虽然仍以铅黄铜为主体，但所占比例有所下降，占比为 50%，铅青铜占比较高为 25%，铅锡黄铜所占比例为 17% 左右，简单黄铜和锡黄铜各有 1 件，占比不到 1%。围护构件的材质构成相比主要结构构件、次要结构构件和装修构件表现出较为明显的差异，围护构件以红铜材质为主体，占比高达 44%，铅青铜和铅黄铜所占比例接近，分别为 21% 和 22%，简单黄铜占比为 13%，铅锡黄铜仅见 2 件，所占比例只有 1% 左右。起连接固定作用的构件材质最为不同，22 件构件皆为铁器。（图3）

表2　不同构件类型的材质构成统计表（p-XRF）

材质 构件类型	Cu	Cu-Pb	Cu-Sn-Pb	Cu-Zn	Cu-Zn-Pb	Cu-Zn-Pb-Sn	Cu-Zn-Sn	Fe	Pb	总计
主要结构构件	1	27	22	10	154	18			2	234
次要结构构件		6	3	9	93	12				123
围护构件	73	34		21	36	2				166
装修构件		39	11	1	78	26	1			156
连接固定构件								22		22
总计／件	74	106	36	41	361	58	1	22	2	701

器物材质的各项性能与其使用功能的匹配程度，是探讨古代铜器制作水平的重要方面。这是一个相对的、定性的评估，器物的使用功能不同，判断其制作水平的主要参数也应不同。[7] 与此同时，铜器的合金配比也常常与器型相关。图 4 是不同类型构件的 Sn 含量箱式图（此处分析讨论 142 件青铜构件），由图可知，主要结构构件的 Sn 含量最高，次要结构构件、装修构件和围护构件的 Sn 含量较低。其中围护类构件的 Sn 含量最低，整体分布在 2% 以下。装修类构件的 Sn 含量主体分布在 2% 以内，但同时存在多个构件的 Sn 含量分布极为分散，分布在 2.5%—35% 之间。图 5 是不同类型构件的 Zn 含量箱式图（此处分析讨论 461 件黄铜构件），整体上来看，昆明太和宫金殿黄铜构件中的 Zn 含量分布模式在不同构件类型之间没有太大差异，Zn 含量中位数均位于 10% 左右，且分布范围较为宽泛。

中国古代铜建筑在材质选择中以使用单一材质为主流。根据张剑葳对中国古代现存（或可检测）的 12 件铜殿、铜塔建筑的分析得知，除了泰山"天仙金阙"同时使用了两种材质（青铜和黄铜）以及昆明太和宫金殿（使用青铜、黄铜和红铜），其余铜建筑皆为使用单一材质。此处将铅青铜、锡青铜、铅锡青铜等统一以青铜称；简单黄铜、铅黄铜、铅锡黄铜等统一以黄铜称。[8] 由表 3 可以看出，单一使用青铜作为铜建筑材料的情况只出现在中国古代早期建造的铜建筑中。从明万历三十至三十一年（1602—1603）开始出现的 8 座铜建筑中有 6 座全部由黄铜建造而成，另外 2 座铜建筑在建造中也使用了大量黄铜。

明朝晚期使用黄铜代替青铜建造铜建筑的这

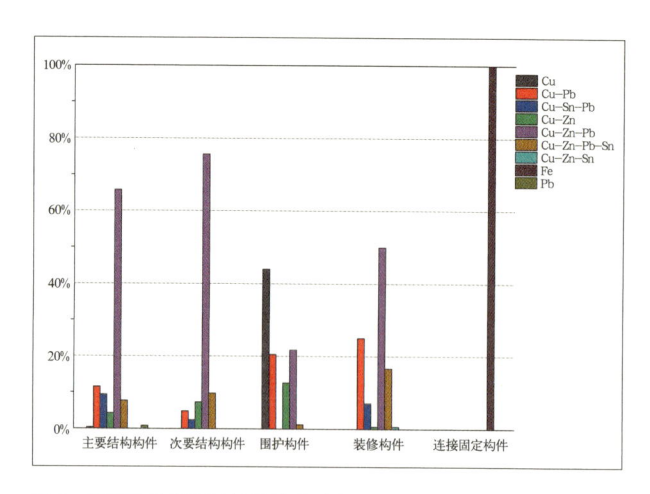

图 3　不同构件类型的材质构成对比

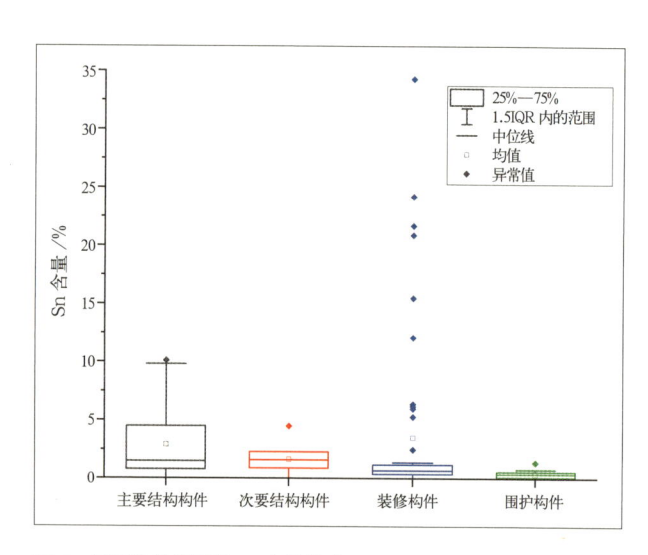

图 4　不同构件类型的 Sn 含量箱式图

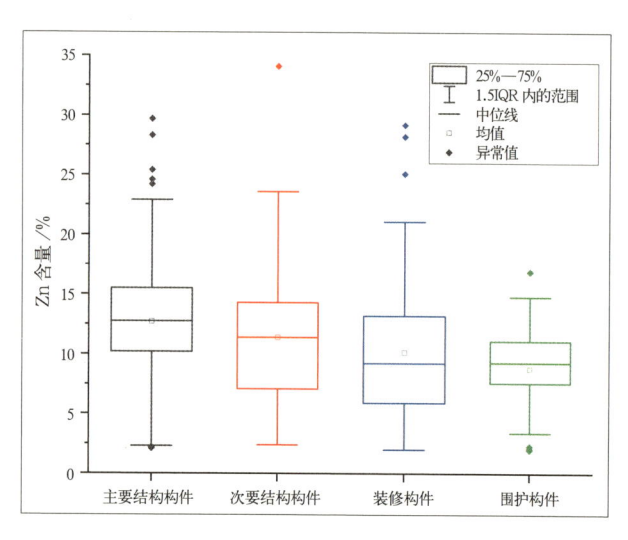

图 5　不同构件类型的 Zn 含量箱式图

表 3　中国古代铜建筑材质分析一览表

铜殿	创建年代	材料	宗教属性
武当山元代小铜殿	元大德十一年（1307年）	青铜	道教
武当山太和宫金殿	明永乐十六年（1418年）建成	黄铜	道教
峨眉山圣积寺铜塔	明万历十三年至三十一年（1585—1603）	青铜	佛教
峨眉山金顶铜塔（碎片）	明万历二十九年（1601年）或稍迟	青铜	佛教
峨眉山金顶铜殿（碎片）	明万历三十年至三十一年（1602—1603）	黄铜	佛教
五台山显通寺铜殿	明万历三十三年至三十五年（1605—1607）	黄铜	佛教
五台山显通寺西铜塔	明万历三十四年（1606年）	黄铜	佛教
五台山显通寺东铜塔	明万历三十八年（1610年）	黄铜	佛教
泰山"天仙金阙"铜殿	明万历四十一年至四十二年（1613—1614）	青铜、黄铜	道教
北京长椿寺铜塔	明天启元年（1621年）	黄铜	佛教
昆明太和宫金殿（吴三桂）	清康熙十年（1671年）	青铜、黄铜、红铜	道教
北京颐和园宝云阁	清乾隆二十年（1755年）	黄铜	佛教

一特征与明朝黄铜开始流行的时代背景相关。据赵匡华考证[9]，用炉甘石（菱锌矿）和赤铜矿制钻石的方法记载最早见于五代末至宋初的《日华子点庚法》，亦即我国至迟在五代末开始冶炼黄铜。据赵匡华[10]、周卫荣[11]等研究，黄铜从明代嘉靖年间开始用于铸钱。据周卫荣研究，嘉靖前后为单质锌配炼黄铜的初创期[12]，最晚约至明代晚期天启元年（1621年）开始大规模使用单质锌配炼黄铜。[13]单质锌配炼黄铜技术的发明很大程度上提高了黄铜的使用，这一点从明朝中后期开始钱币铸造完全由黄铜代替青铜可以了解。昆明太和宫金殿建造时间为清康熙十年（1671年），所处时代正是单质锌配炼黄铜技术蓬勃发展的历史时期。据《天工开物》记载的坩埚炼锌技术，从明清时期起直至现在一直在我国主要的锌产地滇东北和黔西南使用着。[14]综上所述，昆明太和宫金殿使用大量黄铜作为主要建造材料，是明清时期云南地区广泛使用黄铜的重要实物证据。

鉴于明清时期中国铜建筑主要由黄铜材质建造而成，从明万历三十年至三十一年（1602—1603）开始出现的8座铜建筑中有6座全部由黄铜建造而成，另外2座铜建筑在建造中也使用了大量黄铜，且昆明太和宫金殿主要建造材料也为黄铜，因此本文将通过比较昆明太和宫金殿与明清时期其他几座铜殿中黄铜构件的主要合金元素铜、锌、铅配比来讨论昆明太和宫金殿构件材料相关制作技术情况。本文将昆明太和宫金殿黄铜构件铜、锌、铅配比与明清时期建造铜殿的黄铜数据[15]绘制铜、锌、铅三元图进行对比分

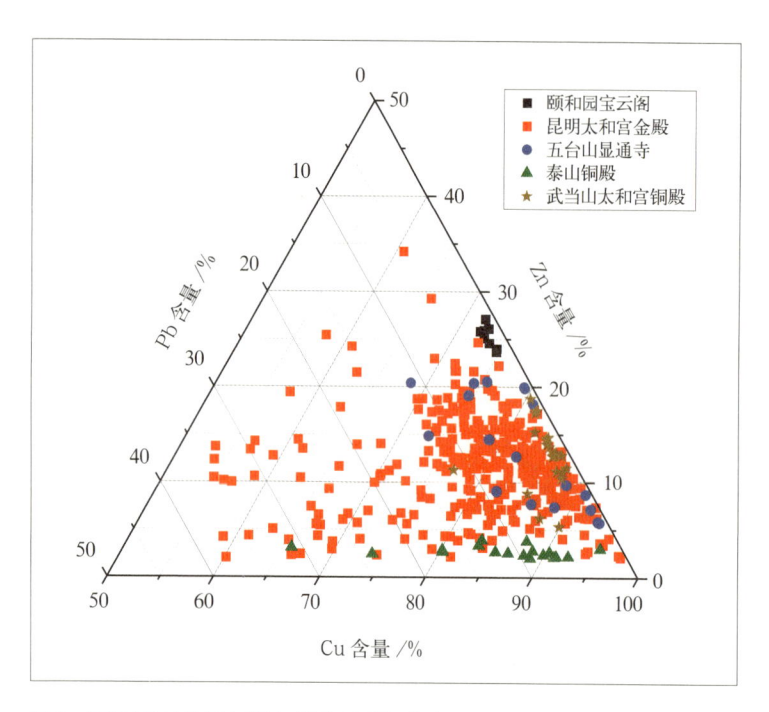

图6　昆明太和宫金殿与明清时期铜殿黄铜成分三元图

析。通过对比发现（图6），颐和园铜殿建筑中黄铜构件的铜、锌、铅三种合金元素分布都十分稳定。武当山太和宫铜殿中的铜、铅元素变化范围较为集中，锌分布范围相比颐和园宝云阁分布较为分散。泰山铜殿黄铜构件中的锌含量聚集性较好，但铜、铅分布相对较宽。总的来说，颐和园宝云阁、武当山太和宫铜殿和泰山铜殿这三座铜建筑的合金配比都有一定程度的聚集性。而昆明太和宫金殿黄铜构件中铜、锌、铅的分布特征与五台山显通寺铜殿的分布特征较为接近，皆为铜、锌、铅三种合金元素的含量变化范围很宽。结合这五座铜殿的建造年代与背景，我们似乎能找出这种特征背后的原因。颐和园宝云阁、武当山太和宫铜殿和泰山铜殿皆为不同时期皇家出资建造的铜殿，因此在建造铜殿时工匠对合金成分进行了一定的控制，且宝云阁和武当山太和宫铜殿都呈现出锌含量和铜含量高，而铅含量很低的特征，表现出了较高的制作工艺水平。其中宝云阁是乾隆皇帝为庆祝其母六十大寿于乾隆二十年（1755年）建造。宝云阁的合金成分数据十分稳定，锌含量相对较高（分布在25%左右），铅含量很低（不高于2%），且整体不含锡（低于p-XRF检测限）。由此可以看出，宝云阁作为皇家出资修建的铜殿对合金成分的配比有着严格、精确的控制。此外，宝云阁为五座铜殿中建造年代最晚的，工匠对于黄铜的铸造加工以及机械性能有了进一步的理解和认识。武当山太和宫铜殿为永乐年间明成祖朱棣敕造，其中铜、铅元素含量较为稳定，而锌含量相比宝云阁分布较为宽泛，这或许与永乐年间黄铜还未开始大规模使用，黄铜冶炼制作技术还不是十分成熟有关。泰山铜殿是万历皇帝为皇太后祈福于万历四十一年（1613年）所建，其锌含量分布十分集中，推测建造者对锌的配比进行了有意的控制，但铜、铅含量分布范围十分宽。结合历史背景，泰山铜殿建造的年代正值饥荒，泰山铜殿的建造者可能考虑到成本因素，在建筑构件中提高了较为廉价的铅含量，而降低了成本相对较高的铜、锌含量。另外两座由个人发起组织民众募捐建造的铜殿，昆明太和宫金殿和五台山显通寺铜殿的铜、锌、铅三种合金元素分布都十分宽，结合上文昆明太和宫金殿不同类型构件合金配比没有明显差别的结果，我们可以认为，昆明太和宫金殿建筑建造时，工匠对黄铜构件的合金配比没有明显的控制。

五、结论

本文通过使用p-XRF对昆明太和宫金殿构件合金成分进行科学分析，并就其材质及相关问题进行了探讨，得出以下结论：昆明太和宫金殿构件材质种类丰富，共使用红铜、青铜（铅青铜、铅锡青铜）、黄铜（简单黄铜、铅黄铜、锡黄铜、锡铅黄铜）、铅和铁等5类9种不同的材质，体现了材质选择的多元化。其中铅黄铜构件占绝对主导地位，其次为铅青铜、红铜以及铅锡黄铜，其他类型合金材质占比较少。结合金殿构件类型来看，不同构件类型在材质构成上具有一定的特征，主要结构构件、次要结构构件、装修构件都是以铅黄铜为主体，围护构件以红铜为主，连接固定类构件全部为铁器，铅材质主要见于历史修补部位。材质的构成与构件类型具有一定的相关性。昆明太和宫金殿构件整体Sn含量很低，青铜材质主要结构构件的锡含量略高于其他类型构件。黄铜材质合金配比与构件类型没有明显关系。推测昆明太和宫金殿在建造时，工匠对构件合金配比没有明显的控制。

[1] 张剑葳，周双林. 昆明太和宫金殿研究[J]. 文物，2009（9）.

[2] 高玲. 古铜殿表面处理方法[J]. 云南化工，1998（3）.

[3] 张剑葳. 中国古代金属建筑研究[M]. 南京：东南大学出版社，2015.

[4] 田永复. 中国古建筑知识手册[M]. 北京：中国建筑工业出版社，2019.

[5] 马仁杰，崔剑锋，闵锐等. 祥云地区出土铜器pXRF成分分析——昆明夷铜器工艺类型初探[J]. 文物保护与考古科学，2018（3）.

[6] 闻广. 中国古代青铜与锡矿[J]. 地质论评，1980（4）.

[7] 陈坤龙. 陕西汉中出土商代铜器的科学分析与制作技术研究[D]. 北京：北京科技大学，2009.

[8] 田荣璋等. 铜合金及其加工手册[M]. 长沙：中南大学出版社，2002.

[9] 赵匡华，张惠珍. 中国古代炼丹术中诸药金、药银的考释与模拟试验研究[J]. 自然科学史研究，1987（2）.

[10] 赵匡华，周卫荣，郭保章等. 明代铜钱化学成分剖析[J]. 自然科学史研究，1988（1）.

[11] 周卫荣，樊祥熹，何琳. 中国古代使用单质锌黄铜的实验证据[J]. 自然科学史研究，1994（1）.

[12] 周卫荣. 中国古代用锌历史新探[J]. 自然科学史研究，1991（3）.

[13] 戴志强，周卫荣. 中国古代黄铜铸钱历史的再验证[C] // 中国钱币论文集（第三辑）. 北京：中国金融出版社，1998.

[14] 胡文龙，韩汝玢. 从传统法炼锌看我国古代炼锌技术[J]. 化学通报，1984（7）.

[15] 孙淑云主编. 中国古代冶金技术专论[M]. 北京：中国科学文化出版社，2003.

《河南博物院院刊》征稿启事

　　为适应文博事业发展的新内容、新趋势和新要求，提升文博学术研究水平，搭建学习交流的平台，推动河南文博事业的创新发展，河南博物院集结出版《河南博物院院刊》，每年两期。刊物栏目如下：

　　1. 考古探索（考古资料及相关理论方法研究）

　　2. 博物馆学（博物馆学理论方法与实践探索研究）

　　3. 展览评议（以国内外原创性展览为主要研究对象）

　　4. 文物品鉴（馆藏及考古出土文物研究）

　　5. 史学发微（历史文化研究）

　　6. 院史专题（河南博物院早期历史研究）

　　7. 文化遗产与保护（物质、非物质文化遗产的保护研究）

　　8. 艺文园地（艺术史、艺术作品等方面研究）

　　9. 书刊评价（考古文博类图书推介）

　　现将投稿要求和具体格式启事如下：

　　1. 投稿文章，敬请提供电子文本，提供文章的关键词、中文摘要及作者简介（工作单位、职称、主要研究方向、邮政编码、联系方式等）。投稿时请标明"投稿《河南博物院院刊》"。

　　2. 来稿要求文字精练、标题准确、层次清晰、观点鲜明、图文并茂。引文核对准确，注释一律放在文末并注明出处，注释的格式参照国际标准；图片请提供600dpi以上的清晰大图，图表请注明名称、来源。

　　3. 自收稿之日起，编辑部将在3个月内给作者答复来稿处理意见，如在此期限内未收到采用通知，作者可另行处理稿件并告知我刊。稿件恕不退还，请自留底稿。

　　4. 凡向本刊投稿，稿件录用后即视为授权本刊，并包括本刊关联的出版物、网站及其他合作出版物和网站。

　　5. 在不改变原意的前提下，本刊有权对来稿进行必要的文字处理。

　　6. 所有稿件应为作者独创，不得侵犯他人著作权或其他权利，如有侵权，由稿件署名人负责。

　　7. 本刊已许可中国知网以数字化方式复制、汇编、发行、信息网络传播本刊全文。本刊支付的稿酬已包含中国知网著作权使用费，所有署名作者向本刊提交文章发表之行为视为同意上述声明。如有异议，请在投稿时说明，本刊将按作者说明处理。

通讯地址：河南省郑州市农业路8号河南博物院研究部　　邮编：450002

电话：0371-63511064　　　　　　　　　　　　　　　电子信箱：hnbwyyk@163.com

《河南博物院院刊》编辑部